中国语文教育研究丛书

顾之川 主编

陈军 胡根林 王林 陈赣 等著

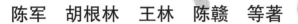

语文教育四十年变革与典范人物

YUWEN JIAOYU SISHINIAN

BIANGE YU DIANFAN RENWU

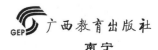

广西教育出版社

南宁

其他作者简介

邓彤，教育学博士，上海市语文特级教师，上海市黄浦区教育学院高中语文教研员，中国教育学会中学语文教学专业委员会理事、学术委员，中国语文报刊协会写作教学专业委员会学术委员会副主任，北京大学语文教育研究所特聘研究员。

沈国全，上海市语文特级教师，曾获全国教育改革创新先锋教师奖，主要学术著作有《高中写作教学序列研究》《语文本心论——基于心灵的高中语文课堂教学》。

冯渊，上海市语文特级教师，《语文建设》编委，南京师范大学硕士生导师。主要学术著作有《语文要怎么考》《问津录》《高中议论文写作与逻辑思维训练》等。

聂剑平，教育学硕士，上海市浦东教育发展研究院语文教研员，华东师范大学开放教育学院特聘研究员，中国当代语文教学专业委员会委员。

成龙，上海市语文特级教师，发表论文百余篇，主要学术著作有《语文科观课评教体系初探》《理性语文》。

朱诵玉，中学高级教师，曾获安徽省高中语文课堂教学大赛一等奖，主要学术著作有《我的幸福语文》《我的常态语文》等。

范金豹，安徽省芜湖市语文学科带头人，主要学术著作有《中国作文教学发展及其目标研究》《我与新课程语文》，在《中学语文教学》《语文学习》等发表论文 50 余篇。

石裕雄，文学硕士，中学高级教师，上海诗词学会会员，上海市静安区高中语文学科带头人，多次主持或参与各级各类课题研究。

序

中国教育正在加速推进现代化，立德树人成为教育改革总任务，完善中华优秀传统文化教育成为共识，新课标已陆续颁布，小学、初中语文教材已重新回归国家统编时代，高中语文新课标教材已在北京、天津、上海、辽宁、山东、海南开始试用，新高考改革方案正在稳步推进，语文教育的重要地位日益凸显。我国语文教育改革迎来新的发展机遇。我们必须清醒地看到，我国语文教育取得了举世公认的成就，同时也面临着诸多困难和问题。如何站在历史的高度，以严谨求实的科学态度，总结梳理中国语文教育教学改革所取得的成就，直面存在的困难和问题，深入剖析原因，为语文教育改革与发展献计献策，推进语文教育现代化，成为新一代语文教育工作者的神圣使命和义不容辞的责任。

2013年10月，中国教育学会中学语文教学专业委员会召开第十届年会，选举产生了新一届理事会。新一届理事会成立后，我们研究制订了《中国教育学会中学语文教学专业委员会事业发展规划（2013—2018）》，其中有一项重要内容，就是要"策划一套图书"。具体设想是：这套图书应分理论与实践两部分，前者重在全面系统地总结改革开放30多年来我国语文教育的经验教训，作为今后发展的借鉴；后者重在归纳梳理我国当代语文名师的教育教学思想，深入挖掘20世纪80年代语文名师的当代价值，同时推出一批当代语文名师，为新生代名师擂鼓助威。我们这一设想，与时任广西教育出版社副总编辑黄力平编审的想法不谋而合。他邀我们组织编撰"中国语文教育研究丛书",纳入他们正在组织实施的中国学科教育研究系列图书的出版计划。

编辑这套"中国语文教育研究丛书"的基本思路是:

把握时代脉搏,聚焦立德树人。

这套丛书着眼于推进语文教育现代化,把握时代脉搏,聚焦立德树人。围绕语文教育改革创新,推出一批反映、代表乃至引领我国语文教育现代化的研究成果,具有鲜明的中国当代特色。从时间上说,以改革开放到新世纪的发展历程为主,尤其注重反映我国实行新课改以来的语文教育研究;从内容上说,则力求反映我国语文教育理论与实践研究成果。

树立整体观念,开展综合研究。

这套丛书力求树立整体观念,开展语文教育教学的综合研究,全面深入系统地梳理总结我国语文教育改革成就和存在的问题。既有语文教育语用观、传统文化教育、语文工具论、语文教育民族化等理论层面的深入剖析,又有语文教材编制、语文教师专业发展、语文教学创新设计、语文考试评价改革等实践层面的研究。

拓展研究视野,实现互联互通。

这套丛书强调语文教育整体观念,整体观照中国语文教育各领域。纵向上,打通小学、中学与大学,努力挖掘语文教育的共同价值,避免过去那种"铁路警察,各管一段"的情况;横向上,涵盖中小学语文教育、汉语国际教育及华文教育等,并以宽广的国际视野,从中华文化圈的角度,审视我国语文教育教学改革的成就与突出问题。

理论联系实际,研究注重实效。

本丛书注重沟通语文教育理论研究与语文教育教学各组成要素的实践,包括教材编写实践、教学实践、考试命题实践以及教师培训与专业发展实践,努力克服过去学科理论研究与教育教学实践"两张皮"、教育理论研究"不接地气"等缺陷,既注意反映我国语文教育理论研究的新成果,也注重将一线语文教师的教学经验、教学智慧进行理论上的梳理与提升。研究尤重建设性,以建设性思维为统领,着眼于解决我国语文教学领域存在的实际问题。

坚持守正创新，强调原创研究。

这套丛书坚持守正创新，注重权威性与代表性，继承我国语文教育优良传统，借鉴国外先进的母语教育理念和方法，注重吸收各种语文教育理论和各个教学流派的研究成果，反映作者最新的原创性研究成果。弘扬改革创新主旋律，传递语文教育教学正能量，在保证科学性的基础上，注意可读性。内容新颖，资料翔实，数据齐全，为以后的语文教育研究留下可资参考借鉴的理论成果。

我们这一设想，得到我国语文教育界专家同仁的积极响应和大力支持，他们同意将其最新研究成果惠赐给我们，列入本丛书。

广西教育出版社是我国很有影响的教育出版社之一，在教育理论、教材教辅及文化艺术等方面，均出版了不少影响深远的系列图书。尤其是出版于20世纪90年代的"学科现代教育理论书系"，曾极大地推进了我国教育改革，实现了社会效益与经济效益的双丰收。进入新时期以来，该社审时度势，又策划出版学科教育研究书系，立足于中国本土，以独特敏锐的眼光，打造具有中国特色的学科教育理论体系。这不仅是教育创新的要求，也是新时代的呼唤。

目前，这套丛书正在陆续出版，作为丛书主编，我既有欣喜，也有不安，深恐由于自己的浅陋和粗疏而使各位作者的佳构留下缺憾，更期待着广大读者尤其是语文教育界同仁的批评、指教。令人欣喜的是，在广西教育出版社诸位同仁的努力下，经国家出版基金管理委员会批准，"中国语文教育研究丛书"（第一辑）被确定为2017年度国家出版基金项目，获得经费资助。这也是对我们这套丛书的学术价值与出版意义的肯定。在此，我不仅要对黄力平编审、广西教育出版社相关编辑等同仁表达谢意，更要对北京大学中文系温儒敏、曹文轩两位教授的热情推荐表示感谢。

值此新中国成立70周年，中国教育学会中学语文教学专业委员会成立40周年之际，南国传佳音，我得到一个好消息，说这套丛书已出版的8种，经过教育部组织专家评审，全部列入全国中小学图书馆馆配目录，即将重印。这再次证明这套"中国语文教育研究丛书"的学术价值与出版意义。

学术总是薪火相传，研究贵在创新发展。牛顿说他站在巨人肩膀上，杜甫说"转益多师是汝师"。我们进入一个大众创业、万众创新的时代，改革创新成为当今中国的时代主题。建设创新型国家，培养创新型人才，语文教育工作者肩负着神圣使命。语文百年，众多语文人默默耕耘，浇灌出语文学科生态园的参天大树；百年语文，无数语文人直面问题，探寻语文教育改革创新之路。我们策划、组织这套丛书，就是想为实现中华民族伟大复兴的中国梦略尽语文人的绵薄之力。我们的愿望如此，至于效果怎样，那就要由实践来检验了。

顾之川

于京东大运河畔两不厌居

2016 年 3 月 23 日初稿

2017 年 4 月 18 日第一次修改

2019 年 9 月 24 日第二次修改

顾之川简介：浙江师范大学教授，人民教育出版社编审。兼任中国教育学会中学语文教学专业委员会理事长，国家社科基金评审专家，教育部考试中心特聘专家，教育部"国培计划"首批专家，国家统编义务教育语文（七至九年级）教科书主编。主要从事语文教育研究和语文教材编写工作，主编人教版多套初中、高中语文教材。著有《语文工具论》《顾之川语文教育新论》《顾之川语文教育论》《语文论稿》《明代汉语词汇研究》《顾之川语文人生随笔》等，并有古籍整理著作多种。

前　言

对于中华民族而言，1978 年开始的改革开放是一项永载史册的壮举，至 2018 年正好四十周年。

这四十年中，中学语文教学的改革与创新也是风起云涌，可歌可泣。本书的编者怀着十分崇敬的心情，切取"改革开放四十年"这一历史视角，对以于漪、章熊、蔡澄清、钱梦龙等名师为代表的在国内产生一定影响的语文教育探索者的思想与经验初步做一个小结，以期为新的语文教育探索，为新一代语文教师的成长提供借鉴与参照。尽管这是尝试性的、初步的，但我们依然感到这份努力能引起共鸣。

伴随着国家的改革开放，中学语文教学领域的理论突破与实践创新是强有力、多方面的。从本书所列举的大量事实看，价值观与方法论的协同改革是这四十年语文教学改革的基本特征。也就是说，新的教育理念孕育于实践探索又化育着新的实践，新的实践追求寓含着新的思想追求又催生着实践的新路程。更可贵的是，思想与实践都是清醒的，都向往着独立与尊严。这一批改革者都经历过"文革"，经历过改革开放的浪潮，他们珍惜年华，热爱生命，崇尚自由……这样的精神立意所支撑的语文教育改革必定是充满无限生机！因此，我们认为，看改革开放四十年的语文教育改革，一定要从改革者的精神状态与价值追求着眼，这是中华民族前进道路上最值得珍视的"人"的光辉。更何况，这样的"人"的光辉又辉映着万千学子，激荡着万千学子，培育出更加美好的精神良种。

关于语文学人（含著名特级教师、高校学者、教科研专家、知名媒体人等）研究的著作已出版不少，通常都是一人一本或一人一章而独立撰述的。本书试图按语文教育改革所涉及的主要内容分章概述，因此，我们确定了十章，分总论、教育理念、教材建设、阅读教学、写作教学、口语交际教学、教学艺术、考试、教育传播、新课改背景下语文教育变革与名师成长。分类或有交叉，内容也未必全面，立论肯定还有不少值得商榷的地方，诸如此类问题都盼望读者和研究者一一指出，帮助我们改进和改正。我们初步感到，从学理上做些学术概括，或许更能求同存异，更能凝聚个性与思想。因此，这本书，不是写"一个人"，因为不能全面展示某一位名师的思想与实践，而是写"一代人"，所提到的个例实质上是某一个论述领域的代表。当然，在论述共同问题时，我们也力求展示个性，但主要还是在共性的、专题的论域立意，这自然有其局限。

我们对已经收入本书的各位名师和限于篇幅目前尚未能收入的名师都深怀敬意并深致谢忱。没有你们的卓越思想和丰富实践，我们就失去了研究和学习的基础与前提。我们忐忑不安地把这份作业呈现在各位名师面前，敬请指正。

全书由陈军命题并提出体例。各章撰述者是：第一、第二章，著者胡根林，审校陈赣；第三章，著者陈赣、朱诵玉，审校王林；第四章，著者邓彤，审校王林；第五章，著者范金豹，审校王林；第六章，著者王林，审校胡根林；第七章，著者陈赣、成龙、聂剑平，审校胡根林；第八章，著者胡根林、沈国全，审校陈赣；第九章，著者冯渊、胡根林，审校王林；第十章，著者石裕雄、胡根林，审校陈军。陈军、胡根林最后统稿。

感谢上述作者和审校人员为本书付出了大量心血，同时，也感谢广西教育出版社的指导与支持！

想到杨万里的诗：

> 毕竟西湖六月中，
> 风光不与四时同。
> 接天莲叶无穷碧，
> 映日荷花别样红。

语文教育"别样红"的华章，正待有志者继续抒写！

2019 年 6 月于非非书房

目 录

第一章　四十年语文教育总论

　　要对一个学科某一历史时期的研究概况加以总结梳理，开展学术史的研究，最重要的一点是找到这一历史时期中的思想发展脉络和关键事件，然后才能举重若轻，纲举目张。本书选取1978年吕叔湘在《人民日报》发表《当前语文教学中两个迫切问题》和2018年12月"人民教育家——于漪教育思想研讨会"在上海隆重举行这两个大事件为四十年语文教育的起讫点。在这两个大事件中间，"庆祝中国教育学会中学语文教学专业委员会成立30周年座谈会暨2010年工作会议"的召开显然又是一个标志，这次会议表彰了本书将提到的一大批典范人物，并授予他们"全国中语会成立三十周年中学语文终身成就奖"，其中有于漪、陶本一、刘国正、章熊、吴心田、张定远、张富、陈日亮、陈金明、陈钟梁、欧阳代娜、洪宗礼、洪镇涛、钱梦龙、蔡澄清等。至于语文教育这四十年思想实践的大事件，笔者认为非1997年语文教育大讨论莫属，因为这次大讨论既有对以往近二十年语文教育变革的总结与反思，也有为新时期的语文课改做好思想准备之深刻意义。

第一节 四十年语文教育的历史背景

众所周知，人类社会是一个由政治、经济、文化、科技、教育、人口等诸多因素构成的复杂的庞大系统。系统中的各个要素并不是孤立存在的，而是互相联系、互相制约、互相依存，达成了功能耦合的关系。教育作为以培养人为主要任务的专门化社会实践活动，是社会大系统中的一个子系统，语文教育又是整个教育系统中的子系统。语文教育的实际地位和发展状况受多种因素的影响，这些因素包括时代发展、人才培养目标、基础教育改革以及语文教学自身面临的问题等。四十年语文教育的变革就是发生在这些因素影响之下，并以之为背景，不断推动着语文学科的发展。

一、时代发展对语文教育不断提出新课题

语文教育变革四十年是国家改革开放中语文学科变革的缩影。这四十年我国社会发生天翻地覆的变化，激荡而伟大。习近平总书记在庆祝改革开放 40 周年大会上表示，改革开放是我们党的一次伟大觉醒，是中国人民和中华民族发展史上一次伟大革命。改革开放极大改变了中国的面貌、中华民族的面貌、中国人民的面貌、中国共产党的面貌。四十年，一个个瞬间书写完成的这部改革开放史，让我们有太多的理由为之击节赞叹。

这四十年，也是国际社会变化最快的四十年，有三个特征：

其一，知识经济时代的到来。肇始于第二次世界大战后期的新技术革命，对人类的生产、文化乃至社会生活等各个方面都产生了深刻的影响，并预示着人类发展新时代的到来。1996 年，经济合作发展组织（OECD）在《1996 年度科学、技术和产业展望》报告中，正式使用了"知识经济"这一概念，此后，"知识经济"一词便成为人们耳熟能详的概念。知识经济是相对于人类经历过的农业经济、工业经济而言的，是人类生产方式的又一次重大变革。它是建立在知识的生产、分配和使用之上的经济，

知识对于经济发展的意义相当于农业经济时代的土地、劳动力，工业经济时代的原材料、工具、资本，知识成为经济发展的直接资源。在知识经济时代，劳动者的素质和结构发生重大变化，知识劳动者取代了传统的产业工人。所谓知识劳动者，主要是指从事知识和信息的收集、处理、加工、传递工作的劳动者。知识经济的时代，随着科学技术的不断更新，社会越来越趋向信息化、全球化和个性化。

其二，国际竞争空前激烈。"冷战"结束后，被"冷战"长期掩盖的国与国之间、民族与民族之间，以及宗教团体之间的矛盾、冲突日益突现出来，国际间的竞争空前激烈，和平与发展不断面临新的不确定性。如果说以往的国际竞争主要表现在意识形态、军事实力等方面，那么，当前的国际竞争则主要体现在综合国力方面，尤其表现为经济实力、国防实力和民族凝聚力等方面的竞争。

其三，人类的生存和发展面临着困境。目前人类面临威胁着自身生存和发展的一系列重大问题，诸如生态环境的恶化、自然资源的短缺、人口迅速膨胀等。在工业时代，社会的发展主要依赖于科学技术的进步，然而，科学技术本身是一把双刃剑，它既能造福于人类，也会给人类带来灾难。人类所面临的上述困境乃是人类自身在善良动机下滥用技术的"副产品"。应该特别指出的是，除了人与自然和谐关系被破坏之外，由于工具理性对价值理性的长期压制，人类生存和发展的困境还表现为人的精神力量、道德力量的削弱，而这恰恰是任何现代科学技术或物质力量都无能为力的事情。正是由于对上述问题的清醒认识，人们开始对工业化以来的社会发展模式进行深刻的反思，并从 20 世纪 70 年代起，提出了诸如协调发展模式、文化价值重构模式等各种新的发展模式。早在1972 年，于瑞典斯德哥尔摩召开的联合国人类环境研讨会第一次将环境、行为、我们和我们的子孙作为整体来考虑发展的问题，即可持续发展的萌芽。[1]1992 年在里约热内卢召开的联合国环境与发展大会上，包括我国在内的 180 多个国家和 70 多个国际组织的代表们共同提出了可持续发展的新战略和新观念。

---

[1] 华振. 低碳经济视角下的区域创新体系建设研究 [M]. 哈尔滨：黑龙江大学出版社，2017：18.

　　从上述对时代发展三个主要特征的分析中，我们看到，同过去时代在经济发展、国力增强等方面的社会发展主要依赖于自然资源或物资力量相比较，具有高度科学文化素养和人文素养的人，对于我国未来社会发展具有越来越关键的意义。所谓具有高度科学文化素养和人文素养的人，必须具备两个条件：一是要掌握基本的学习工具，即阅读、书写、口头表达、计算和问题解决；二是要具备基本的知识、技能，以及正确的价值观和态度。只有这样，他才能具有生存，有尊严地生活和工作，改善自己的生活质量，充分发展自己的能力，才能积极参与社会的发展，并能终身学习。因此，诸多新的课题自然而然摆在每一位语文教育工作者面前：面对信息时代信息纷繁复杂、传播快速、传播媒体多样化和传播工具不断更新的特点，我们的阅读和写作教学应该做出哪些变化？信息时代教学条件和工具不断变化，诸如平板电脑、教学软件、即时通信工具和课程设计工具等进入语文课堂，我们该如何快速学习并适应新的教学模式？面对全球化时代不同思潮和文化的碰撞甚至冲突，我们在增进国际理解，尊重多元文化的同时，如何鉴别和吸收人类优秀文化的精华，如何传承和理解民族优秀传统文化？当创新成为社会发展的关键驱动力，我们如何做到尊重个性、解放心灵，如何使学生真正成为课堂的主体，保护其创新意识和创新精神？

二、社会培养目标要求语文教育做出变革

　　四十多年来，我国教育方针有三次大的变化。一是在教育性质的表述上，从"必须为无产阶级政治服务"变为"必须为社会主义建设服务"，再到"必须为社会主义现代化建设服务"。二是在培养人的形象上，从最初"有社会主义觉悟的有文化的劳动者"变为"有社会主义觉悟的劳动者"和"又红又专的建设人才"，再到"全面发展的社会主义事业的建设者和接班人"。"全面发展"的内涵也从最初的"德育、智育、体育几方面都得到发展"的表述调整为"德、智、体等方面全面发展"。三是在培养人的途径上，始终坚持教育"必须与生产劳动相结合"的原则，后来又增加了"与社会实践相结合"的原则。这些语词的增删折射的是有关教育本质（或属性）认识的不断丰富和深化。

　　教育方针转变的背后，实质上是教育目的观的转向，是教育应该培养什么样的人的调整。过去的四十年里，我国始终坚持社会主义的方向，坚持培养德、智、体等方面全面发展的社会主义事业的建设者和接班人。但是，在经济与社会发展的不同阶段，基础教育在人才培养目标上呈现出从"人才"到"个人"再到"公民"取向的变化。

　　"文革"结束，尊重知识与尊重人才成了社会基本观念，多出人才、出好人才成为国家发展战略。1985 年《中共中央关于教育体制改革的决定》明确提出："教育体制改革的根本目的是提高民族素质，多出人才、出好人才……社会主义现代化建设的宏伟任务，要求我们不但必须放手使用和努力提高现有人才，而且必须极大地提高全党对教育工作的认识，面向现代化、面向世界、面向未来，为九十年代以至下世纪初叶我国经济和社会的发展，大规模地准备新的能够坚持社会主义方向的各级各类合格人才。"这些表述反映了当时国家和社会对人才的强烈渴求。然而这种人才取向的培养目标客观上却在教育领域中引发了较为激烈的竞争，导致了应试教育的倾向，造成学生负担过重，从而使教育偏重社会方面，偏离个人发展，以致造成"目中无人"的教育。进入 20 世纪 90 年代以后，国家开始将素质教育理念纳入政策的框架，改革人才培养模式，强调要从应试教育向全面素质教育转变，以培养学生的创新精神和实践能力为重点，特别提出了面向素质、面向全体、走向全面的新方向，同时强调学生生动活泼的发展以及学校的特色发展。总体来说，这一阶段人才培养目标虽然仍未放弃对培养人才的关注，但关注的重点已不限于"人才"，而是"人"本身。那么，基础教育将培养目标从"才"转向"人"是不是就符合基础教育的性质和任务呢？跨入 21 世纪后，我国积极迎接全球化和信息化的挑战，为适应全民教育、终身教育和可持续发展教育的要求，继续将基础教育作为科教兴国的基础，作为提高民族素质的基础工程，致力于保障每个学生平等的受教育权益，培养个性全面发展、能参与社会生活且为社会贡献力量的公民。这一时期的教育决策除了强调基础教育的基础性和全民性之外，还突出了基础教育的公平性和均衡性，特别注意缩小基础教育阶段地区（包括城乡）之间、学校之间、学生之间在获取和占有教育资源上的差异，强调对薄弱学校和贫困地区的教育补偿和扶持，以保证每个公民享有平等的教育权益。这些政策显示的是一种新的取向，即"公民"取向。这种取向不是抽象地探讨个人发展的问题，而是将个体置于民主或法制社会的背景下，关注个体的受教育权益问题。从这种意义上说，"公民"取向兼取了社会的方面，又关涉了个人的方面，符合基础教育作为社会发展和个人发展双重基础的性质和要求。

应该说，上述三种取向之间并不是相互取代的关系，而是逐次累进的关系。从"人才"，到"个人"，再到"公民"，说到底是我国教育价值理念在个人与社会（国家）之间不断调适、螺旋式推进的过程。这个过程也是语文教育适应这种社会培养目标，不断进行自我改革和完善的过程：课程目标上，语文教育要由社会本位走向学生本位，确立学生主体，促进学生个体成长；课程内容上，语文教育要从偏重学科知识转向关注学生经验，把兴趣、需要和经验背景（经历）提升到一定的高度；课程实施上，语文教育要从单一化走向多元化，关注学生学习的个体性和独特性；课程评价上，语文教育要从科学化走向人本化，打破甄别和选拔"一统天下"的评价方式，促进每一个学生的发展。

三、基础教育改革大力推动语文教育发展

四十年前，我国基础教育以恢复高校招生考试、恢复重点学校、恢复专业职称评定这"三个恢复"为契机，进入一个拨乱反正、重新定向和定位的新的运行轨道。自那以后，基础教育的变革大致经历了三个阶段：以教育体制改革为中心的宏观变革阶段；以推进素质教育为中心的教育改革阶段；以提高质量、均衡发展和制度系统创新为重点的教育改革阶段。

这里我们重点关注第八次基础教育改革。这次改革，步伐之大，速度之快，难度之大，是前七次改革所不可比拟的。它将实现我国中小学课程从学科本位、知识本位向关注每一个学生发展的历史性转变。成千上万的教育工作者正以高度的历史责任感和极大的热情投入这场改革潮流之中，相信它必将对我国基础教育乃至整个教育界的发展产生深远的影响。作为基础教育有机构成部分的语文学科教育，在这场改革中自然得到很大的发展。

本次基础教育改革有六大具体内容：

其一，在课程目标上，改变课程过于注重知识传授的倾向，强调形成积极主动的学习态度，使获得基础知识与基本技能的过程同时成为学会学习和形成正确价值观的过程。从单纯注重传授知识转变为引导学生"四会"（学会学习，学会合作，学会生存，学会做人），关注学生"全人"的发展，这对于培养学生的社会责任感、健全人格、创新精神和实践能力、终身学习的愿望和能力、良好的信息素养和环境意识等具有重要意义。体现在学科教学中即所谓"三维目标"：知识与能力，过程与方法，情感态度与价值观。

其二，在课程结构上，改变课程结构过于强调学科本位、科目过多和缺乏整合的现状，追求均衡性、综合性和选择性。整体设置九年一贯课程门类和课时比例，并设置综合课程，以适应不同地区和学生发展的需求；重视不同课程领域（特别是综合实践活动、体育、艺术等）对学生发展的独特价值，淡化学科界限，强调学科间的联系与综合，保证学生全面、均衡、富有个性地发展。

其三，在课程内容上，改变"繁、难、偏、旧"和过于注重书本知识的现状，加强课程内容与学生生活以及现代社会和科技发展的联系，关注学生的学习兴趣和经验，精选终身学习必备的基础知识和技能。不再刻意追求学科体系的严密性、完整性、逻辑性，注重与学生的经验结合在一起，使新知识、新概念的形成建立在学生现实生活的基础上。课程内容切实反映学生生活经验，努力体现时代特点，改变学生学习生活和现实世界相脱节的状况，极大地推动学生学习的主动性和积极性。

其四，在课程实施方式上，改变过于强调接受学习、死记硬背、机械训练的现状，倡导学生主动参与、乐于探究、勤于动手，培养学生搜集和处理信息的能力、获取新知识的能力、分析和解决问题的能力以及交流与合作的能力。倡导通过改变学习内容的呈现方式，确立学生的主体地位，促进学生积极主动地学习。学习方式的这种转变，还意味着必须关注学生的学习过程和方法，关注学生是用什么样的手段和方法，通过什么样的途径获得知识的。由于获得知识的过程和方法不一样，由此带给学生真正意义上的收获也可能不一样，对学生终身发展的影响也就有可能不同。

其五，在课程评价上，改变课程评价过分强调甄别与选拔的功能，发挥评价促进学生发展及教师改进教学实践的功能。建立促进学生全面发展的评价体系，促进学生在已有水平上的发展；建立促进教师不断进步的评价体系，建立以教师自评为主，校长、教师、学生、家长共同参与的评价制度；将评价看作是一个系统，从形成多元的评价目标、制订多样的评价工具，到广泛收集各种资料，形成建设性的改进意见和建议，最终建立一个开放性环路。努力做到评价目标多元、评价方法多样，重视学生发展和教师成长记录，是评价与考试改革的主要方向。

其六，在课程管理上，改变课程管理过于集中的状况，实行国家、地方、学校三级课程管理，增强课程对地方、学校及学生的适应性。为了实现上述目标，本次课程改革重新划分了国家、地方、学校在基础教育课程管理中的职责分工，调整了国家课程在整个课程计划中所占的比重，在课程内容和课时安排上增加了一定的弹性，让地方和学校拥有相应的选择余地。这为满足学生个性发展的需要，体现学校办学的独特性创造了良好的条件，并且对于加速我国课程建设民主化、科学化进程必将产生深远影响。

四十年语文教育变革，与基础教育改革进程尽管有错位，但重合和前后相随的情况毕竟占多数。新时期语文教育改革，其基本内容也是围绕上述六个方面展开的，只不过有的时段更关注课程的定位，比如1997年的语文教育大讨论，而有的时段更关注课程内容，比如新课改以来关于语文教学内容的研究。正是这四十年基础教育改革的成就，才有了语文教育今日发展的成果。

四、语文教育自身面临诸多矛盾亟待解决

对于四十年语文教育变革而言，如果说，前面提到的时代发展因素是它的时代背景，培养目标是社会背景，基础教育改革是教育背景，那么，语文教育自身面临的诸多矛盾则是语文教育变革的学科背景和内在动因。这里通过剖析语文教育史上具有深刻影响的两个关键事件来加以说明。

（一）"吕叔湘之问"

1978年，吕叔湘针对当时中学语文教学现状指出："十年的时间，

二千七百多课时,用来学本国语文,却是大多数不过关,岂非咄咄怪事……中小学语文教学效果很差,中学毕业生语文水平低,大家都知道,但是对于少、慢、差、费的严重程度,恐怕还认识不足……这个问题是不是应该引起大家的重视?是不是应该研究研究如何提高语文教学的效率,用较少的时间取得较好的成绩?"

很明显,吕叔湘觉得人们"还认识不足""应该引起大家的重视"的是语文教学中的"少、慢、差、费"问题,主要是语文教学效果不佳和效率不高的问题,我们不妨将其称为"吕叔湘之问"。那么,语文教学要追求怎样的效率呢?用吕叔湘的话说就是"用较少的时间取得较好的成绩"。以什么来衡量语文的教学效果呢?那就是学生的成绩。由于吕叔湘的批评确实反映了现实问题,兼之其在语文界乃至整个教育界具有崇高威望,他的疾呼产生了强烈反响,被喻为"一声春雷"。而这声春雷也确实预示着语文教育春天的到来:(1)引发了关于如何提高语文教学质量与效率的讨论。通过讨论,语文学科工具性的定位重新被确立,"语文教学科学化"成为大家的共识和奋斗目标。(2)开启了新时期如火如荼的语文教学改革热潮。可以说,二十世纪七八十年代开始的诸多语文教育改革实验,都是直接或间接在吕叔湘的启发下,为解决"吕叔湘之问",即语文教学中的"少、慢、差、费"问题而展开的,它们都在提高语文教学质量方面不同程度地摸索出很多宝贵的经验。

(二)1997年语文教育大讨论

1997年,《北京文学》第11期"世纪观察"栏目上推出了王丽的《中学语文教学手记》、邹静之的《女儿的作业》和薛毅的《文学教育的悲哀》三篇文章。他们从不同角度对当时的语文教育提出了尖锐的批判。王丽在文中说"我深深地感到,中国的中学语文教育实在到了非改不可的地步了"。三篇文章经《中国青年报》《新民晚报》《文艺报》等诸多新闻媒体转载和评论后,开启了一场社会各界广泛参与的关于语文教育的"世纪末大讨论"。

王丽的文章批评语文教材陈旧,课后练习设计刻板,作文模式化等;邹静之从女儿的语文作业上看到了语文作业数量庞大、答案唯一,作文模式化且充满假话等问题;薛毅则集中探讨语文教学中文学教育选文以及解读的种种误区和弊端。这三篇文章"一石击起千层浪",一下子引起全国性的强烈反应。

很明显,跟吕叔湘那"一声春雷"及后续的批评不同,1997年人们对语文教育所批判的范围更广,程度更深,火力更猛,影响更大。批判的矛头也不仅限于语文教学,语文教材选文、文本解读、课堂教学模式、作文教学、标准化考试等都受到抨击。这次对语文教育的批判虽然五花八门、铺天盖地,但实际集中在两个方面:一是仍然在"吕叔湘之问"上,即批评语文的"少、慢、差、费"问题,只是讨论没有停留在课堂操作层面,而是从指导思想、教育制度等深层次进行追问;二是语文教育人文性缺失方面。参与这场大讨论的作家和文学评论家不少,他们从文学角度出发提出语文教育中人文缺失的问题,提升了人们对语文人文性的认识,直接促使立足人文、具有生命价值取向的语文学科性质人文观的确立。之后不久,1999年,我国新一轮基础教育课程改革启动了。为此,有人将这场对语文教育的批判看作是新一轮课改的舆论准备和理论探索,似乎不无道理。

除了上述的效率、效果问题及人文性缺失问题,近四十年来,语文教学存在的不良倾向还有很多,以新课改以来的语文教学状况而言,李海林曾在一篇文章中集中批判了"泛语文""反文本""无中心拓展""无效讨论""教师不作为""去知识化""多媒体化"等七种不良倾向。他认为,这些倾向是错误解读语文课程标准的产物,是新形势下语文教育出现的新的歧路,也是语文教育的一些历史积弊在新的条件下的恶性发展。这些倾向的实质是语文教育的自我放逐,如果任其发展下去,将在很大程度上消弭语文教育的本体价值和根本内涵。李海林引述华东师范大学中文系教授巢宗祺的话说:"当前的语文教育转型尚处于起步阶段,转型的道路将是漫长的,也许充满了曲折和风险,因为语文教育问题原本复杂,而我们原有的教育基础又十分薄弱。在这转型期中,问题也许会层出不穷。然而社会的转型、语文教育的转型,是必然的趋势,因此顺势而改革的决心,不可动摇。"[1]

---

[1] 李海林. 语文教育的自我放逐（上）——评当前语文教育改革中的几种倾向 [J]. 语文学习,2005（4）: 6-10.

第二节 四十年语文教育的整体风貌

加拿大教育改革家富兰曾说："变革是一个过程，而不是一个事件。"确实如此，四十年语文教学变革是语文教育不断探索的过程，也是不断进步和发展的过程。语文教育这四十年的历史，一个个事件、一个个人物、一本本著作，甚至一节节课，恍如一些蒙太奇镜头从眼前闪过。如何概括这段不算太长，但又不算太短的历史？"成绩很大，问题不少"，这应该是一个不会有大问题的判断，但似乎不足以表达这四十年变革的艰难和曲折。把成绩讲足，问题点到，也许讨人喜欢，却也不足以表达这一段动人心魄的历史的积淀之厚重。为了在有限的篇幅内对这四十年语文教育有全景式的描绘，笔者只好换种表达方式，采用前后对照的视角来呈现这段历史。

前面提到，这四十年语文教育，以 1997 年语文教育大讨论为转折点。这样，我们就把四十年来的语文教育变革过程大致分为前后两个时期，即 1978~1997 年为前期，1997 年至今为后期。前期属于拨乱反正阶段，后期属于反思改革阶段。这两个阶段都取得了一些重要成果，也都体现出一些较为鲜明的阶段性特点。正如人们经常追问的，教育是一门科学还是一种艺术一样，语文教育也经常陷入科学化与艺术化（人文化）的争论之中。如果说，多年来语文工作者孜孜以求，一直努力在探索一条正确的语文教育之路，那么，这条路在前期侧重的是科学化之路，后期侧重的是艺术化（人文化）之路。因其侧重点有明显差异，表现在课程性质、改革追求、改革内容、研究方法等方面也有明显不同。

一、拨乱反正阶段：语文教育科学化的积极探索

（一）过程描述

"文革"给语文教育带来的打击有目共睹。1979 年 11~12 月，人民教育出版社中学语文编辑室调查组分赴福建、四川两地，从不同角度和不同侧面对各级各类学校和社会各界中学毕业生在语文方面存在的问题

进行了调查，还从两省选定 6 所学校 18 个班（初中、高中各 9 个班）进行测验，结论是：三分之二的学生语文水平过低，不能适应升学和就业的需要，基本可以用"低、差、窄、弱、缺"五个字来概括。正是在这样的背景下，20 世纪 70 年代后期至 80 年代前期的语文教学强调"基础知识"与"基本能力"，也就是"双基"落实。

落实"双基"，具体体现在教材编写和课堂教学方法运用上。初版于 1978 年的人教版"合编本"初中语文教材有这样一些特点：每个单元都是读写听说训练与语文知识教学的小综合体；课文分课内讲读、课内自读和课外自读三大类；文学知识、文体知识以及读写听说知识结合练习、注释介绍，而系统的汉语知识则集中编排在课本后面。这套教材现在看来觉得"不怎么样"，但在当时"文革"刚结束的特定时期，应该充分肯定语文教育工作者所做出的努力。不少有影响力的教师就是在这一阶段开始进行语文教学改革实验。例如，广东省潮州市六联小学特级教师丁有宽多年来从事"以记叙文为主，读写结合，培养读写能力"的实验。他主张低年级学生学习"四素句"（说明时间、地点、事件、人物四要素的句子），给中高年级的读写打好基础。江苏省小学语文特级教师斯霞主张："教师要充分用好课堂教学的时间，使学生所学的知识尽可能当堂理解，当堂巩固。"还有些语文教师上课时通过指导学生赏析与积累词语，加深学生对课文内容的理解，提高语言的表达能力。

在 20 世纪 70 年代末开展的"什么是提高语文能力最有效的方法"的讨论中，张志公等学者在肯定"多读多练"的同时，认为"要力求做到语文能力教学科学化"。他们试图通过科学手段规范语文教学活动，提高语文教学效益。张志公认为，教材"说'深'说'浅'，基本上是凭感觉"；作文凭什么判分，"也说不太清楚，基本上也是'一人一个口味'"。这时的科学化的实验和探索，着眼于教法，对于学生的学显然关注不够。广州市中学语文特级教师叶志盛后来坦然地承认，当时的实验"忽视了语文的学习法，只是强调教法"。

1987 年，华东师范大学受国家教委委托，用两年时间对国内 15 个省、自治区、直辖市 527 所学校初中三年级的语文教学现状进行调查，"结果发现学生的……错别字、病句减少了，但阅读和写作成绩仍未能令人满意……语文的应用能力比较差"[1]。显然，要改变这种现象，需要培养学生良好的学习习惯，教会他们学习方法。其实，这种主张在 20 世纪 70 年代末就有学者提出来了。叶圣陶先生提出的"教都是为了达到用不着教"，现已成了经典名言。他说："知识是教不尽的，工具拿在手里，必须……使学生能够举一反三，练成阅读和作文的熟练技能。"[2]

早在 20 世纪 70 年代后期，于漪、钱梦龙、李吉林等就开始对语文教学改革进行探索，这些探索成果对 20 世纪 80 年代中期以后的语文教学界产生了影响。钱梦龙的《论"学生为主体"》《论"教师为主导"》《论"训练为主线"》先后发表在《语文学习》1988 年第 8、第 9、第 10 期。他认为："教师的责任不是给学生'奉送真理'，而是教会学生如何去'发现真理'。"于是，学法的指导被提到了语文教改的日程上来，取得了跟教法同等重要的位置。[3]李吉林探索的"情境教学"，"注重调动学生的积极情绪，强调兴趣的培养，以形成主动发展的动因"，"把训练语言与发展智力结合起来"。他们的探索成果，对语文课堂教学实践起着有效的指导作用。[4]

20 世纪 80 年代中后期至 90 年代前期，各种旨在让学生掌握学习方法和养成学习习惯的教学模式如雨后春笋般涌现。尽管具体的步骤不同，但大都重视学生主体作用的发挥，如魏书生的"六步课堂教学法"（定向、自学、讨论、答疑、自测、自结）等。和前一阶段相比，这个时期的语文教学已比较注意学生的主体地位。然而，某些实验也出现了偏向，比如只强调语文的"工具性"，而没有注意到"人文性"。[5]

对于语文教育科学化的探索，尽管取得了一定的成绩，但也引起了一些质疑。1987 年 8 月，陈钟梁针对语文教学目标的单一化、教学程序的系列化、教学方法的模式化以及教学评估的标准化等问题发表了《是人文主义，还是科学主义？——语文教学的哲学思考》。他提出，在强调

［1］华东师范大学语文学科调研组. 一九八七年全国初中三年级语文教学抽样调查咨询报告［J］. 1990（6）：2-5.

［2］叶圣陶. 大力研究语文教学，尽快改进语文教学［G］//叶圣陶. 叶圣陶语文教育论集. 北京：教育科学出版社，1980：727.

［3］《语文学习》编辑部. 教学争鸣录［M］. 上海：上海教育出版社，2000：395.

［4］［5］崔干行. 语文课的铃声响了［M］. 广州：暨南大学出版社，2012：199.

语文学科工具说、科学化的同时，也应该注意它的人文价值。这篇文章引起了很大反响，可以认为是 1997 年语文教育大讨论之先声。

（二）成果荟萃[1]

这一阶段取得了明显的成绩和丰富的成果，包括著名教育家语文教育论著的整理编辑，语文名师的教育论著和教学实录整理，语文教育史研究及史料整理，语文教育教学论著的出版，以及对语文教育教学有影响的媒体的建立。

1. 著名教育家语文教育论著的整理编辑

"文革"结束后，语文教育界急需理论指导，著名教育家语文教育论著的整理编辑出版应运而生。这些论著主要有中央教育科学研究所编《叶圣陶语文教育论集》（上、下册，教育科学出版社 1980 年版），河南教育出版社从 1985 开始陆续出版的朱自清、叶圣陶、夏丏尊、陈望道、郭绍虞、吕叔湘、王力等人的语文教育论著，人民教育出版社陆续出版的叶圣陶、黎锦熙、张志公等人的语文教育论著。刘国正主编的为纪念叶圣陶一百周年诞辰而出版的《叶圣陶教育文集》（人民教育出版社 1994 年版），共 5 卷，第一卷收编关于教育的文学作品，第二卷收编关于教育的论著，第三卷收编关于语文教育的论著，第四卷、第五卷收编语文教材节录。吕叔湘的《吕叔湘论语文教学》（山东教育出版社 1987 年版）、《语文常谈》（三联书店 1980 年版）、《吕叔湘语文论集》（商务印书馆 1983 年版），张志公的《语文教学论集》（福建教育出版社 1981 年版），其他还有《朱自清全集》（江苏教育出版社 1988 年版）、叶至善编《叶圣陶答教师的 100 封信》（开明出版社 1989 年版）、张中行《谈文论语集》（内蒙古教育出版社 1994 年版）、商金林《叶圣陶传论》（安徽教育出版社 1995 年版）、张中行《张中行作品集》（中国社会科学出版社 1995 年版）、《陈望道语文教育论集》（上海教育出版社 1997 年版）等，这些论著的整理出版，为语文教育研究起到引领方向、启迪思考的作用。

2. 语文名师的教育论著和教学实录

瞿葆奎等整理选编的《优秀语文教师上课实录》（人民教育出版社

---

[1] 引自顾之川于2013年发表于《中国教育科学》的《中小学语文教育研究三十年》，引用时有所增删。

1980 年版）是我国最早通过课堂教学实录传播语文名师教学经验的著作。该书共选编了于漪、陆继椿、高润华、陈钟梁等优秀语文教师的课堂实录，这对刚刚摆脱"文革"桎梏而渴望教学革新的一线语文教师是一个极大的鼓舞，该书迅速在全国语文教学界产生巨大影响。可以这样说，在这本书的引导下，语文教学界开始重视教学实践改革，迎来了语文教育发展的黄金十年。此外，小学语文教师教学经验的著作也相继出版。如《袁瑢语文教学三十年》（上海教育出版社 1983 年版），《霍懋征语文教学经验选编》（人民教育出版社 1983 年版），李吉林《训练语言与发展智力》（江苏人民出版社 1984 年版）。刘国正主编的《我和语文教学》（人民教育出版社 1984 年版）共收录于满川、于漪、叶圣陶、叶苍岑、江山野、吕叔湘、刘国盈、向锦江、何以聪、辛安亭、张毕来、张传宗、张志公、张寿康、张拗之、张孝纯、张隆华、陈哲文、时雁行、沈蘅仲、罗大同、林炜彤、闻国新、徐中玉、黄光硕、钱梦龙、程力夫、蒋仲仁、曾仲珊、谭惟翰、黎见明、颜振遥等 32 位语文教育专家的论著和教学实录。《中国著名特级教师教学思想录》（江苏教育出版社 1996 年版）是一套首次全面系统总结中华人民共和国成立以来中小学著名特级教师教学思想的大型丛书。其中小学语文卷由杨再隋主编，收录丁有宽、王企贤、曲卫英、李吉林、张玉洁、郑祖读、袁瑢、斯霞、靳家彦、滕昭蓉、霍懋征共 11 位，中学语文卷由刘国正主编，收录于漪、宁鸿彬、朱泳燚、时雁行、张富、林炜彤、欧阳代娜、洪宗礼、钱梦龙、徐振维、顾德希、蔡澄清、魏书生共 13 位，全面展示了他们的教学思想、教学实践以及求学与治学、为人与育人等方面的特色。

3. 语文教育史研究及史料整理

以史为鉴是任何改革的必然诉求。这一时期的语文教育史研究与史料整理研究成果，主要有李伯棠《小学语文教材简史》（山东教育出版社 1985 年版）、陈必祥《中国现代语文教育发展史》（云南教育出版社 1987 年版）、张隆华《中国语文教育史纲》（湖南师范大学出版社 1991 年版）、张志公《传统语文教育教材论》（上海教育出版社 1992 年版）、林治金《中国小学语文教学史》（山东教育出版社 1995 年版），顾黄初、李杏保编《二十世纪前期中国语文教育论集》（四川教育出版社 1991 年版），等等。还有一些论著虽然不是以语文教育为主，但与语文教育史有关。如顾树森《中国古代教育家语录类编》（上海教育出版社 1983 年版），璩鑫圭、唐良炎编《中国近代教育史资料汇编·学制演变》（上海教育出版社 1991 年版），徐梓《蒙学读物的历史透视》（湖北教育出版社 1996 年版），浦卫忠《中国古代蒙学教育——历代少儿启蒙教育方法》（中国城市出版社 1996 年版），陈汉才《中国古代幼儿教育史》（广东高等教育出版社 1996 年版），王建军《中国近代教科书发展研究》（广东教育出版社 1996 年版），熊承涤《中国古代学校教材研究》（人民教育出版社 1996 年版）。

4. 语文教育教学论著

这部分论著主要有《中国语文》编辑部《语文教学问题》（中国社会科学出版社 1979 年版），张隆华《中学语文教学法》（湖南人民出版社 1980 年版），张定远编《作文教学论集》（新蕾出版社 1982 年版）（此后又陆续编辑出版《阅读教学论集》《中学语文教学论集》《文言文教学论集》），钟为永《语文教学心理学》（浙江人民出版社 1983 年版），刘国正、陈哲文主编《语文教学在前进》（人民教育出版社 1984 年版），张鸿苓、张锐编《中学语文教学》（光明日报出版社 1987 年版），张志公、刘国正主编《语文教学改革新成果选粹》（广东教育出版社 1990 年版），张鸿苓《语文教育学》（北京师范大学出版社 1993 年版），钟为永《中学语文学科教学论》（广西教育出版社 1993 年版），张锐、万里主编《教师口语训练手册》（北京师范大学出版社 1994 年版），曾祥芹《文章学与语文教育》（上海教育出版社 1995 年版），李杏保主编《语文学科教育参考资料类编》（高等教育出版社 1996 年版）。

他山之石，可以攻玉。借鉴国外和我国港澳台地区语文教学的经验，可以繁荣和丰富中小学语文教学，因此介绍国外或港澳台地区语文教学的研究文章及论著也在这一时期开始出现，如鲁斯·M. 诺伊斯《美国关于中小学作文教学指导的最新看法》（刘春健、刘云祥译，发表于《外国教育动态》1981 年第 5 期），杨怀珍、鲁宝元《法国中学低年级的语文教学简介》（《北京教育》1981 年第 12 期），吴立岗编译《苏联的作文教学》（教育科学出版社 1982 年版），北京外语学院附中国外语文教学研究组编译《日本中学语文教学》（福建教育出版社 1982 年版），朱绍禹《美日苏语文教学》（吉林文史出版社 1991 年版），谢泽文《新加坡华文教学论文集》（北京语言学院出版社 1994 年版），郭国英《香港"中国语文"会考题述评》（《语文教学》1981 年第 5 期），俞越龙《大陆、台湾、香港中学语文教学大纲的比较》（《上海师范大学学报（哲学社会科学版）》1992 年第 2 期），刘正伟《台湾作文教学发展新趋向》（《中学语文教学参考（教师版）》1995 年第 6 期），施仲谋《中国内地、台湾、香港、澳门语文测试能力与比较》（语文出版社 1996 年版）。

5. 语文教学研究的媒体与传播

语文教育的复兴，必然带来语文教学研究与传播媒体的兴盛。这一时期创办的中学语文报刊甚多。1978 年 1 月，《语文教学通讯》创刊于山西师范大学，1981 年 5 月，时任该校校长陶本一又创办了《语文报》。1979 年 7 月，《中学语文教学》和《语文学习》分别在北京和上海同时创刊，前者由北京师范学院（现首都师范大学）主办，后者由上海教育出版社主办。1979 年 10 月，全国 13 所重点中学联合创办《作文通讯》（1980 年改由新蕾出版社出版）。1981 年 4 月，杭州大学《语文战线》（后改名为《语文导报》）编辑部主办"西湖笔会"。1984 年，《中学生阅读》创刊于河南郑州，1993 年开始分为高中版和初中版。1989 年，《语文周报》创办于河北师范学院（现河北师范大学）。此外，华中师范学院（现华中师范大学）创办的《中学语文》，徐州师范学院（后改名徐州师范大学，现为江苏师范大学）创办的《语文教学周报》（1996 年 8 月）等，都曾在语文教育界发挥过重要作用。小学语文报刊则主要有：《小学语文教师》，1981 年创办于上海教育出版社，在原《语文学习（小学版）》的基础上改版而成；《小学语文教学》，1981 年创办于太原；《小学语文报》《百家作文指导》《小学生作文》与后来创办的《小学阅读指南》等，都成为中国教育学会小学语文教学研究会的会刊会报。

二、反思改革阶段：语文教育人文化的追寻

（一）过程描述

"文革"之后，语文教育开展了近二十年的科学化探索，但效果并不理想。对语文教育的反思是从一次大讨论开始的。1997 年 11 月，发生

了由《北京文学》首先发起并很快得到《中国青年报》《光明日报》《中国教育报》等加盟的对语文教学的大讨论。从邹静之的《女儿的作业》、王丽的《中学语文教学手记》，到薛毅的《文学教育的悲哀》、杨东平的《语文课：我们失去了什么》，直至洪禹平的《误尽苍生》，这些文章针对语文教学急功近利式的科学化语言训练，忘却更重要的人文精神培育的现象提出了强烈的批评。最尖锐的意见出自《误尽苍生》，该文认为中国的语文教育已经"误尽苍生"。当然，这样的批判并不为广大语文教师所认同，他们觉得这是夸大其词，危言耸听，实在难以接受，纷纷著文反驳。这样，形成了空前激烈的世纪大论争。

经过这场大讨论后，语文教育逐步转向理性思考。人民教育出版社于1998年10月在北京召开中学语文教育座谈会，邀请北京大学、北京师范大学等高校和科研院所的专家学者，就语文教育的改革问题进行座谈。谢冕、钱理群、陆俭明、何九盈、王宁、童庆炳、刘锡庆等参加了座谈会。1999年6月，又在昆明召开中学语文课程教材专家研讨会，冯钟芸、刘国正、潘钟著、朱绍禹、顾黄初、钱梦龙、张鸿苓、欧阳代娜、申士昌等参加会议。这两次座谈会，专家学者们围绕着语文教育大讨论、语文教育改革的方向和路径以及语文教材的编写修订等问题进行了充分交流与沟通。在此基础上，人民教育出版社小学语文、中学语文编辑室分别向全国中小学语文教育工作者征稿，编辑出版了《问题与对策——中小学语文教育改革》。1999年12月，中国语文报刊协会发起，在北京香山召开面向21世纪中小学语文教育改革座谈会。会议对中小学语文教育的现状做了比较实事求是的评价，对其症结所在做了比较准确、全方位的分析，对语文教学改革的前景、措施提出了规划和设想。

通过这次讨论，语文教育界对许多重要问题形成了新的更高层次的共识，这直接推动了语文教学改革。教育部于1999年启动新一轮基础教育课程改革，2000年秋季开始，各中小学使用修订后的语文教学大纲和教材。2001年颁布《全日制义务教育语文课程标准（实验稿）》，并于当年秋季开始在全国38个实验区开始实验。2003年4月颁布《普通高中语文课程标准（实验）》，自2004年秋季起，高中新课程在部分省（自治区、直辖市）实验。义务教育新课程到2005年、高中新课程到2012年已在全国全面实施。从 2007 开始，教育部考试中心颁布新课标版考试大纲，实行新高考。到 2012 年，全国已有 20 个省（自治区、直辖市）使用新课标卷。2014 年，新一轮高考改革启动，浙江、上海率先试点，2014~2017 年，完整地走完了第一轮高考改革的实践。继 2017 年北京等 4 省（自治区、直辖市）启动高考改革后，2018 年高考改革进入全面推进阶段，多个省（自治区、直辖市）宣布启动新高考改革。到 2018 年高考，全国范围内共有全国卷Ⅰ、全国卷Ⅱ、全国卷Ⅲ、北京卷、上海卷、天津卷、浙江卷、江苏卷等 8 套高考语文试卷。

基础教育新课程实验在 2001 年正式启动。在这轮课程改革中，课程标准取代了教学大纲，并颁布了义务教育语文新课标（实验稿），出版了义务教育阶段语文课程实验教材，38 个国家级实验区实施新课程。2003 年，高中语文新课标（实验稿）颁布，高中阶段的课程改革实验也大规模展开。语文学科实施新课程实验的主要着力点之一，是落实语文课程标准强调的"工具性与人文性的统一"，从而基本上结束了"工具性"与"人文性"之争。这对于统一语文教师的思想认识很有意义。在实验阶段，不少语文教师是从教学方式变革这方面着力的。和 2001 年前相比，学生语文学习方式有了很大变化，但课堂的文学味并不浓。深圳教研室程少堂认为："语文课不是其他知识的拼盘。要把不是语文味的东西清除出语文课堂，净化语文教学的内环境，要教出语文独特的美感和情感。"[1]应该说，基础教育语文课程实验带来一定效果，教师的课程意识加强了，注意指导学生自主、合作、探究地学习。更明显的应该是教材的变化，多种版本的教材在内容上重视人与自然、人与社会、人与自我的关系，在形式上逐渐呈现百花齐放的局面。经过十年实验，在调研的基础上，义务教育语文新课标修订版于 2011 年颁布，高中语文新课标修订版于 2018 年颁布。尤其高中语文新课标，变动很大，提出了四大语文核心素养，设置了十八个学习任务群，还新增了学业质量标准。这些调整适应了新的时代需求，为深化语文教育改革奠定了基础。

此外，新一轮语文课程实验的一个最大特点是高校教师的参与。过

---

[1] 崔干行. 2001—2009：语文课程改革的艰难探索［J］. 广州大学学报（社会科学版），2009（7）：66-70.

去高校教师也参与基础教育改革，但多是"各自为政"，主要任务是编写教材、培养师范生、研究语文教育历史。而这次是有组织地进入改革第一线，像北京大学、华东师范大学、北京师范大学等一批名校的知名教授、学者都直接参与了中小学课程改革中制订课程标准、编写教材、设计试题、培训教师等的工作，并在课程实施过程中解答了一线教师的不少疑难问题。

（二）成果荟萃[1]

这一阶段和前一阶段比，语文的实绩和成果更是突出，包括对老一辈语文教育家研究论著的整理出版，语文教育史研究及史料整理，语文课程教材的研究，语文教育理论研究和语文教学研究等。

1. 老一辈语文教育家研究论著的整理出版

经典总是长盛不衰，老一辈语文教育家的研究论著受到人们的喜爱。有系列丛书，如"三联精选"文库，收录朱自清《经典常谈》《论雅俗共赏》，朱光潜《诗论》，唐弢《文章修养》，吕叔湘《语文常谈》和陈原《在语词的密林里》（三联书店 1998 年版）；"跟大师学语文"丛书，收入夏丏尊、刘薰宇《文章作法》，夏丏尊、叶圣陶《文话七十二讲》《文章讲话》，叶圣陶《怎样写作》《语文随笔》（中华书局 2007 年版），这套丛书正如朱自清评价《文心》所说的那样："不独是中学生的书，也是中学教师的书。"也有个人全集、文集或论著选编，如《叶圣陶集》（江苏教育出版社 2004 年版），《吕叔湘集》（花城出版社 2009 年版），《吕叔湘全集》（19 卷，辽宁教育出版社 2002 年版），《吕叔湘文集》（6 卷，商务印书馆 2004 年版），《张志公自选集》（北京大学出版社 1998 年版），《刘征文集》（5 卷，人民教育出版社 2000 年版，2010 年又出版续编 2 卷），《周祖谟语言文字论集》（人民教育出版社 2000 年版），王本华编《纪念张志公学术文集》（人民教育出版社 2001 年版），郭戈编《李廉方语文教育论著选》（语文出版社 2006 年版）。还有研究论著或资料整理，如董菊初《叶圣陶语文教育思想概论》（开明出版社 1998 年版），商金林《叶圣陶年谱长编》（人民教育出版社 2004 年版）等。

---

[1] 引自顾之川于2013年发表于《中国教育科学》的《中小学语文教育研究三十年》，引用时有所增删。

2.语文教育史的研究及史料整理

有整体研究，如张隆华、曾仲珊《中国古代语文教育史》（四川教育出版社1995年版），李杏保、顾黄初《中国现代语文教育史》（四川教育出版社1997年版），费锦昌主编《中国语文现代化百年记事（1892—1995）》（语文出版社1997年版），顾黄初、李杏保主编《二十世纪后期中国语文教育论集》（四川教育出版社2000年版），郑国民《从文言文教学到白话文教学——我国近现代语文教育的变革历程》（北京师范大学出版社2000年版），吴洪成《中国小学教育史》（山西教育出版社2006年版），武玉鹏、王从华、黄修志《语文课程与教学发展简史》（北京大学出版社2017年版）。也有专题研究或区域研究，前者如潘新和《中国现代写作教育史》（福建人民出版社1997年版），后者如北京市语文教学研究会编《北京市中小学语文教育50年》（开明出版社1999年版）。

除了对教育史的研究，这一时期还涌现出一些大型的史料工具书。如顾黄初、李杏保主编的《二十世纪后期中国语文教育论集》（四川教育出版社2000年版），收录1949~1999年有关语文教育研究的重要论文，正如刘国正在"序"中所言："史料颇为详备……对研究当代语文教育史确是一部难得的好书。"张鸿苓、陈金明、张定远、苏立康主编《新中国中学语文教育大典》（语文出版社2001年版），全书共分四卷，第一卷《新中国中学语文教育五十年记事》（张鸿苓主编）、第二卷《新中国中学语文教育研究资料精编》（陈金明主编）、第三卷《新中国中学语文教材建设》（张定远主编）、第四卷《新中国中学语文教学改革与实验》（苏立康主编），从不同侧面，全面展示了新中国中学语文教育演变的历史轨迹。顾黄初主编《中国现代语文教育百年事典》（上海教育出版社2001年版），内容涵盖社会政治、语言文字、教育科学、语文教育等方面，以语文教育为主线，以历史资料为依据，回顾和总结了中国现代语文教育萌生和发展百年来的风雨历程，为开创新世纪中国语文教育新局面提供借鉴。由徐林祥总主编的《百年语文教育经典名著》（共15卷）（上海教育出版社2017年版）搜集20世纪语文教育经典名著，兼顾原著出版时间、论述内容、重要程度、篇幅长短等因素，精选了各时期有代表性的经典名著36本（其中吴研因、舒新城所著两本原书合为一本，共37本）。其中，20 世纪前期出版的著作，选入较多；20 世纪后期出版的著作，多为 1977 年以后出版，选了 5 部著作。全部 37 种著作中，有三分之二以上为首次重新出版。这套丛书对研究中国现代语文教育思想史，进一步认识中国现代语文教育的变革历程具有重要意义。此外，李树编《中学语文教学百年史话》（山东人民出版社 2007 年版），以一位语文教师的视角，记录了这一时期语文教育的若干史实。

3. 语文课程教材研究

这一时期的语文课程教材研究取得了丰硕成果，主要反映在语文教材编写和语文课程教材研究两方面。

在语文教材编写方面，为了配合教育部的新课改，语文教育工作者研究编写出系列课标实验教材。其中小学 12 套，分别是人教版（崔峦、蒯福棣主编），中华书局版（郭预衡、章培恒、陈平原主编），长春版（张翼健、张笑庸主编），北师大版（马新国、郑国民主编），苏教版（张庆、朱家珑主编），西南师大版（董小玉主编），冀教版（高雅贤、陶月华主编），语文版（A 版，史习江、李守业主编），语文版（S 版，王均、杨曙望主编），教育科学版（吴景岚主编），鄂教版（王先霈、徐国英主编），湘教版（杨再隋、曾国伟主编）；初中 7 套，分别是人教版（顾振彪、顾之川、温立三主编），苏教版（洪宗礼主编），语文版（史习江主编），河北大学版（王富仁、傅中和主编），鄂教版（王先霈、徐国英主编），北师大版（孙绍振主编），长春版（张翼健、张笑庸主编）；高中 7 套，分别是人教版（袁行霈、顾之川、温儒敏主编），苏教版（丁帆、杨九俊主编），语文版（史习江、张万彬主编），鲁人版（谢冕、王景华主编），粤教版（陈佳民、柯汉琳主编），北师大版（童庆炳主编），北京版（顾德希主编）。

值得一提的是，在学生课外读本的编写方面，钱理群、王尚文等主编的《新语文读本》（广西教育出版社 2001 年版）影响颇大。编者的心愿是："要用我们民族与全人类最美好的精神食粮来滋养我们的孩子，让他们的身心得到健全的发展，为他们的终生学习与精神成长'打底'。"该书出版后，在全国引起热烈反响。

在课程教材研究方面，成果显著。洪宗礼、柳士镇主编"中外母语教材比较研究丛书"（江苏教育出版社 2000 年版），包括《外语文教材评介》《汉语文教材评介》《中外母语课程标准译编》《中外母语教材选粹》《中外母语教材比较研究论集》，在此基础上，作者又联合上百位国内外学者参与课程教材研究，出版了十卷本《母语教材研究》（江苏教育出版社2007年版）丛书，扩大了语文课程教材研究的视野，进一步拓宽了母语教育研究的视野，填补了我国语文教材研究中的空白，极大丰富了教育科学研究宝库。课程教材研究所编《20世纪中国中小学课程标准·教学大纲汇编（语文卷）》（人民教育出版社2001年版），汇集了1902~2000年我国颁布的中小学语文课程标准或教学大纲，客观地反映了我国中小学语文课程发展的历史，为语文课程教材史的研究提供了翔实资料。朱绍禹、庄文中主编《国际中小学课程教材比较研究丛书（本国语文卷）》（人民教育出版社2001年版），分上、下篇，上篇是分国研究，分别研究德国、法国、英国、苏联、美国、日本和中国的语文课程教材；下篇是综合比较，对语文学科的地位、性质目的、课程内容、教科书编著、测试及课外活动等六个方面进行了比较研究。课程教材研究所编著《新中国中小学教材建设史1949—2000》"小学语文卷""中学语文卷"（人民教育出版社2010年版），集中反映了我国1950~2000年人教版中学、小学语文教材编写的基本情况、主要内容及经验教训，丰富了我国语文教材史的研究。其他如朱绍禹《中学语文教材概观》（人民教育出版社1997年版），江明《语文教材的建设与思考——首届全国义务教育初中语文教材建设理论研讨会论文集》（语文出版社1998年版），顾黄初、顾振彪的《语文课程与语文教材》（社会科学文献出版社2001年版），闫苹、张雯主编《民国时期小学语文教科书评介》和《民国时期小学语文课文选粹》（语文出版社2008年版），李斌《中学国文教科书研究（1912~1949）》（花木兰文化出版社2012年版）等，都是值得重视的研究成果。

4.语文教育理论研究

刘国正、顾黄初、章熊主编"中国语文教育丛书"（四川教育出版社）共6种，旨在全面反映中国汉语文教育的过去、现在和未来。反映语文教育现状的4种分别是：张若田、陈良璜、李卫民《中国当代汉字认读与书写》（1998），韩雪屏《中国当代阅读理论与阅读教学》（1998），张鸿苓《中国当代听说理论与听说教学》（2000），章熊《中国当代写作与阅读测试》（1995）。这 4 种主要叙述 1978~1992 年中国新时期语文教育的概况。王荣生《语文科课程论基础》（上海教育出版社 2003 年版），从现代课程论的视角，审视近百年来语文教育研究的历史和现状，经验与教训，所涉及的都是语文教育研究领域的前沿课题。后来，王荣生又总主编一套大型丛书《语文教育研究大系（1978~2005）》（上海教育出版社 2005 年版）。这套丛书分综述卷、理论卷、中学教材卷、小学教材卷、中学教学卷、小学教学卷，视野开阔，勾勒语文教育研究足迹，评述语文教育研究成果，展望语文教育研究前沿，是一项重要的语文教育研究成果。崔峦《求是·崇实·鼎新——崔峦小学语文教育文集》（人民教育出版社 2005 年版），收录了作者从事小学语文教育研究的主要成果，可以看出我国小学语文课程、教材、教学的演进轨迹。曾祥芹《曾祥芹文选》（上、中、下卷）（高等教育出版社 2010 年版），上卷为实用文章学研究，中卷为汉文阅读学研究，下卷为语文教育学研究，比较全面地反映了作者的语文教育研究成果。温儒敏《温儒敏论语文教育》《温儒敏论语文教育二集》（北京大学出版社 2010、2012 年版），以学者的眼光审视中小学语文教育，关注语文课程、教材及高考，集中反映了作者的语文教育思想。章熊等《和高中老师谈写作教学》（人民教育出版社 2012 年版）是关于高中写作教学的又一力作。该书以开阔的视野，站在语文学科发展的前沿，关注写作教学的发展，系统反映了作者的写作教学思想，对中学写作教学具有重要的参考价值。

此外，王尚文《语感论》（上海教育出版社 2000 年版），李海林《言语教学论》（上海教育出版社 2000 年版），李维鼎《语文言意论》（上海教育出版社 2000 年版），饶杰腾《语文学科教育学》（首都师范大学出版社 2000 年版），章熊《思索·探索——章熊语文教育论集》（人民教育出版社 2002 年版），倪文锦、欧阳汝颖《语文教育展望》（华东师范大学出版社 2002 年版），钱理群《语文教育门外谈》（广西师范大学出版社 2003 年版），史绍典《语文永远是语文——史绍典自选集》（湖北人民出版社 2003 年版），潘新和《语文：表现与存在》（福建人民出版社 2004 年版），徐云知《语感和语感教学研究》（高等教育出版社 2004 年版），钱理群、孙绍振《对话语文》（福建人民出版社 2005 年版），章熊等《中学生言语技能训练》（人民教育出版社 2005 年版），陈军《语文教学时习论》（上海教育出版社 2005 年版），马智君《语文教师修养》（湖南教育出版社 2005 年版），孙绍振《名作细读》（上海教育出版社 2006 年版）、《孙绍振如是解读作品》（福建教育出版社 2007 年版），曹明海主编"当代语文教育与课程改革理论前沿丛书"（共 5 卷，山东人民出版社 2007 年版）都是这一时期值得重视的语文教育理论研究成果。

新课程实施以来，广大语文教育工作者聚焦新课程，推出了一批重要成果，如巢宗祺等主编《全日制义务教育语文课程标准解读》《普通高中语文课程标准（实验）解读》（湖北教育出版社 2002、2004 年版），郑国民《新世纪语文课程改革研究》（北京师范大学出版社 2003 年版），倪文锦主编《小学语文新课程教学法》《初中语文新课程教学法》（高等教育出版社 2003 年版），潘新和主编《新课程语文教学论》（人民教育出版社 2005 年版），靳彤《语文综合性学习理论与实践》（中国社会科学出版社 2007 年版），温立三《语文课程的当代视野》（中国社会科学出版社 2007 年版），秦训刚《新课程语文教学论》（华中师范大学出版社 2008 年版），孔凡成《语境教学研究》（人民出版社 2009 年版），王鹏伟《语文教育：世纪之交的嬗变》（教育科学出版社 2011 年版），余虹《文学作品解读与教学》（高等教育出版社 2011 年版），叶黎明《写作教学内容新论》（上海教育出版社 2012 年版），陈隆升《语文课堂"学情视角"重构》（上海教育出版社 2012 年版），胡根林《中小学文学课程导论》（语文出版社 2013 年版），朱建军《语文课程"读写结合"研究》（教育科学出版社 2013 年版），王荣生《语文课程与教学内容》（教育科学出版社 2015 年版），荣维东《交际语境写作》（语文出版社 2016 年版），杨澄宇《语文生活论：基于现象学视角的语文课程探索》（教育科学出版社 2016 年版），邓彤《微型化写作教学研究》（上海教育出版社 2018 年版），张心科《清末民国中学文学教育研究》（高等教育出版社 2018 年版），郭家海《写作教学设计》（江苏人民出版社 2018 年版）。

5.语文教学研究

这一时期的语文教学研究，不仅有语文名师教育思想的总结，着眼于语文教师专业发展，更有一批新生代名师的论著出版：既有教育行政部门、研究单位推出的系列丛书，也有教师个人系列专著；既有名师研究，也有夫子自道。这些都反映或见证了时代进步和语文教学的发展。

反映语文教师教学成果的系列丛书主要有：张定远主编《中学著名语文特级教师教育思想精粹》（语文出版社 1999 年版），集中展示了 7 位著名中学语文特级教师的风采，详细记录了他们的教学经验与教育思想；顾黄初主编"21 世纪语文教育文库"（社会科学文献出版社 2001 年版），收录顾黄初、顾振彪《语文课程与语文教材》，李杏保、陈钟梁《纵论语文教育观》，邰启扬、金盛华等《语文教育新思维》，徐林祥主编《语文教师继续教育指南》和时金芳《语文教学设计》；教育部人事司、课程教材研究所"中国特级教师文库"（人民教育出版社）共五辑四十多种，其中语文特级教师的论著有于漪《我和语文教学》（2003）、李吉林《小学语文情境教学——李吉林与青年教师的谈话》（2003）、蔡澄清《中学语文点拨教学法》（2004）、李元功《语文教学艺术与思想》（2004）、吴昌顺《明师心语》（2003）；教育部师范教育司组织编写"教育家成长丛书"（北京师范大学出版社 2006），作为全国中小学教师继续教育用书，丛书收录《丁有宽与读写导练》《李吉林与情境教育》《窦桂梅与主题教学》《孙双金与情智教育》《于漪与教育教学求索》《程红兵与语文人格教育》《钱梦龙与导读艺术》《赵谦翔与绿色语文》《魏书生与民主教育》《高万祥与人文教育》《韩军与新语文教育》《李镇西与语文民主教育》等；于漪、刘远主编"名师讲语文"（语文出版社 2007 年版）是一套系列丛书，收录蔡明、胡明道、李卫东、赵谦翔、程红兵、程少堂、褚树荣、邓彤、黄厚江、李海林、李胜利、肖家芸、严华银、尤立增、余映潮、陈军、李震、张玉新、王君、吴琳、王崧舟、潘文彬、盛新凤、方利民、武凤霞、张祖庆、刘云生、董一菲等语文名师，以讲的形式，通过反思语文人生、总结语文理念、展示语文实践、淬炼教学语录的方式，展示名师们深邃的语文教育思想和独特的语文教学风格。

全面反映语文教师学术成果的个人文集主要有：方仁工的"方仁工教育文选"（上海教育出版社 2006 年版），分别为《拾掇记忆的碎片》《追求阅读的精神高度》《与青少年朋友握手》《开启写作的成功窍门》《寻访历史人物的踪影》和《走进斑斓的童话世界》；于漪的"于漪教育视点丛书"（山西人民出版社 2011 年版），分《涌动生命的课堂》《滋润心灵的文化》《开启门扉的智慧》《倾诉如歌的岁月》4 册；于漪《于漪全集》（上海教育出版社 2018 年版）分为"基础教育""语文教育""课堂教学""阅读教学""写作教学""教师成长""序言书信""教育人生"8 卷，收录了于漪在不同时期发表的论文、讲话、序、跋等作品；丁有宽、戴汝潜、朱作仁、田本娜《丁有宽小学语文读写结合法》（山东教育出版社 1999年版），江平《小学语文课程与教学》（高等教育出版社 2004 年版），史绍典《交流沟通对话——语文教学案例研究》（开明出版社 2005 年版），《李吉林文集》（人民教育出版社 2006 年版），陈日亮《我即语文》（福建教育出版社 2007 年版），《张庆文集》（江苏教育出版社 2009 年版），潘新和《语文：审视与前瞻——走近名家》（福建人民出版社 2009 年版），程翔《一个语文教师的心路历程》（清华大学出版社 2009 年版），袁振国主编《这就是教育家——品读洪宗礼》（教育科学出版社 2009 年版），这些论著记录了语文名师的心路历程。

教育部基础教育教材审定工作办公室编《新课程实验教材精粹选评》丛书（人民教育出版社 2011 年版），其中"小学语文卷"由雷实主编，"初中语文卷"由方智范主编，"高中语文卷"由雷实、方智范主编。王荣生主编"参与式语文教师培训资源"丛书（华东师范大学出版社 2014 年版），涉及"阅读教学教什么""写作教学教什么"等 8 个专题，为一线教师备课、教学提供了重要参考资源。还有程红兵、胡根林主编《高中语文质量目标手册》（漓江出版社 2013 年版），吴欣歆、许艳主编《书册阅读教学现场》（教育科学出版社 2016 年版）都是这一时期的重要成果。

此外，倪文锦、欧阳汝颖《语文教育展望》（华东师范大学出版社2002 年版），付宜红《日本语文教育研究》（北京师范大学出版社 2003年版），江苏中外母语教材研究所编著的《当代外国语文课程教材评介》（江苏教育出版社 2004 年版），何文胜《中国初中语文教科书编选体系的比较研究》（香港文思出版社 2008 年版），王爱娣《美国语文教育》（广西师范大学出版社 2007 年版），刘永康主编《西方方法论与现代中国语文教育改革》（人民出版社 2007 年版），马浩岚编译《美国语文——美国著名中学课文精选》（中国妇女出版社 2009 年版），周纪焕《现代作家语文教育思想论》（语文出版社 2008 年版），董蓓菲《全景搜索：美国语文课程、教材、教法、评价》（华东师范大学出版社 2009 年版），曹勇军、傅丹灵《中美写作教学对话十五讲》（上海教育出版社 2018 年版）等论著，拓展了语文教育研究的视野，也从不同方面丰富了语文教育研究。

第三节　四十年语文教育家的当代价值

四十年，对现代语文教育而言，是发展的重要阶段。这个阶段一大批语文教育名家脱颖而出，其中的代表性人物有刘国正、章熊、张定远、朱绍禹、顾黄初、于漪、张孝纯、陶本一、李吉林、钱梦龙、魏书生、欧阳代娜、陈钟梁、洪宗礼、洪镇涛、蔡澄清、吴心田、刘朏朏、陆继椿、方仁工、陈日亮、张富、于永正、吴立岗等，他们对国家、对民族、对语文学科的建设和发展做出卓越贡献，这种贡献是全方位、深层次的，不仅表现在事业上、思想上，更表现在人格精神上。

我们认为，四十年语文教育家群体的当代价值主要体现在四个方面：一是人生选择的示范，二是语文教学改革的闯将，三是语文教育思想的先驱，四是立德树人的典范。

一、人生选择的示范

古人云：有其志必成其事。四十年语文教育家群体之所以群星熠熠，灿烂辉煌，首先就在于他们一旦选择了语文教育就痴心不改，立下干事业的志向，"为一大事来，做一大事去"。

语文教育界有两个"不称职"的老师，即被大家尊称为"南钱北魏"的钱梦龙和魏书生。魏书生是初中毕业，而钱梦龙高中只读了三个月，按现在的学历要求，显然是不合格的。钱梦龙自称是"混"进教师队伍的[1]：

我虽然学历不高，但在小学毕业前就爱读各种课外书，进入中学后更是手不离书，所以尽管学历不高，却一直以"读书人"自许。在比较了各种职业后，我认为最好的选择是去当一名小学教师，教孩子们读书。正好有一所私立初级小学的校长曾是我中学时代的老师，于是我便请求到他的学校做教师……

我之所以用"混"字，是因为我从踏上讲台开始，从小学教到中学，

---

[1] 钱梦龙. 教师的价值 [M]. 上海：华东师范大学出版社，2015：9.

从美术教到语文，直至后来评上高级教师、特级教师，竟从来没有人"关心"过我的"文化程度"，就这样让我一直"混"到了退休。

在钱梦龙坦诚幽默的话语背后，凝结着一个特殊时代的缩影，同时也从侧面反映出钱梦龙对成为语文教师的渴望。

在渴望做语文教师这一点上，另一个"混"进教师队伍里的魏书生可谓钱梦龙的知音。于月萍的《魏书生评传》[1]中有魏书生的一份申请书：

尊敬的领导：

我再一次怀着十分恳切的心情，请求组织批准自己去做一名教师。

……

进厂六年的两千多个日日夜夜中，我对学校的深深眷恋之情，是一天也没有中断过的，即使在"四害"把教师地位压到最低点的时候，我还是以极其美慕的心情衷心向往着这个职业。为着有一天实现自己美好愿望的时候，把教师工作做得好一些，我日复一日、年复一年地钻研有关教育的知识，常学到食不甘味、寝不安席的地步。即使身患重病，也还是不愿间断，为此而度过的不眠之夜是难以数计的。

两千多天中，我向各级领导恳切地提出做教师的申请至少有150次之多。几乎每一个同志，特别是朋友和亲人，都耳闻目睹到我对教育火一样的热情，对学生源自内心的关心……

两人同为语文教育大家，同样怀有热切投身语文教学之心。因为这样的热爱之心能"混"入教师队伍也不足为奇了，不仅如此，他们都成了中国语文教育的亮丽风景。

除了钱梦龙、魏书生是中学毕业，语文教育家群体当中还有很多人的学历起点并不高，如宁鸿彬、蔡澄清、林炜彤都是中等师范学校毕业，张富20岁时因地方缺老师而当上了小学语文教师，时雁行也是断断续续上过几年学，无具体学历。他们为什么能做出如此杰出的成绩呢？靠的是对语文教育事业的热爱，靠的是由此产生的淡泊功名利禄、执着追求的精神。

在这个语文教育家群体中，有一个人"当了一辈子教师，一辈子学当教师"，这个人就是于漪。于漪1951年7月毕业于复旦大学教育系，

---

[1] 于月萍. 魏书生评传 [M]. 桂林：漓江出版社，2000：23.

毕业后到上海第二师范学校工作。凭着激情，她在教了8年的历史课后，毅然改行拿起了语文教材，并从此全身心地投入其中。虽然她一直是一位出色的历史教师，但语文课上面对学生们仍不敢有丝毫马虎。从语法、修辞、逻辑到中外文学史，甚至哲学、天文、地理、航海等知识，所有与语文教学相关的知识她都一一学习，为的是奠定作为师者的基础。

于漪以坚韧不拔的毅力在探索语文教学规律的道路上前行。一次，她与爱人去看京剧《三岔口》。舞台上，演员还没开口唱，仅凭动作和眼神的变化就使观众相信这是一场摸黑的打斗。看着看着，于漪仿佛又回到了课堂上：语文教学也要这样有气氛、有效果，要调动一切教学手段，去打开学生思维的闸门。于漪常说："我上了一辈子课，教了一辈子语文，但还是上了一辈子深感遗憾的课。"这是一种永不满足的精神，语文教育家张志公曾形容她教书教得"着了魔"，而她的学生则说她对教育有着"宗教般的虔诚"。

在小学语文教育界，也有一个于老师，这人就是著名特级教师于永正，他以"五重"（重感悟、重积累、重迁移、重情趣、重习惯）特色名世。他在工作和生活中始终保持"四个习惯一个爱好"。四个习惯是读的习惯、看和听的习惯、观察和思考的习惯、操笔为文的习惯，一个爱好是唱京剧。在他的成长过程中，孔子、马卡连柯、苏霍姆林斯基、叶圣陶等教育家对他影响很大，对他启迪作用大的著作有《教育诗》《论语》《给教师的建议》等。他每天报纸必读，订的刊物必读，好书必读，而且恪守"不动笔墨不读书"的古训，读到精彩处必记。于永正还是一个爱思考的人，用他自己的话说叫"爱琢磨"，读书看报爱琢磨，备课爱琢磨，上完了课爱琢磨，听别人讲话爱琢磨，听别人上课也爱琢磨……有时真是琢磨得食不甘味，卧不安席。但是，琢磨出智慧，琢磨出思想。他天天记日记，坚持了好多年，每年保存七八本，从一节课写起，从点滴小事写起，积累了丰富的教学资料。

二、语文教学改革的闯将

教育上的重大改革，往往是从教改实验开始的。我国中小学语文学科的教改实验，是教育界最为活跃、最为成功的实验领域之一。一大批中小学语文教师投身教改实验，在识字教学、阅读教学、作文教学和语文教学整体改革等四个领域进行教改尝试，取得了丰硕的成果。实验的结果不仅推动了教育理论的发展，也有力地促进了语文教育的科学化和现代化。

阅读教学是语文教学的主体，历来备受语文教师的关注，教改实验也相对丰富多彩。改革开放后，阅读教改实验在全国各地风起云涌：有的在局部地区产生了一定的影响，如江西省南昌市特级教师潘凤湘的"语文教读法"教改实验，内蒙古赤峰教育学院李敬尧的"导学式"阅读教改实验，江苏省淮阴市教研室教研员臧永年等人的"五步骤阅读教学结构"教改实验，天津市南开区二马路小学靳家彦的"四步式导读法"教改实验，湖南省娄底市朱春英的"单元整体阅读教学"教改实验，浙江省诸暨市翁善庆的"目标导向单元教学"教改实验，广东省新会县陈传和的"语文单元教学"教改实验，等等；有的则形成了全国性影响，如江西张富的"跳摘法"教改实验，安徽蔡澄清的"点拨法"教改实验。此外，颜振遥把"数学的自学教学辅导方法"引进语文课堂，开展语文自学教学辅导教学的研究，邱学华和李敬尧分别把数学的"尝试教学法"和理科的"导学式教学方法"引进语文课堂，阅读教学模式的探索呈现空前繁荣的局面。[1]

钱梦龙的"三主四式导读法"："三主"，即学生为主体，教师为主导，训练为主线，是其设计教学过程的原理与思想；"四式"，即自读式、教读式、练习式、复读式四种课式，是其阅读教学设计的基本程式，也是其阅读教学的一般过程；"导读法"，即引导与教导学生读书的方法，是其引导教学设计的本质特征。这实际上是一种语文教师利用引导教学引导学生自学语文的方法。魏书生的"课堂教学六步法"，指在阅读教学中采用以引导学生自学为基本策略的"定向、自学、讨论、答疑、自测、自结"六个教学步骤。其中，定向是明确课堂教学的目的、学习重点与难点，让学生心中有数，明确学习的方向；自学是学生在明确学习方向的基础上自学课文，独立思考，自己解决问题；讨论是以小组讨论或全班讨

---

[1] 此处提到的地名、机构名、校名等以进行教改实验时的名称为准，下同。

的方式共同探讨自学中不能解决的问题；答疑是由教师来解答经过学生讨论仍未解决或答案有分歧的问题；自测是根据定向的要求，学生自我测试学习的效果；自结是让学生在下课前对本堂课的收获进行自我总结。魏书生的阅读教学实验按照这种模式操作，在培养学生的自主意识、自治素养、自学能力方面取得了切实的成效。

写作能力是最重要的语文能力之一。四十年来，许多有志于提高语文教学效率的语文教师和教研工作者，在写作教学改革领域进行了长期、艰苦的研究与实验，取得了许多重要的实验成果，积累了不少成功经验。这些实验可以归为两类：一类是围绕写作教学整体思路和基本方法的改革提出来的教改实验，可以称之为"综合性作文教学改革实验"；另一类是从某一个侧面出发的或在某一方面进行专门研究的教改实验，可以称之为"专题性作文教学改革实验"。属于综合性作文教学改革实验的有：北京市月坛中学语文特级教师刘胐胐的"观察—分析—表达"三级训练作文教改实验，江苏省丹阳市云阳第二中心小学的单新元、马汉成、何书照等人合作的"系统设计、分项训练、整体优化"作文教改实验，江苏省常州师范学校第二附属小学李伟平等人的"开放性作文"教改实验，吉林省梨树县四棵树中心小学特级教师赵文忠的"农村小学序列化作文"教改实验，江西省南昌市西湖区教研室蔡建兴的"仿作入手、读说写并重"作文教改实验，等等。属于专题性作文教学改革实验的有：陕西省汉阴县城关第一小学查振坤的"小学作文早起步"教改实验，天津市河北区育婴里小学李家玲、孙光华的"培养写作兴趣"教改实验，湖南省新邵县第一中学杨初春的"快速作文教学法"教改实验，浙江省宁波市江北区教研室叶昂龙等人的"快速作文"教改实验，浙江省金华市群众巷小学施民贵的"小学生读写日记系列训练"作文教改实验，湖北省钟祥市教研室郑明江、钟祥市新堤小学郭亚玲的以"课后想象写话促进作文"教改实验，等等。

北京市月坛中学的语文特级教师刘胐胐，她和在北京教育学院任教授的丈夫高原一起开展中学作文教改试验，提出了"观察—分析—表达"三级训练作文体系。这个体系的总体设想是以认识能力的提高带动表达能力的提高，将训练作文能力与教育学生做人统一起来。在其三级训练体系中，观察是基础，表达是结果，分析则贯穿始终，三者是一个紧密联系的整体，每一级训练既是一项基本能力的重点训练，又是认识与表达相统一的整体训练。训练教程共分三级六段四十四步，训练方式是写观察笔记、分析笔记、语感随笔，训练方法是观察、分析、表达，训练的课型设计包括讲练型、读议型、答疑型、评议型、示范型、交流型等。为了提高教师处理作业的效率，调动学生作文的积极性，还创设了"程序编码积分法"来评定学生的作文练习成绩。该三级训练体系为作文教学找到了一个行之有效的体系，基本上解决了学生"无话可写"的老问题，解决了教师因对作文教学心中无数而使作文教学带有相当随意性这一难题。

四十年间，对语文教学进行整体改革的实验难能可贵。影响比较大的实验有，著名语文特级教师于漪的"提高语文教学的综合效应"教改实验，辽宁省鞍山市第十五中学著名语文特级教师欧阳代娜的"初中语文能力过关"教改实验，上海市华东师范大学第一附属中学陆继椿的"分类集中分阶段进行语言训练"教改实验，河南省语文特级教师张玉洁的"语文愉快教育"教改实验，广东省潮州市六联小学特级教师丁有宽的小学语文"读写结合"教改实验，湘西吉首民师附属小学语文特级教师滕昭蓉的"童话引路"语文教改实验，等等。其中江苏省南通师范学校第二附属小学语文特级教师李吉林的"情境教学"教改实验比较有代表性。

李吉林认为，小学语文的教学效果并不令人满意，问题出在教学方法上：教师实施的是"倾盆大雨般的灌输式教学"，支离破碎的分析讲解，没完没了的重复性抄写，名目繁多的习题和机械的背诵，充斥着学生的生活。为了改变这种状况，她借鉴保加利亚心理学家洛扎诺夫的"暗示教学法"，并将其与我国古代文艺理论中的"情境学说"结合起来，探索出一种既顺应儿童天性又具有较高效率的语文教学方法，将儿童置于特设的教学情境之中，尽可能在无意识活动中展开教学过程，在继承传统教育、重视读写教学这一合理做法的基础上，提出了小学语文"情境教学"理论，并将这一理论投入实验。她在教改实验中以用生活展现情境、用实物演示情境、用图画再现情境、用音乐渲染情境、用表演模拟情境、用语言描述情境等六种方法，将思想、理念寄托于情境之中，创设了具有"形真""情切""意远""理寓其中"四个特点的实体情境、模拟情境、语表情境、想象情境、推理情境等五类情境，按照创设教学情境要讲究新异性，组织教学内容要讲究实践性，选择教学方法要讲究启发性等三大原则实施情境教学。情境教学的结构是：低年级识字、阅读、作文三线同时起步；中、高年级实行文与道结合，读与写结合，训练语言与发展智力结合，课内与课外结合等"四结合"，实施大单元教学。情境教学的实质是，以"趣"为前提，在探索的乐趣中激发学习动机；以"思"为核心，在创造的乐趣中协同左右脑的相互作用；以"情"为纽带，在审美的乐趣中感知教材；以"练"为主线，在儿童自己的语言实践中学好语言；以"生活"为源泉，在认识周围世界的乐趣中平衡两个信号系统的发展。运用情境教学法，充分利用无意注意的优势，引起儿童的学习兴趣甚至学习欲望，使儿童身心愉快，能较好地提高儿童的观察能力、想象能力和表达能力，有效地促进儿童情感、美感等非智力因素的发展，有利于促进儿童的社会化，并使其语文基本功扎实，认识能力得到有效提高。

三、语文教育思想的先驱

在笔者看来，这一代语文教育家最大的贡献，是在各行各业冲破束缚的历史大变革时期，以他们自身的实践还语文教育以"语文"的本色，给语文教育注入了"人"的灵魂。

20 世纪 50 年代初到 70 年代末，尽管语文教育也有过一些充满学科特点与人文魅力的时候，但从总体上讲，语文教育的"语文性"逐步变成了单纯的"主流意识形态教育"，即无论是课文的选编还是课文的讲授，均服从于政治教育的需要，语文课上成了政治课，以致到了"文革"结束后，人们才不得不重新讨论"语文课是什么"的问题，因而发出了"要把语文课上成语文课"的呼吁。

正是在这一代语文教育家们的努力下，语文课开始向"语文"回归，不但语文教材逐步摆脱了对时事政治的亦步亦趋，而且课堂上也开始有了符合语文特点的教学和面对心灵的感染。比如，注重语文基础知识的传授和基本技能的训练，培养学生的读写听说能力，训练学生的思维能力……这些现在看来是常识的东西，在当时却需要改革的智慧和勇气。

特别值得赞赏的是，语文教改一开始就注重工具性和人文性的和谐统一，强调语文教育必须走进"人"的心灵。于漪说："语文教师教学生'文'，对学生进行严格的语文基础训练，使学生正确理解和运用祖国的语言文字，具有一定的读写听说能力，当然是义不容辞的责任；然而，与此同时，必须高度重视培养学生的思想素质、道德情操和文化素养……离开了'人'的培养去讲'文'的教学，就失去了教师工作的制高点，也就失去了教学的真正价值。""语文教育就是教文育人。语言文字是文化的载体与结晶，教学生学语文，伴随着语言文字的读、写、听、说训练，须进行认知教育、情感教育和人格教育。"[1]客观地说，把握时代的脉搏，重视人的发展，不是今天语文新课程改革才提出的，而是早在改革开放之初，就成了那一代优秀教师们的自觉追求。

正是自于漪、钱梦龙、魏书生、欧阳代娜、李吉林、于永正、丁有宽等人开始，中国的语文教育才开始有了真正的教改实验，因而形成了不同的教学风格和教学流派。于漪充满人文气息的"教文育人"，钱梦龙富有开创性意义的"三主"（以学生为主体，以教师为主导，以训练为主线）"四式"（自读式、教读式、作业式、复读式）语文导读法，张孝纯的"大语文教育"，魏书生的语文教育民主化、科学化，刘胐胐的"作文三级训练"，蔡澄清的"点拨法"，洪镇涛的变"学堂"为"讲堂"，张富关于"让学生都跳起来摘果实，开发学生潜能"的实验……以今天的观点看，这些教改实验以及实验所蕴含的教育思想可能会有这样或那样的不足或不成熟，但正是这些教改探索开创了新中国历史上语文教育的第一个黄金时代。他们的许多思想成果恰恰成为今天语文新课程改革的理念。换言之，今天的语文新课程改革绝不是割断历史地从零开始，而是对他们所追求所呼唤所实践的先进教育理念的弘扬和发展，从这个意义上说，他们应该是语文新课程改革当之无愧的先驱者！

---

［1］教育部师范教育司. 于漪与教育教学求索［M］. 北京：北京师范大学出版社，2007：
　　54-64.

四、立德树人的典范

立志是立功的动力，立功是立言的前提，立德是立言的基石。新时期这批语文学人之所以能成为中国一流的语文教育家，原因很多，但最主要的还在于他们普遍具有优秀的道德品质和良好的精神风貌，这是他们不断进取、开拓创新的内在动力。

顾黄初，浙江嘉善人。早在 20 世纪八九十年代，他就提出了语文教育是提高全民族素质的一项奠基工程，语文教育改革的根本指导思想是"贴近生活"，语文教育必须走民族化与科学化相结合的道路等重要观点。进入 21 世纪以后，他又提出了语文教育的"三生观"（生命观、生活观、生态观）。他对语文教材进行了系统研究，在语文教育史研究方面成就卓著，开拓了许多新的领域，1996 年 3 月，上海《语文学习》"世纪回眸"专栏称他为"影响当今语文教坛的风云人物"。杨九俊在缅怀为语文教育事业奉献一生的顾黄初时概括了他仁德的四个方面：不甘平庸、自强不息；忠恕待人；助人以成；言传身教、化雨春风。

陶本一，上海人。他是一位语文教育研究专家，他最关注的问题是"何为语文"，并在这方面进行了系统研究，先后发表了《语文教学的几个值得注意的问题》《谈语言素质》《诠释"语文"》等论文。他提出的"语文教学的目标是提高学习者运用'语言艺术'能力"命题，也具有十分重要的学术价值。他更是一代语文报人，语文教育的宣传家和传播者。早在 20 世纪 70 年代末 80 年代初，他便敏锐地捕捉到时代先机，相继创办了《语文教学通讯》和《语文报》，从提升中华民族整体文化素质的角度出发，高屋建瓴地提出了"大语文"编辑理念，并创造性地开展了一系列大型公益活动，引导了一代又一代师生的健康成长，在社会各界产生了广泛而持久的影响。他曾说："人来到这个世界上，并不仅仅是这个世界需要你来享受它已有的物质、精神文明成果，上苍赋予人以生命和灵光，是为了这个世界更加美好。每个人都应该把自己的工作在前人基础上再向前推进一步。不如此，生活、生命还有什么意义？"[1]

---

［1］于鸿. 风雨十五载丹心化桃李——记报人教育家陶本一［J］.新闻出版交流，1994（4）：14-15.

洪宗礼,江苏镇江人。他提出了构建语文教育"链"的理论,主张把"知识—引导—历练—能力—习惯—素养"编织成网状的科学系统,探索高效语文教学之路,总结了"五说"语文教育观和"双引"教学法,逐步探索形成了洪氏语文教学体系;主编经国家审定通过的三套推荐全国使用的语文教材,在26个省、自治区、直辖市使用,历经30余年,共印行1.4亿册。

洪宗礼的教育科研非常重要的一项成果是"母语教材研究"。这是全国教育科学"九五"规划、"十五"规划的重点课题。它一方面研究独立设科以来一百多年中国语文教材编写史;另一方面对中外母语教材进行比较,找出母语教育的共同规律。这项研究涉及全球40多个国家和地区的8大语系28个语种的母语教材,研究成果前后3次整理出版,10卷本总字数约为830万字。作为一个普通语文教师,成为国家教育研究重大课题的领军人物,能与中外200余位专家、教授通力合作,非常了不起。

全国人大常委会原副委员长许嘉璐曾这样评价洪宗礼:"以他这样一名小城市里的中学教师的身份,头上没有博士、教授的光环,如果没有一种超人的坚韧刻苦,如果没有长期心无旁骛的埋头实践和科学的方法,不断把自己和他人的经验、思考及时升华,如果缺少了包容和忍耐,或者有一点点门户之囿,就没有他现在所取得的一切。"[1]

这批语文教育家对当代语文教育还有一个值得大书特书的意义,那就是培养和提携了一大批优秀的语文教师。可以这样说,作为他们的晚辈,我们是读着他们的著作,看着他们的教学实录开始从事语文教育工作的。许多年轻语文老师的语文教学法学习,是从读于漪、读钱梦龙、读魏书生开始的。盘点当今语文教育界卓有成果的新锐人物,他们背后几乎都站着一个个"于漪",如程红兵、陈军、程翔等,都受益于于漪、蔡澄清、吴心田等名家的教诲。这些语文教育家们高尚的人格、博大的胸襟、渊博的学识和永不满足的探索精神,成为新一代年轻语文教师和学人追求的境界。

---

[1]袁振国.这就是教育家:品读洪宗礼[M].北京:教育科学出版社,2009:4-5.

第二章　四十年语文教育理念

　　教育理念是人们对教育认识的集中体现，同时也是对教育活动的看法以及对教育持有的基本态度和观念，它表达人们的教育理想，是人们对教育概念的价值化陈述。教育理念的形成，源于人们的教育实践，是一个有序的过程：首先是对理想的教育结果进行设想，然后是对理想的教育过程的设想，最后是寻求对理想教育整体的思维概括和语言表达。教育理念可分理论和操作等不同层面，鲜明深刻的教育理念对教育活动有着极其重要的指导意义。

　　四十年语文教育改革风起云涌，波澜壮阔，产生了丰富而驳杂的语文教育思想，形成了各种各样的语文教育理念。本章试图以点面结合的方式对之进行描述，并对其带来的理论和实践的影响做出探讨。

第一节　四十年语文教育理念综述

对于四十年语文教育的理念，本节拟从理论和操作两个层面展开综述：理论层面聚焦于语文课程性质之争和语文学科目标的探讨；操作层面着眼于阅读和写作两个领域，主要分析阅读教学模式和写作模式的变迁及其原因。

一、理论层面之一：语文课程性质之争

众所周知，20 世纪 80 年代是我国语文教改异常繁荣的时代，教改大潮经过碰撞、重组、合流，出现了两种倾向。一种是追求教学目标的单一化，教学程序的系列化，教学方法的模式化以及教学评估的标准化。其中表现最为强烈的是，设想编出一套中小学语文学科分年级的教学目标体系，从坐标的横轴上排出语文知识讲解的内容，纵轴上列出语文能力的训练条目，使教、学、考三者都有依据。与此同时，也希望形成一个能从质与量两个方面评估一堂语文课乃至一个阶段语文教学的方法。这就是"科学主义思想"。另一种是追求语文教学的社会化、人格化与个性化，认为课堂不仅是学生获得知识的场所，也是学生体验人生的地方。语文课应当是知、情、意的统一体，固守教学目标只能起到消极的束缚作用。这就是"人文主义思想"。针对这两种倾向，1987 年 8 月，陈钟梁在《语文学习》发表《是人文主义，还是科学主义？》一文，提出在强调语文学科工具说、科学化的同时，也应该注意它的人文价值，认为"现代语文教学发展的趋势，很可能是科学主义思想与人文主义思想的结合"。1990 年，魏书生发表《论语文教学的科学管理》一文［《语文学习》（第 1、第 2 期）］，系统地介绍了他对语文教学管理科学化的探索和体会，上篇谈"建立计划系统"，共6 大类列 34 件和语文学习有关的事，下篇谈"建立监督检查系统""建立反馈系统"。这是他对自己十多年语文课改的一个总结。1991 年 11 月，程红兵针对魏书生的这篇文章发表了《语文教学"科学化"刍议》一文，副题为"与魏书生同志商榷"，他认为："教育不能离开人，教育的科学性

不能离开人，人不仅是教育的对象，而且是教育的出发点和归宿，任何教育、教学活动形式，如果忽视了人，看不到教育对象的人格特质，就根本没有教育的科学性而言。"该文虽没有提出"人文主义"，但批评的武器就是人文主义。应该说，这是一次"人文"与"科学"之争。

在 20 世纪 90 年代初的讨论中，于漪认为语文的"基础工具课"性质在过去的教改中已经得到贯彻，但语文教学不能仅停留在知识性或能力性的水平上，还须着眼于学生文化素质的提高。理论的论争与实践的反思也使许多学者逐渐认识到，语文是人们交流思想的最重要的交际工具，是人们学习、工作和生活的最重要的交际工具，而且语文这个工具是负载文化的，这是语文区别于其他工具的本质特点。这类观点在 1996 年颁布的《全日制普通高级中学语文教学大纲（试行）》（以下简称《大纲》）中概括表述为："语文是最重要的交际工具，也是最重要的文化载体。"应该说，这是权威部门对语文学科性质的一次折中处理。至此，语文性质观已由"语言工具 + 思想渗透"发展为"语言工具 + 文化载体"，而语言工具性仍旧是根本。因为载体的本质属性还是工具性质，"语言工具 + 文化载体"是原有工具说内涵的扩充，即认识到语文不仅是交流思想和学习、工作、生活的最重要交际工具，而且还是让学生获得文化熏陶的最重要的工具载体，其本质上仍属于"工具说"范畴。

然而，《大纲》颁布后的大论争使这样的折中又发生了变化。当时论争双方有两个共同点，一是用"工具""人文"之争代替"科学""人文"之争，二是认为"工具"与"人文"两者应该走向统一。至于如何统一，双方看法则是大不相同的：持"工具说"者，欲以语言工具性为根本涵盖人文性而达到二者统一；持"人文说"者，则强调以人文性为首要，完全不摈弃语文工具性地进行二者统一。张志公明确表示，科学性和人文性都得加强；主张语文教育应给孩子以梦、给孩子一个"精神的底子"的钱理群则认为，语文教学要让学生打好"终身学习"与"终身精神发展"的双重底子。世纪之交，一方面"科学""人文"正走向互补融合，另一方面，二者在语言工具性和语言人文性究竟哪个是根本上，还存在明显的分歧。2001 年颁布的《全日制义务教育语文课程标准（实验稿）》提出："语文是最重要的交际工具，是人类文化的重要组成部分。工具性与人文性的统一，是语文课程的基本特点。"语文性质观在这个权威性阐述中，暂时消弭了工具性与人文性的对立，二者孰本孰末，在很长一段时间内仍是语文教育研究的热点。2018年初颁布的《普通高中语文课程标准（2017年版）》提出了新的表述，一方面仍然认为"工具性与人文性的统一，是语文课程的基本特点"，但另一方面给语文课程下了一个比较简洁的定义——"语文课程是一门学习祖国语言文字运用的综合性、实践性课程"，凸显了语言实践活动在语文学习中的重要价值。

二、理论层面之二：语文学科目标探讨

如果说，语文学科性质之争主要解决"语文学科是什么"的问题，那么对语文学科目标的探讨则在解决"语文学科干什么和干到什么程度"的问题。这四十年语文教学研究对语文学科的目标在两个层面做出了回答：第一个层面是，语文学科的核心任务是什么；第二层面是，语文学科培养怎样的人。

语文独立设科以来，因引入"语言"这个概念而促进了"语言的觉醒"，人们普遍认为语文学科的核心任务就是语言教学和语文知识教学，尤其是语法知识教学。因此，一段时间里，课堂教学的聚焦点始终在语文知识上，以语文知识的系统化和科学化为最大追求。洪镇涛、王尚文、李维鼎、李海林等则把"言语"这个概念引入语文教学，彻底改变人们原先的认识，提出语文就是言语，语文课就是言语课，语文学科的核心任务就是通过言语实践进行"对话"活动，让学生在其中亲历、自得，从而提高语文能力。

洪镇涛较早提出变"讲堂"为"学堂"和变"研究语言"为"学习语言"的思想。他认为，"语文是一门实践性很强的学科，它主要是通过组织和指导学生读、写、听、说等语文实践活动，来提高学生理解和运用祖国语言文字的能力"。[1]值得注意的是洪镇涛提的是"学习语言"，他提出的"感受—领悟—积累—运用"学习语言模式实际上指的是言与意之间

---

[1]苗中正.学为人师 行为世范：北京师范大学特级教师校友论坛文选1902~2002［M］.北京：人民教育出版社，2002：179.

的互转，即语言的运用，即"言语实践"。

　　王尚文的语文教育思想体系包括三方面：一是以"义理"为本位和以"语言知识"为本位的失误分析；二是"语文人文性研究"，即语文课程性质研究；三是"语感"研究。第一方面着眼于"破"，后两方面着眼于"立"。他认为语文教学的主要任务是通过言语形式来培养语感。他说："语感教学是语文教学的'纲'，其他的都是'目'，纲举目张，否则，纲既不举，目亦难张。"[1]他认为，语文教学要达到创造语感的目的，首先必须创造言语实践的机会。他又借鉴美学理论，提出语文教学要贯彻"对话"理念："听说读写实质上都是一种对话活动，听说读写能力实质上都是一种对话能力。它主要来自学生自身在听说读写活动中的对话实践。"[2]

　　李维鼎认为，"语文"不是"语言"，而是"言语"。即使语言是工具，也不能说语文是工具。他认为"言意互转"是语文课的本性，由"意"到"言"的转换是言语的表达，由"言"到"意"的转换是言语的吸收。言语主体要充分发挥主体作用，自主地在听说读写的过程中感受和体验，实现由言到意的吸收和由意到言的表达，并在反复的言语实践中求得沉淀和积累，使语感不断丰富和敏化。[3]

　　李海林的《言语教学论》奠定了他在语文教育界的地位。该书实现了对"语文＝语言"的历史性突破，把"言语"概念全面、完整、系统地引入语文教学，引起了教学内容和方法的重大变革。他认为，人类在实践方式（指工具实践和精神实践）发展到一定程度时，又创造了第三种实践方式，称之为"符号实践"[4]。这种"符号实践"具体到语文教学中，就是言语实践。他认为语文课程性质的表述要跳出"××性"的思维定式，"××性"的表述方式是把语文课程的外部特征当作了语文课程的内部性质，而语文课程的本质是一种"言语智慧"，即运用语言的智慧。这种智慧是在生活和生活化的环境中，通过言语实践来培养的。

　　[1]王尚文，燕芹.语感：一个理论与实践的热点[J].语文学习，1993（3）：2-5.

　　[2]王尚文.语文教学对话论[M].杭州：浙江教育出版社，2004：1.

　　[3]李维鼎.语文言意论[M].上海：上海教育出版社，2000.

　　[4]李海林.言语教学论[M].上海：上海教育出版社，2000：45-46.

三、操作层面之一：阅读领域教学模式的探索

从 20 世纪 50 年代学习苏联的文学教学法和推广"红领巾教学法"开始，改革阅读教学方法，提高阅读教学效率，构建优质、高效的阅读教学模式，一直是阅读教学改革的核心内容。20 世纪 70 年代末，在"红领巾教学法"的基础上发展了一种以讲读、分析为中心的阅读教学模式，这就是直至今天仍在语文教学中广泛应用的"讲读教学模式"。随着阅读教学改革研究的不断深入，人们逐渐认识到，以教师讲解分析为中心、以课本文本分析理解为重点的讲读教学，越来越不适应培养学生独立阅读能力的要求。于是，从 20 世纪 80 年代开始，以培养学生"自能读书"的能力为核心目标的阅读教学模式探索开始了。

1. 20 世纪 80 年代至 90 年代末阅读教学模式的探索

20 世纪 80 年代至 90 年代末，各种各样的阅读教学改革风起云涌，出现了百花争艳的喜人态势。于漪的立体化、多功能教学思想，钱梦龙的"三主四式导读法"，魏书生的"语文知识树"和"六步教学法"，黎见明的"导读"教学，蔡澄清的"点拨"教学，欧阳代娜的"初中语文能力基本过关"试验，宁鸿彬的"卡片"辅助教学，陆继椿的"一课一得，得得相连"，张富"跳摘式教学法"，李吉林的情境教学，还有在上海市育才中学段力佩校长推动下形成的"读读、议议、练练、讲讲"八字教学法等，都在全国引起了极大的反响。

这一阶段的阅读教学改革实验活动各具特色，有研究者将其中具有相似特征的教学活动总结归纳，概括出"自学－指导式""目标－导控式""情－知互促式"三种教学模式，认为它们不仅代表了这一阶段的阅读教学发展状况，更引领了以后的教学模式发展趋势。[1]其中，"自学－指导式"是指教学活动以学生的自学为主，教师的指导贯穿于学生自学活动始终的一种教学模式，其基本操作程序为：提出要求，开展自学，讨论启发，练习运用，及时评价，系统小结。"目标－导控式"指以明确的教学目标为导向，以教学评价为动力，以矫正、强化为活动核心，让

---

[1] 王睿. 近三十年语文阅读教学模式发展研究 [D]. 北京：首都师范大学，2009.

绝大多数学生掌握教学内容的一种教学模式，其基本的操作程序为：前提诊断，明确目标，达标教学，达标评价，强化补救。"情－知互促式"指在教学活动中，创设一种情感和认知相互促进的教学环境，让学生在轻松愉快的教学气氛中既有效地获得知识，又陶冶其情感的一种教学模式，其基本操作程序为：调整情绪，以备认知；情境开路，认知相随；以情启思，以思促情，知情并进，情知双获。应该说，辩证地认识"教"与"导"的关系，是 20 世纪 80 年代阅读教学所关注的主题。怎样有效培养学生的阅读能力？如何引导？这些都是教育研究者和一线教师在不断探讨的问题，钱梦龙的"三主四式导读法"就是将一套行之有效的阅读方法传授给学生，并在实践中不断改进，不断完善，最终成为固定的阅读教学模式。可以说，注重语文知识的习得，关注阅读方法的传授是这一阶段语文阅读教学的重要特点。

2. 21 世纪初以来阅读教学模式的探索

20 世纪 90 年代以来，语文教育界的各种改革探索取得了卓越的成绩。但是，长久以来形成的一些危害语文教育的社会性问题和人们积累的不满情绪，以及语文教学质量不可能立竿见影地提高，引发了 1997 年的社会性的语文教育大讨论。尽管在讨论过程中不乏偏激论调和尖刻之词，但通过讨论，语文教育界对许多重要问题形成了新的更高层次的共识，这直接有效地推进和加快了语文教学的改革。

在这样的历史潮流中，在新课程改革向纵深发展之际，2006 年教育部师范教育司组织编写"教育家成长丛书"（北京师范大学出版社），作为全国中小学教师继续教育用书，丛书收录《丁有宽与读写导练》《李吉林与情境教育》《窦桂梅与主题教学》《孙双金与情智教育》《于漪与教育教学求索》《程红兵与语文人格教育》《钱梦龙与导读艺术》《赵谦翔与绿色语文》《魏书生与民主教育》；语文出版社从 2007 年开始出版了大型丛书"名师讲语文"，这套丛书由于漪和刘远主编，收录了蔡明、胡明道、李卫东、赵谦翔、程红兵、程少堂、褚树荣、邓彤、黄厚江、李海林、李胜利、沈江峰、肖家芸、严华银、尤立增、余映潮、陈军、李震、张玉新、王君、吴琳、王崧舟、潘文彬、盛新凤、方利民、武凤霞、张祖庆、刘云生、董一菲等新生代语文名师的教学经验。这两套丛书中有很多名师在 20 世纪 90 年代已崭露头角，形成了较为鲜明的阅读教学特色，如程红兵与人格教育、李镇西与民主教育、韩军与新语文教育、赵谦翔与绿色语文、程少堂与语文味、窦桂梅与主题教学、王崧舟与诗意语文等。

总体上看，这一阶段阅读教学都比较强调个性化阅读，强调积累、感悟，强调自主和高效阅读，大致的模式可以概括为这样几类：其一，个性化阅读，强调学生与文本的对话是阅读的关键，侧重让学生个体建构对文本的有个性的理解和感悟；其二，语感教学，注重对语言的直接吸收和积累，注重对语感的习得和积淀；其三，自主阅读，化被动接受为主动探讨，化知识注入为思想沟通，化单向吸收为多方面交流；其四，快速阅读，借鉴国内传统的读书方法和国外盛行的快速阅读法，结合我国中学生的实际设计而成，以激发学生阅读积极性，提高阅读速度与正确理解率，从而达到提高阅读效率的目的；其五，互动阅读，借助开放性阅读活动，旨在激起主体自身的文化"分子"与客体包容的文化成分之间的碰撞，形成一种主客双方互相兼容、互相修正、互动发展的阅读机制，从而创造性地解读文本。

应该说，21 世纪初以来的阅读教学开始注重主体经验的建构，关注学生的自我经验，强调了学习主体自身的特征，强调学生与文本的有效对话，教师的作用更多是去创设情境，组织有效资源促进学生和文本之间的互动。可以说，人作为主体的凸现，更多地关注学生自身经验的建构，强调学生的自主发现是这一阶段阅读教学的重要特点。

四、操作层面之二：写作领域教学理论的变迁

"文革"结束后，"文革"以前的实用观作文教学理论重新被人们认可，并得到一定程度的恢复。在写作学理论发展的影响下，中小学作文教学理论倾向于对作文基础知识的教学，作文基础知识论成了恢复时期作文教学理论研究的一个重要方向。但是，作文基础知识论的理论性多于操作性，导致作文教学实践陷入作文教学理论知识灌输的漩涡中不能自拔：一方面，学生对系统的作文基础知识的掌握比较到位；另一方面，学生的实际作文能力可能无法得到更有效的提高，作文教学的质量不尽如人意。

1. 20 世纪 80 年代至 90 年代末写作教学模式的探索

和阅读教学领域的探索相似，20 世纪 80 年代至 90 年代末，各种各样的写作教学改革也风生水起，形成了一批比较有代表性的写作教学模式。如刘朏朏和高原的"观察—分析—表达三级训练体系"，杨初春的"五步两课型快速作文教学法"，丁有宽的"读写结合教学法"，吴立岗的"作文素描训练法"，李吉林的"情境作文训练法"，于永正的"言语交际作文训练法"等，都有较大影响。

综合这一阶段关于作文教学的理论研究成果，将其归纳为三大类，即作文训练论、作文过程论和作文主体论。作文训练论强调用科学的、序列化的作文教学方法对学生加以文体、技法等的训练，以提高学生的作文技能。训练内容包括思维训练、表达方式训练、文体训练、作文技巧训练、语言训练、作文方式训练等。作文训练论有三个特点：其一是序列性，如刘朏朏、高原的"三级训练体系"包含三级六段四十四步；其二是科学性，如杨初春的"快速作文教学法"分"基础训练—思维训练—技巧训练—速度训练—综合训练"五步，由易到难，步步推进，非常严密；其三是标准性，由基础到专题，由定格到变格，由模仿到自由表达，都有一定规范。作文过程论，注重研究学生作文采用的步骤、环节。它的特点也有三个：（1）阶段性。作文教学行为主要贯穿于作文过程的三大阶段，分别是作文的准备阶段、行文阶段和完善修改阶段。准备阶段包括审题、立意、选材和积累，行文阶段包括构思、编写提纲、组织材料、详略取舍、起草，完善阶段包括结构调整、文字修饰、内容增删和誊抄定稿。（2）系统性。把作文过程看作一个系统，强调其完整性，如武玉鹏的"定向—联结—写作—总结—再作"，罗有岩的"定标—联结—作文—评议—再作—赏析"，把赏析也纳入其中，意在达到理性升华。（3）联系性。作文过程是由准备、构思、起草、定稿、反馈等活动相互交织进行的循环过程，各个活动都不能孤立地存在，必须依靠其他环节才能趋于完整，得以进行下去。作文主体论则把作文的主体即学生放在研究的中心位置上，从感受能力的获得、审美意识的培养、深刻思想的锤炼、表达技巧的领悟、心理机制的调试、情感态度的体验等角度开展研究。它有两个特点：第一是主体性，认为应当针对不同主体的个性心理进行作文教学，这样才能打破作文的八股心理及作文的模式化现象；第二是综合性，它的研究对象包括主体的作文思维、作文心理、作文情感、审美意识、生活经历等多个方面，具有综合性。

这三种写作教学理念在科学主义思潮的影响下易将教学实践目标指向应试作文教学，特别是作文训练论，容易演化为"公式化作文教学理论，简称'公式主义'，就是把作文行为当成必须按照'定理'行事的解决数理化习题式的'科学化行为'。其本质是忽视作文主体对生活的独特感受，见'文'不见'人'，用工艺流程式的方法指导学生制造文章"。[1]虽然作文主体论开始关注学生，但不够全面和深入。总体来说，这一阶段中小学写作教学理论忽视了写作教学中的人文因素，容易落入技术主义的窠臼，有待改进和发展。

2. 21 世纪初以来写作教学模式的探索

进入 21 世纪以来，写作教学理论界一种或者两种理论独占鳌头的时代一去不复返，而是"百花齐放，百家争鸣"，呈现出多元共生的发展状态。随着素质教育理念的深入贯彻，人文主义思潮的回归，一系列围绕全面发展学生整体能力和素质的作文教学理论相继问世。摆脱应试技术主义的束缚，建立科学主义和人文主义完美结合的写作教学理论体系，也成为 21 世纪以来中小学写作教学研究的热点。比较有代表性的写作教学理论，有潘新和提出的写作人格论，马正平提出的非构思写作论，李海林、叶黎明、魏小娜等提出的真实写作论，荣维东提出的交际语境写作论，周子房、胡根林、王从华等提出的任务情境写作论等。

综合这一阶段的成果，可以归结为写作素质教育论、写作实践活动论等。写作素质教育论讲求"文"与"道"的统一，作"文"与做"人"相统一，注重对学生思想道德素质、心理素质、思维素质、文字表达能力、听说读写能力以及智力的培养，包括对学生个性化作文的指导教学。它认为学生写作，应当成为一种创作，而不是一种操作。它有这样两个特点：（1）开放性。一是写作教学内容的开放，内容要注重社会性、时代性、教育性、生活性。二是写作教学渠道的开放，多渠道地引导学生参加社

[1]李乾明.公式主义批判与作文童心的回归［J］.中国青年政治学院学报，2003（6）：97-100.

会实践活动，让学生有话可说、可写。三是写作教学文体的开放，强调真实文体的写作，既训练一些实用文体，如景点介绍、劝说文、演讲稿、说明书，也鼓励学生对文学文体的创意创作，如诗歌、童话、散文、剧本、小说等。四是写作课程的开放。五是写作教学手段的开放，表现在网络、多媒体、影视等在写作教学中的运用。六是写作评价方式的开放，写作评价要讲求真情实感、个性语言和创新思维。（2）人文性。人文性的特点意味着作文素质教育论摒弃了以往的以课本为本的模式化教学，也摒弃了把写作主体视为训练写作技巧的机器的纯训练教学模式，按照以人为本的教学理念，构建出了新的写作教学模式，主要有体验—感悟，活动—探究，交流—共享，写作—表现，展示—评价。如情境体验写作教学模式，其基本教学程序为"情境诱导，激发体验—范文引路，真情写作—交流评议，体悟方法"，实践性写作教学模式，其基本教学程序为"创造性阅读—研究性课外活动—真实性写作"。

写作实践活动论，强调学生应该在实践中学会写作。写作实践活动中的实践是活动的基本方式，实践具体体现在这个活动的全过程，实践既是一种教学方法，又是一种教学思想，还是学生在写作教学活动中主体地位的实现。这种理论注重写作前对实践的思索与感觉，行文中的斟酌与思维，成文后的修改和升华。这是一种具有挑战性和实用价值的全新的写作教学理论。写作实践活动论注重对写作实践活动的设计和实施，每一次写作实践活动的实施，都应该是发展学生能力，提高学生写作素养的一个环节。在策划、设计、实施中，要从学生的实际出发，保持与学生能力发展规律的一致性：（1）实践性。每一次的写作都是一种实践活动，在这个实践中，写作知识不占主导地位，教师传授不占主导地位，只有学生对情境的感悟和写作实践才是写作活动的主体。（2）主动性。写作实践活动，旨在发挥学生写作的主动性。学生从每一次的写作实践活动中体悟到发现的快乐、参与的快乐以及成长的快乐，在写作中直抒胸臆、尽情宣泄，真正成为自主写作的实现者和驾驭者。

这一阶段写作教学研究的重心转向了"人"。一系列围绕素质教育的写作教学理论研究如雨后春笋般涌现，如写作人格论，真实写作教学、任务情境写作教学、交际语境写作教学等，写作素质教育论和写作实践活动论逐渐成为主流，并影响了语文课程标准的制订。新世纪以后出现的写作教学理论注重写作教学中的人文性，但并不排斥写作教学的科学性，而是主张将人文性和科学性结合起来，在训练学生写作技能、提高学生写作能力的同时发展学生的创造性，挖掘和培养学生的逻辑思维、形象思维和创造思维，促进学生整体素养的提高和发展。

第二节　四十年语文教育理念代表人物举例

四十年语文教育改革风起云涌，波澜起伏，产生了非常丰富而驳杂的语文教育思想，形成了各种各样的语文教育理念，其代表人物也颇多，本节仅介绍对当代语文教育改革影响较大的几位。限于篇幅，此前教改成果介绍中论述较为详细者此处略过。

一、于漪——教文育人：培养有中国心的现代文明人

（一）人物生平

于漪，生于 1929 年，江苏镇江人。1951 年毕业于复旦大学教育系。长期从事中学语文教学工作，把做人、育人作为教师工作的制高点，坚持以人为本，教书育人，从学生实际出发，把思想教育渗透于语文教学中，把教学和情操熏陶、知识传授、能力培养、智力开发融为一体，形成独特的教育风格。被评为首批语文特级教师，首批"全国教书育人楷模"，获颁改革先锋奖章，获"人民教育家"称号。长期担任上海市普教系统名教师培养基地、德育实训基地主持人。曾任中华全国总工会候补执行委员，上海市第七、第八、第九届人大常委会委员，教育科学文化卫生委员会副主任委员，全国语言学会理事，全国中学语文教学研究会副理事长等职。

（二）核心理念

于漪的语文教育思想有三个比较鲜明的特色：注重情感熏陶，注重文化背景，注重综合效应。其核心是教文育人。

这里的教文育人有其独特的内涵。首先，育怎样的人？于漪通过分析未来建设者所应具备的思想道德素质和科学文化素养，结合语文学科的特点，认为语文学科教文育人就是要引导学生在素质、能力、智力等方面得到全面发展，包括"有良好的习惯，有奋发的精神，有追求真知的旺盛的求知欲，有克服困难、锲而不舍的意志与毅力"[1]，包括"读、写、

---

[1]谭轶斌，黄荣华.语文：教文育人的沃土［M］.上海：上海教育出版社，2017：37.

听、说的真本领"，包括思维力、想象力、观察力、记忆力。其次，怎么育人？于漪坚决反对把教文和育人对立起来或割裂开来的做法，主张在语文训练的过程中进行思想品德的教育，并善于缘文释道，因道解文，使学生在思想上受教育，在感情上受熏陶，学生的语文能力才能获得提高。最后，为什么要育人？于漪教文育人思想的来由，大致有三个方面：其一，这是正确认识教育本质和教育使命的必然结果；其二，这是正确认识语文学科性质的必然结果；其三，这是研究传统语文教育经验得出的必然结论。于漪认为，传统语文教育在思想和精神方面有三点值得借鉴：一是传统语文教育既教书又教人；二是传统语文教育特别重视爱国主义教育，重视民族气节、民族操守的教育；三是传统语文教育很重视学养，不仅见识要广，而且也讲究思想修养、道德文章。

于漪语文教育思想的另一个重要方面是重视情感熏陶。在她看来，情感熏陶不仅是手段，更是目的。因为语文教育不仅是认知教育，还包括思想教育、情感教育和审美教育。在语文教学中进行情感教育主要凭借语文教材。"诗文本是情铸成"，语文教材中所选的大多数课文，本身蕴含着作者丰富、健康的思想感情，这是情感教育的源头活水。怎样凭借语文教材进行情感教育呢？归纳于漪的看法，主要有三点：第一，教师在备课时，首先要"披文入情"，即通过认真研读教材，发现作者的思想感情所在，做到"文脉、情脉双理清"；第二，发现作者的思想感情之后，"自己必须进入角色，深入理解语言文字所传递的情和意"；第三，教学时，要"带着感情教"，要"选准动情点，满怀感情地启发，提问，讲述，剖析，朗诵，以情激情"。

于漪认为语文课要上得"立体化，发挥多功能的作用"。她认为，语文课是一门涉及面广、综合性强的学科，组织课堂教学必须顾及众多的因素，使教与学有机结合，知识、能力、智力协调发展。"不论是讲读课、阅读课，也不论是写作课、练习课，乃至复习课，等等，都可在教学目的比较单一的情况下体现综合性的特点，发挥课堂教学多功能的作用。课由平面而立体，知识覆盖面就广，能力训练多角度多侧面，学生可获得多方面的培养，思想情操相应受到熏陶。这样，课的容量丰厚，效率会大大提高。"[1]

二、章熊——语言思维训练：发展语言的同时发展思维

（一）人物生平

章熊，生于 1931 年，江苏苏州市人。1951 年清华大学中文系毕业后，分配至清华工农速成中学教语文，后调入北京大学附属中学。20 世纪 80 年代中期调入中央教育科学研究所，主持全国高考语文多年，1987 年任教育部考试中心"大规模考试作文评分误差控制"课题组组长。曾任教育部全国中小学教材审定委员会委员、全国中学语文教学研究会学术委员会主任。

在教学、科研等方面，他都取得了丰硕的成果。关于写作教学（含言语技能教学）的著作有《语言和思维的训练》（1983 年上海教育出版社出版）、《简明·连贯·得体：中学生的语言修养和训练》（1999 年语文出版社出版）、《中国当代写作与阅读测试》（1995 年四川教育出版社出版）、《中学生言语技能训练》（与张彬福、王本华合著，2005 年人民教育出版社出版）、《和高中老师谈写作教学》（与徐慧琳等三人合著，2012 年人民教育出版社出版），另有《思索·探索——章熊语文教育论集》（2002 年人民教育出版社出版），与章学谆合译《提高写作技能》（威廉·W.韦斯特原著，1984 年福建教育出版社出版）等。

（二）核心理念

1978 年，章熊在北京大学附属中学开展"发展语言的同时发展思维"的实验研究。这个课题，以语言和思维结合训练为目标选定项目，突破以往命题写作的格局，建构写作训练的新模式；突破以往局限于语法、修辞练习的格局，建构语言训练的新模式。在"写作教程"里设计 11 个项目，在"语言训练"里设计 6 个项目。这些活动项目，看似毫无联系，其实将语言运用和思维展开的技能技巧巧妙地组织起来，突破了以往强调知识的逻辑关系的训练序列。

"简单论文写作"是"写作教程"里的 11 个项目之一。实验的初衷，

---

[1] 于漪. 我和语文教学 [M]. 北京：人民教育出版社，2003：167.

是让学生找回一点个性——学他们喜欢学的，再教他们梳理思路，理解如何表达。一学期只写一篇论文。这样做，是从张志公的话得到启示："与其让学生每两周写一篇作文，倒不如让他们少写几篇，反复修改。"这个实验项目，取得了令人意想不到的效果，成果收集在《简单论文写作》里，在语文教育界产生了很大的影响。这本书分为三章，第一章是材料的搜集和整理，介绍了为了搜集论文写作材料如何进行专题阅读的方法，利用制作卡片和整理卡片的方法积累材料，阐述观点和材料的辩证关系。第二章是思想材料的排列，介绍了排列的三种顺序——时间、空间和逻辑顺序；论述了论文中分析和综合之间的关系，介绍了分析、综合的方法；最后介绍了论文如何构思，论文的平行结构和链状结构，以及编写提纲的方法。第三章是语言的表达，首先介绍了论文的笔调、观点的表述和关键词语的使用方法；其次解说了论文语言的特点——清晰性、连贯性（包括论文的语脉、语流问题），论文语言的结构特点；最后说明了论文的开头、段的衔接和过渡、结尾等的写作方法和要求。这本书附有"学生习作示例"5篇，展示了这项实验的实绩。

"语言训练"的练习设计，主要有两点：一是关于"模仿—类推—创造"的概括与探索；二是练习设计的系列化。这项实验，主要形成了两点理念：一是语言、思维、思想的关系，即语言围着思维转，思维围着思想转，其中思维是最活跃的；二是语言训练有独立价值。言语训练基于言语能力分析。言语能力有三个层面，第一个层面是言语的规范性，第二个层面是言语的熟练操作，此后第三个层面言语能力开始向两个方向延伸：一个走向适应和利用外部语境，即言语的得体，另一个走向就是艺术化。

这项课题在写作教学方面积累了一些宝贵的认识。一是写作技能是有序可循的，写作教材以此为序，但要做到螺旋式上升。二是教材中可以编选经典作品作为范文，也可以适当编选学生的作文作为例文。范文的作用是积淀，其效果在一定时间以后才能显现。合适的例文效果是立竿见影的。三是理性思维和感性思维训练交错进行，言语技能训练穿插其中。四是写作教材编排应考虑其弹性，顾及不同层次言语能力的学生和教材使用涉及的不同地域。五是写作训练要找到"合力点"，以便形成每学期的一次写作高潮。

1987 年，章熊担任教育部考试中心"大规模考试作文评分误差控制"课题组组长，带领团队进行了长达五年的研究，编写了《高考作文能力要求及评分参照量表》，为我国写作评价的标准化、科学化做出了突出贡献。

三、钱梦龙——教学过程：学生为主体，教师为主导

（一）人物生平

钱梦龙，生于 1931 年，江苏嘉定（今上海市嘉定区）人。被评为首批语文特级教师，全国教育系统劳动模范。曾任上海市民办桃李园实验学校校长，兼任语文教育艺术研究会会长；曾兼任教育部中小学教材审定委员会学科审查委员、人民教育出版社中学语文教材特约编审。长期从事语文教学，著有《语文导读法探索》《导读的艺术》《和青年教师谈语文教学》等。

（二）核心理念

1982 年，钱梦龙发表《碧波深处有珍奇——谈我的语文教学》一文，提出"以学生为主体，以教师为主导，以训练为主线"的中学语文课堂教学的"三主"教学思想，并设计出语文阅读课的"自读、教读、练习"三个基本式，很快得到社会关注。后来，他又把这三个基本式完善成"四式"——自读式、教读式、练习式、复读式，"三主四式导读法"由此得名。

钱梦龙很早就开始语文教学改革，他从自己自学的经历出发，总结出形成阅读能力的经验，并贯彻到具体教学之中。在反复实践和不断探索中，钱梦龙走过了"讲读—教读—导读"的路程，这既是一个在实践上的探索过程，也是一个理论上不断完善的过程。在这一过程中，钱梦龙逐渐确立了一个完整的教学模式，教学理论中的重要问题也逐渐明晰。

1979 年，他提出语文课堂教学的基本式，即自读式、教读式、练习式，教师要从设标、定线、达成这三个方面发挥主导作用。设标即帮助学生预设认识和发展的目标，目标由教师直接提出或启发学生自己提出。定线即帮助学生确定达到目标的最佳路线，教师在教学过程中尽量删除那些可有可无的教学内容和教学环节，使每一个教学过程都能做到目标集中，环节简明，路线清晰。达成即帮助学生主要依靠自己的力量去达

到目标，教学目标达成与否的首要标志是看学生的学习行为是否发生了教师预期的变化。当学生在教师的指导下学会了自己设标、定线、达成的时候，也就真正达到了"不需要教""摆脱教师"的境界。之后，这一思想不断完善，最后形成了完整的"三主四式"教学思想。

钱梦龙认为，教学过程是认识的主体（学生）和认识的客体（教学内容）之间还介入了一个起指导（主导）作用的"中介"因素（即教师）的"三边"认识活动，学生、教师和教学内容三者之间又是通过训练过程达到有机统一的。要提高语文教学质量，决定因素不在于教师把问题讲深讲透，也不在于教师对学生做多么详细的指导，而在于教师的引导。教师只有真正着眼于导，把学生组织到以训练为主线的教学结构中去，才能完全实现学生主体地位和教师主导作用的和谐统一。他认为，语文课本的选文即范文，语文教学就是要通过范文的教学和必要的语文训练，引导学生经过自己的努力达到三种境界：掌握一定的语文知识，这是第一境；在此基础上培养相应的语文能力，这是第二境；进而发展个性，形成健全的人格，这是第三境。这三种境界构成了一个呈阶梯式上升的语文教学目标体系，一切语文教学思想、方法的研究，都是为了寻求达到三种境界的具体途径。因此，阅读教学固然要重视读的训练，在感知、品读训练的同时还要加强语言和思维的综合训练，以达到"不待老师讲自能读书"的目的。钱梦龙的教学模式不仅是课堂教学结构的改革，而且是教学思维改革的体现。他试图将传统教学论与现代教学论结合起来，以发展学生的智力为前提，以培养学生的能力为目标，最终达到不需要教的境界。

四、魏书生：学习过程——让每位学生成为自己学习的管理者

（一）人物生平

魏书生，生于 1950 年，河北交河县（今沧州市交河镇）人。1956 年，随父母迁居辽宁沈阳。1968 年，作为知识青年下乡到盘锦农场。1969 年，在农场的红旗小学教书，开始为期两年的教师体验。两年后，被调到电机厂工作。直到 1978 年，到盘锦盘山县三中担任语文教师，才正式开始教师生涯。曾任盘锦实验中学校长，盘锦市教育局局长、党委书记。因在教育改革中成绩突出，先后荣获辽宁省功勋教师、全国劳动模范、全

国优秀班主任、全国中青年有突出贡献的专家、首届"中国十大杰出青年"等。曾任中国共产党第十三、第十四、第十五、第十六次全国人民代表大会代表。

他曾兼任全国教育科学规划领导小组成员、中国中学学习科学研究会理事长、中国教育学会中学语文教学专业委员会（以下简称"全国中语会"）副理事长等 38 项社会职务，讲学足迹遍及全国和马来西亚、新加坡等地。

（二）核心理念

魏书生善于引导学生自学。1979 年，他所带的班在县内中学语文能力测验中获第一名，在全县 30 所中学的听说读写竞赛中获第一名。他认为，要开发大脑潜力，一靠"民主"，二靠科学。"所谓'民主'，就是千方百计使学生成为学习的主人。"[1] 为了帮助学生成为学习的主人，他要求教师树立为学生服务的思想，建立互助的师生关系，班级决策过程民主化，并给予学生参与教学管理的机会。"所谓科学，就是从管理的角度组织语文教学，减少无效劳动，帮助每位同学都成为管理者。"[2] 为此，他注意建立班级的三个系统：计划系统、检查监督系统、反馈系统。

教学内容上，他通过引导学生画知识树，让学生弄清学习重点，明确教学目标。教学序列上，他采取"六步教学法"：定向、自学、讨论、答疑、自测、自结。定向就是老师和学生一起提出新课的重点、难点。然后学生通过自学解决重点、难点问题。自己不能独立解决的问题，力求通过讨论找到答案。如果仍不能解决问题或者存在分歧，便请老师答疑。问题解决后，学生自己出题或相互出题进行自测，检验学习情况。"六步教学法"是让学生站在老师的角度来把握重点、难点和知识点，从而加深对所学内容的理解和巩固，同时也培养了学生的自学能力。这套教学法是以信息论为理论基础创立的，其核心内容是建立信息、处理信息、反馈信息。在教学实践中，他还根据文章本身的特点和学生理解课文的程度做出调整。例如，易懂的文章以学生自学解决问题为主，讨论、答疑为辅，如果自测的效果很好，就可以略去自结的环节。这套教学法，

［1］［2］魏书生. 教学工作漫谈［M］. 桂林：漓江出版社，2005.

加强了老师与学生之间的互动，激发学生对学习的兴趣。

此外，魏书生在读书方法上指导学生采取"四遍八步读书法"，通过跳读、速读、细读、精读等办法，提高学习效率。魏书生还创造性地把系统论运用于中学语文课堂教学。他的教学理论是一套完整而系统的方法体系，在语文教学界影响很大。

五、蔡澄清——点拨教学：相机诱导，适时点拨

（一）人物生平

蔡澄清，生于1934年，安徽宿松人。1963年毕业于华东师范大学中文系。国家首批中学语文特级教师。1980年被评为安徽省劳动模范，1988年被评为安徽省有突出贡献中青年专家，1989年被评为全国优秀教师。创立"中学语文点拨教学法"，建立"积累·思考·表达"语文训练"三部曲"体系，在全国中学语文界有广泛影响。曾任全国中语会课堂教学研究中心副理事长、全国语文点拨教学研究中心主任、全国青年语文教师研究中心学术顾问、安徽省中学语文教学专业委员会副会长、安徽省文学学会理事等职。

蔡澄清著有《鲁迅作品教学浅谈》，与他人合著有《积累·思考·表达》《语文教学点拨艺术丛谈》《蔡澄清中学语文点拨教学法》《教会你观察和作文》等。主要论文有《谈语文点拨教学法的理论基础和实际运用》《简论语文点拨教学法的要义与操作》。曾参加过《汉语大辞典》和《学生辞海》的编写，任《语文新苑》杂志总编辑。

（二）核心理念

什么是语文点拨教学法？"所谓点拨，就是教师针对学生学习过程中存在的知识障碍、思维障碍与心理障碍，运用画龙点睛和排除故障的方法，启发学生开动脑筋，自行思考与研究，寻找解决问题的途径与方法，以达到掌握知识并发展能力的目的。所谓'点'，就是点要害，抓重点；所谓'拨'，就是拨疑难，排障碍。这种点拨，是根据学生在学习过程中的心理特点及其活动规律，适应培养能力、发展智力的实际需要，在教学过程中，教师针对教材特点和学生实际需要，因势利导，启发思维，排除疑难，教给方法，发展能力。它是运用启发式引导学生自学的一种

方法。"[1]对点拨教学法可以从三个层面上来理解:第一,从宏观上来说,它是一种教育思想,是指导教学的一种观念,一条教学原则;第二,从中观上来说,它是一种教育科学,是一种教学方法论;第三,从微观上来说,它是一种教学方法。教学方法有广义和狭义之分,广义的教学方法,涵盖了教材的组织处理、教学过程与步骤的设计安排、具体教学方法的运用等。点拨教学法,就是指教学过程的组织与安排,以及用来进行点拨的各种教学方法的灵活运用。狭义的教学方法则是指各种具体的、单一的教学方法,如讲读法、讲述法、谈话法、提问法等,在点拨教学中可称为点拨之"术",即用来进行点拨的具体技巧和方法。

蔡澄清根据长期实践,总结实施语文点拨法的七种途径和十种方法。七种途径为:(1)点拨学习目的,引发求知动机;(2)点拨学习心理,让学生掌握自己;(3)点拨学习兴趣,激发探索欲望;(4)点拨学习重点,导入要塞攻关;(5)点拨学习疑难,帮助逾越障碍;(6)点拨学习方法,交给钻研钥匙;(7)点拨知识运用,体会收获乐趣。十种方法为:(1)暗示引发;(2)引路入境;(3)辐射延展;(4)逆转爆破;(5)抽换比较;(6)纲要信号;(7)激疑促思;(8)再造想象;(9)"挑拨"争鸣;(10)举隅推导。

蔡澄清的点拨教学法注重相机诱导,适时点拨,启发思维,发展智力,对促进语文教学科学化和现代化,提高语文教学质量具有重要作用。

六、张孝纯——大语文教育:生活是发展语文能力的基础

(一)人物生平

张孝纯(1926—1992),河北丰南县(今唐山市丰南区)人。1949年参加工作,1963年调入邢台市第一中学。1979年被评为首批语文特级教师,此后长期担任全国中语会理事和学术委员,河北省中学语文教学专业委员会副理事长、顾问。1982年开始在邢台市第八中学主持"大语文教育"实验。1983年当选为第六届全国人民代表大会代表,1986年当

---

[1]刘国正,张定远.中国著名特级教师教学思想录:中学语文卷[M].南京:江苏教育出版社,1996:757.

选河北省政协常委。

（二）核心理念

张孝纯较早提出"大语文教育"这个概念并以此设计语文教学整体改革方案，他在《"大语文教育"刍议》一文中说："根据36年来从事语文教学特别是1980年以来进行中学语文教改实验的实践，我以为：应当施行'大语文教育'。因为只有这样，中学语文课才能适应'三个面向'的要求，在培养具有共产主义精神的创造型、开拓型人才方面充分发挥它的应有作用。"张孝纯提出的"大语文教育"，其指导思想是四句话：联系社会生活，着眼整体教育，坚持完整结构，重视训练效率。联系社会生活，就是要求"充分利用现代的条件，通过多种渠道和方式，使语文课同社会生活联系起来"，打破以往封闭式的格局。着眼整体教育，就是要求做到"德、智、体诸育的和谐与统一"，"知识、智力、能力是一个统一体，不容割裂"，"建立敬爱型师生关系"。坚持完整结构，就是要求把语文教学置于社会教育系统、学校教育系统之中协调地活动，而语文教学本身也应有完整的结构。重视训练效率，就是强调不能只依靠训练的数量换取好成绩，而应以较小的课内读写量和课外作业量，达到提高学生听、说、读、写、思水平的目标，力求事半功倍。

这里特别要提出的是张孝纯在"大语文教育"观支配下设计的语文教学整体结构模式——一体两翼。张孝纯认为，完整的语文教学结构，应由三部分组成：（1）语文课堂教学；（2）第二语文教学渠道；（3）语文学习环境。坚持完整的语文教学结构，就是要做到以下三点：（1）提高语文课堂教学的效率；（2）开辟第二语文教学渠道；（3）强化语文环境的积极影响。所谓"一体"，就是以语文课堂教学为主体，包括范文教读、参读教学、习作教学、语文考试考查等项，其中以范文教读为核心；所谓"两翼"，其一是以课外阅读为重心的有目的、有计划、有组织的多种多样的语文课外活动，其二是对学校语文环境、家庭语文环境和社会语文环境的利用。张孝纯说："一体两翼，不可或缺：无体则失去主导，无翼则不能奋起。"[1]张孝纯的"大语文教育"思想及其设计的整体改革方案，

---

[1] 李杏保，顾黄初.中国现代语文教育史［M］.成都：四川教育出版社，1997：463.

在河北省邢台市第八中学进行实验，结果证明是有成效的。从 1983 年到 1993 年，10 年改革实践，张孝纯和他的主要助手张国生领导实验组的同志，构建了"大语文教育"从整体到局部的种种教学模式和实施方案，同时还出了一批科研成果，影响不断扩大。

《语文学习》从 1993 年 7 月开始在它的封面上引录美国教育家华特·B.科勒斯涅克的一句名言："语文学习的外延和生活的外延相等。"这种紧密联系生活、贴近生活的"大语文教育"观念，已被越来越多的人所认同，并正在实践中催生出越来越多的硕果。

七、陈钟梁——期待语文教育第三次转变：语言–人的发展

（一）人物生平

陈钟梁，广东番禺人。20 世纪 50 年代末毕业于上海师范大学中文系，长期从事语文教学实践与研究。陈钟梁曾执教中学语文多年，系我国首批语文特级教师。曾先后担任上海市光明中学校长、上海市教委教研室副主任、华东师范大学教授、全国中语会副理事长及学术委员会副主任等职，曾被评为上海市优秀人民教师。

陈钟梁曾撰写《是人文主义，还是科学主义？》《模糊性在语文教学中的作用与地位》《传统语文教育特点之剖析》《略谈海派语文教学》等论文，备受广大语文教师欢迎；主编《语文教学资料汇编》，撰写了《语文教育观研究》；还在百忙中写了一些普及性的语文学习小册子，如《当代学生的交际与辞令》《说明文写作趣谈》《议论文写作八戒》等。

（二）核心理念

陈钟梁曾有过较多关于语文教育哲学的思考，他的一些远见卓识对语文教育的发展具有重要意义。20 世纪 80 年代，他在《是人文主义，还是科学主义？》一文中，首先明确提出语文教学中"科学主义"与"人文主义"的概念。科学主义的方法是理性、逻辑和分析，人文主义的思维方法则重感知、灵感和综合，他提出"语文教学科学的艺术化与语文教学艺术的科学化"的实现有赖于科学主义与人文主义的完美结合。这些观点的提出，引发了 20 世纪 90 年代后期语文学科性质的广泛讨论，对语文教育界产生了很大的影响。

陈钟梁认为，现代语文教育的发展趋势，很可能是科学主义思想和人文主义思想的结合。在此基础上，他提出了语文教育的第三次转变。他认为，之前，语文教育经历了两次转变：从古代到现代，语文教育经历了从"文字型教育"到"文字 – 语言型教育"的转变；"文革"后出现第二次转变，即从"文字 – 语言型教育"到"语言 – 思维型教育"的转变，"它高高举起的旗帜，鲜明地写上'基础·智力·能力'六个大字"。"这两次转变都未能摆脱学科中心论教育思想的束缚"，而这种偏向于科学主义的教育主张，"最大的弊端是教学内容的划一化与教学过程的同步化"。"教育对象的个性、特长不可能得到充分的发挥。""语文想教'活'是很不容易的。"他进一步指出："语文学科与人的发展关系最为密切，它肩负的任务也最为繁重。语言是人交际的工具，思维的工具，生活的工具，终生学习的工具。更为重要的是，它不仅是人发展的工具，还是人发展的本身……人们没有理由不期待着语文教育的第三次更为壮观的转变，转变为'语言 – 人的发展'，以此设计语文教育的课程与教材、教法与学法、测试与评价等方面，促使语文教育全方位的改革。"[1]

对"语言 – 人的发展"发展观的期待，是很有创见的想法，被很多语文教育学人视为当代语文教育研究的逻辑起点。它推动了语文教育改革和语文教育实践活动，促进了语文学科性质的探讨，启发当代语文教育专家探求学科理论建设，促进语文教育的发展，从而更好地促进学生的全面发展。

八、王尚文——语文教学：以语感培养为最终目的

（一）人物生平

王尚文，生于 1939 年，浙江遂昌人。1960 年毕业于杭州大学中文系，先后在中等师范学校、普通中学任教语文 28 年，1988 年调入浙江师范大学教语文教学法，1998 年任该校硕士研究生导师。1999 年获曾宪梓优秀教师二等奖，2001 年获"浙江省功勋教师"称号。曾任浙江省哲学社会科学"九五"学科规划组成员，浙江师范大学语文教育研究中心主任，

---

[1] 陈钟梁. 期待：语文教育的第三次转变 [J]. 语文学习，1996（9）：3-5.

中国教育学会语文教学法专业委员会学术委员，浙江省中学语文教学专业委员会会长。

近20年来主要从事语文课程与教学论的教学与研究。曾先后发表论文50余篇，著有《语文教改的第三浪潮》、《语感论》、《语文教育学导论》、《语文教学讨论稿》（合著）、《对韵新编》（合著）等，主编《中学语文教学研究》、浙江师范大学版《初中语文课本（实验本）》、《新语文读本》、《现代语文中学读本》等。

（二）核心理念

王尚文对语文教育的贡献在于构建了独特的语文教育理论体系，这个体系以人文论、语感论、对话论为三大支柱。三者之间层层推进，步步深入。[1, 2]

1. 人文论

1990年8月，广西师范大学出版社出版了王尚文的《语文教改的第三浪潮》，这本书是他对多年教学实践中所面临困境的自发思考。书中他批判了工具论，对"知识中心说""语言要素教学"进行了反思。在语文学科性质上，王尚文认为，语文学科的基本性质是人文性，而非工具性。所谓人文性，是基于人的言语活动的实践性而生发出来的心灵自由性和主体创造性，表现在语文教学上，为应当尊重人的情感、人的体验、人的实践。他提出，在"片面强调政治性为基本特征的第一浪潮"和"片面强调工具性为基本特征的第二浪潮"以后，应呼唤"以突出人文性为基本特征的第三浪潮，把语文教学与青年一代的思想、感情、个性、心理等的成长发展有机结合起来"。[3]1994年，湖北教育出版社出版了王尚文的《语文教育学导论》。该书继续高举人文精神的大旗，紧紧抓住语文与人的关系这一命题，认为语言不仅仅是工具，更是人的生命活动，探讨了语文教育的价值、任务、内容、机制和方法，构建了独树一帜的理论体系。

［1］胡中方.论王尚文的语文教育思想［J］.宁波教育学院学报，2012（4）：86-89.

［2］郑友霄.试论王尚文语文教育研究的学术贡献［J］.浙江师范大学学报（社会科学版），2007（2）：90-93.

［3］王尚文.语文教改的第三浪潮［M］.桂林：广西师范大学出版社，1990.

2. 语感论

在人文论的基础上，王尚文进一步思考：同为人文学科，语文和其他课程有何区别？同样是致力于人的发展与完善，历史、政治关注的是理性层面，而语文、美术、音乐关注的却是感性层面。再进一步，美术重在培养学生的色彩感、线条感，音乐重在培养学生的乐感，语文则重在培养学生的语感。1991年，《教育研究》第10期发表了王尚文的《语言教学的错位现象》。这篇文章标志着王尚文从人文论走向了语感论。文中第一次提出了"语感中心说"。文章认为，语言能力是一个多层次的系统，包括读、写、听、说四个方面，其中最重要的核心能力是语感能力。所谓语感，是思维并不直接参与作用而由无意识替代的在感觉层面进行言语活动的能力，简称为"半意识的言语能力"，它融人的情感、体验、实践于一炉。

1995年，上海教育出版社出版了王尚文的力作《语感论》，强调语文教学以培养语感为最终目的。"这是一项富有开拓性、独创性的学术成果，它对语感的性质、特征、功能、机制、心理因素、语感与美感的关系以及语感的形成与创造等诸问题进行了全面、系统、深入的研究，新见迭出，精彩纷呈。"[1]当20世纪末"知识中心说"陷入困境，遭到口诛笔伐之际，"语感中心说"指明了新的方向。"知识中心说"和"语感中心说"基于两种不同的语言观，基于对语文学科性质的两种不同的认识。"知识中心说"基于"工具说"，认为语言是交际的工具、文化的载体，语文学科的教学内容是语言，主张通过语文知识的传授和技能的训练，使人掌握语言这一工具。"语感中心说"基于"人文说"，认为语言不单单是工具，更是人的精神活动、生命活动，语文学科的教学内容是言语，即运用语言的能力，语感不仅仅是语言知识层面对言语的感知，而是包括认识、情感在内的对言语对象全方位的感知和判断。王尚文指出语文教学的主要任务在于培养语感，而不是传授语言知识，语感是语文教学的纲，其他都是目，纲举则目张。王尚文的语感研究是其语文人文性研究的深化，人文论奠定了语感论研究的基础，而语感论又进一步深化、证实了人文论。

---

[1]李海林. 立言·立人·立心：王尚文语文教育思想研究［M］. 上海：上海教育出版社，2010：23-24.

3. 对话论

之后，王尚文将视线转向了对话理论，于 2001 年首次将对话理论引入了语文教育领域，他指出："从历史发展看，语文教学经历了由'训诲—驯化'型向'传授—训练'型的巨变。看来今后很有可能会向'对话型'发展。"[1] 2005 年第 12 期《课程·教材·教法》上发表了王尚文的《"对话型"语文教学策略》，文章就"对话型"教学教什么、怎么教等问题展开了具体论述。2004 年，浙江教育出版社出版了王尚文主编的《语文教学对话论》，该书吸收了西方文论思想，借鉴了巴赫金的对话理论，进一步廓清了语文学科的性质，解决了语文教学实践操作的问题。该书论述了"训诲—驯化""传授—训练"教育的弊端，围绕"对话型教学"这一宗旨，系统阐述了语文生活、语文教学与对话的关系，阅读教学、写作教学的对话性，理想的师生关系等。他认为，语文教学作为对话，是由多个对话者（教师、学生、课文、教材编写者等）之间的多重对话相互交织而成，包括学生与课文之间、教师与学生之间、学生与教材编写者之间，多个对话者之间、多种对话之间相互补充、相互碰撞。其中，最主要的是师生之间的对话，教师应注重启发引导学生与"他者"开展对话，而非向他们灌输自己对文本的理解。教师和学生应在对话中一起成长、一起发展。

2007 年，王尚文的《走进语文教学之门》出版，进一步深化了对话理论，本着"文学"和"实用"两种不同的语言功能，从课程论层面提出了"复合论"（即语文课程是汉语和文学的复合）的新观点，辨析了汉语素养、文学素养的不同内涵，深入、系统地探讨了汉语教学和文学教学的不同教学理念、教学目的、教学内容、教学方法等，初步构建了一个新的语文教学体系，系统阐述了自己的人文论、语感论、对话论思想，对诸种思想的来龙去脉做了梳理。

至此，王尚文语文教育理论体系基本形成。王尚文一再强调语文教学活动应该是读者与文本之间、教师与学生之间的对话，而语感又只能来自主体与文本、生活的对话实践。因此，对话论又是人文论、语感论的发展和深化。

---

[1] 李海林. 立言·立人·立心：王尚文语文教育思想研究 [M]. 上海：上海教育出版社，2010：34.

第三节　四十年语文教育理念对当代教学改革的影响

四十年语文教学作为现代语文教育发展过程的一个重要阶段，在众多学者、一线教师不断研究、探索和实践的基础上，形成了一系列语文教学的新理念。这些理念对当代语文教学改革具有深远的影响，具体表现为对语文教育的总体认识、语文课程标准的编订、语文教材建设、语文课堂教学和语文教师专业发展等诸多方面直接或间接的影响，呈现出语文教育发展承上启下、相互贯通的历史脉络。

一、推动了语文教育的转向：开辟了第三条道路

李海林在一篇文章中对语文教育的发展脉络有过精要概括，他认为，20世纪语文教育有过两个岔路口[1]。

第一个岔路口是从古代语文教育传统而来的，刘国正称之为"一身而数任"的"总体性教学"，顾黄初称之为"混合式教学"的语文教育。中国古代教育实际上只有一门课，就是语文，既包含语言文字，也包含文史哲理、道德礼教，乃至人情世故、草木虫鱼。学语文，是学语言文字，也是学伦理、历史、哲学、科学，乃至常识。受历史环境的影响，这种"内容泛化"又集中在儒家经义名理上。于是语文教学变成了经义名理的探究，而语言本身却常常淹没在义理的演绎和考证中。第二个岔路口是"语言专门化"。这个岔路口起源于20世纪20年代的反八股文教学，成形于夏丏尊、叶圣陶《国文百八课》的出版，1956~1957年分科实验和1963年语文教学大纲颁布标志着这样一个教学体系的基本完成，并在20世纪80年代的拨乱反正中得到了强化。原先"总体性教学"或"混合性教学"的语文教育到了清代末年发生了变化。随着现代学校教育取代古代私塾教育，完整的课程体系取代了综合、泛化的经义教育，语文教学从传统的经史哲理的教学中分化出来，语言文字教学独立为一门课程的主体。

---

［1］李海林. 20世纪语文教育的两个岔路口——兼论王尚文语文教育思想的意义与特征［J］. 中学语文教学，2010（7）：14-18.

这种趋势，李海林把它称为"语言专门化"。实现这种转换的最重要推手是叶圣陶，他从理论探讨、教材建设、语文知识体系开发及教师培养等多个维度构建了一个语言本位的现代语文教育体系。百年现代语文教育，基本沿着这条道路前进，主要是把语文课当作一门知识课来教，其主要的思路是：语言由哪些要素构成，它们各自有哪些特征，如何辨析它们。于是语文有了文字、语音、词汇、语义、语法、修辞等的教学。这种知识教学被不断扩大化，泛化到文章知识、逻辑知识、文学知识、文化常识等，于是形成了所谓"字词句篇语修逻文"的"八字宪法"。这种语文教学把注意力主要放在语言的要素上，故这种语文教学可称之为"语言要素教学"。语言要素教学带来一系列严重问题，如知识泛化、知识绝对化、技术性操练、满堂灌的教学方式、单一僵化的评价方式等。

此时，语文教育改革面临一个两难选择，是沿着"语言要素教学"继续走下去，还是追着"语言要素教学"的源头退回到"总体性教学"或"混合式教学"？而且问题的复杂性在于由叶圣陶开创的"语言专门化"是现代语文教育的正确方向，但它是相对于现代语文教育的第一个岔路口而言的，是现代语文教育发展史上一个未完成的过程。

现代语文教育应该在第一个岔路口的正确抉择的基础上，及时在第二个岔路口做出另一个正确的抉择。李海林认为，这一个抉择，主要是由一批当代语文教育专家完成的，主要包括王尚文、李海林、潘新和、王荣生、李维鼎、余应源、章熊、韩雪屏等。他们既反对"技术主义"的语文教学，同时也反对回到"混合式教学"的老路上去，而是着眼于语言的运用，强调的是"语言功能教学"。所谓"语言功能教学"，着眼于以下问题：谁，在什么情况下，对谁，以什么方式，说什么，期待什么样的效果。一方面，它与"字词句篇语修逻文"的教学相区别，大大超越了"字词句篇语修逻文"的范围，堵死了通向"技术主义""工具主义"的通道；另一方面，它将自己的教学内容指向"言语主体""语境""言语实践""生活世界""生活化"，为语文教学的人文内涵寻找到落地基础。语言功能教学，既避免了空洞抽象的"人文追求"，也避免了刻板僵化的"字词句篇语修逻文"，既没有走"技术主义""工具主义"的道路，也没有走回到"混合式教学"的老路。它开辟了语文教学的第三条道路。

二、奠定了语文课程标准编制和修订的基本思路

众所周知，课程标准是规定某一学科的课程性质、课程目标、内容目标、实施建议的教学指导性文件。语文课程标准与原有的教学大纲相比，在课程的基本理念、课程目标、课程实施建议等几部分阐述得更详细明确，特别是提出了面向全体学生的学习基本要求。在我国第八次课程改革的总体推进下，教育部于 2001 年颁布了义务教育阶段的语文课程标准，2003 年颁布了高中语文课程标准。经过十年课改，2011 年底正式颁布了《义务教育语文课程标准（2011 年版）》，2018 年正式颁布《普通高中语文新课程标准（2017 年版）》。这些课程标准无疑影响着整个语文教育教学，成为语文教育教学的路标和指南针。

四十年语文教学改革形成的一些基本理念对当代语文教学最直接或者说最重要的影响，是奠定了语文课程标准编制和修订的一些基本思路。比如，以于漪、陈钟梁为代表提出语文课程要兼顾工具性和人文性，强调科学主义思想和人文主义思想相结合，这一理念体现在新课标中关于语文课程性质的表述："语文是最重要的交际工具，是人类文化的重要组成部分。工具性与人文性的统一，是语文课程的基本特点。"从严格意义上讲，人文性与工具性并不在同一层面上，人文性对应的是科学性。但是，目前我们很难找到一种大家都认可的说法，在这种情况下，以工具性和人文性的结合来阐述语文学科的性质，还是比较妥当的。我们谈工具性的时候，不要忘记语言本身隐含着的人文因素；讲人文性的时候，也不能忘记语文学科的人文性主要是通过语言工具来传递的。《义务教育语文课程标准（2011 年版）》还多处提及"语感"："培养语感"（见第一部分前言"二、课程基本理念"），"有良好的语感"（见第二部分课程目标与内容"一、总体目标与内容"），"……以利于丰富积累、增强体验、培养语感"（见第三部分实施建议"一、教学建议"），在诵读实践中"增加积累，发展语感，加深体验和领悟"（见第三部分实施建议"二、评价建议"）。这显然承袭了叶圣陶的语感教学思想，并受王尚文、李海林、洪镇涛等为代表的"语感中心说"的影响，可以认为是语文教育界对语文课程目标的某种共识。

"大语文教育"是张孝纯 1982 年开始主持的一项旨在提高学生素质的教改实验,经过多年实践,效果显著。语文课程标准在倡导联系生活、注重积累、加强口语交际、加大识字量以及多渠道开发课程资源等方面都隐含了这种"大语文教育"的基本理念。光"生活"一词在这个课标文本中就出现不下二十次。比如在设计思路上,加强语文课程与其他课程、与生活的联系,促进学生听说读写等语文能力的整体推进和协调发展;在总目标上,重点落实在学生的人文素养、学习方法、学习习惯的培养上。课标关注学生的"情感态度和价值观",关注学生的"学习过程和方法",求的是学生的大语文能力,求的是未来发展的基石,这对教师的教学和学生的学习起了一个很好的导向作用。在各"学段目标"和"实施建议"中,更有大量关于生活的规定。它强调与生活的联系超过历次教学大纲。潘庆玉曾指出:"'标准'深刻地体现了语文教学生活化的思想。无论是对语文课程的特点、语文教学过程建议的论述,还是对语文课程开发与建设的说明,都体现了对社会生活所蕴含的语文教育价值的关注,对学生生活经验的重视。"[1]课标还有一些要求虽然并没有用"联系生活"的字眼,但实际上也是指联系生活,例如,它提出一个新观念叫作"体验"("体验"一词共出现了多次)。什么叫作"体验"?第 7 版《现代汉语词典》的解释是:"通过实践来认识周围的事物;亲身经历。"据此我们可以说,"体验"是这样一个过程:首先要参加生活实践,然后在此基础上感悟。因此没有生活,也就没有体验,没有感悟。生活的丰富与否,也决定了体验和感悟的多少。又例如,"课程基本理念"中说:"语文课程是实践性课程,应着重培养学生的语文实践能力,而培养这种能力的主要途径也应是语文实践。"实践其实也是生活,没有生活,在哪里实践呢?此外,"活动""环境""资源"等,其实也是生活或必须与生活联系。

三、改变了语文教材编制的逻辑起点

传统的语文教材,基本着眼于语文知识和技能体系的呈现。语文知识是由一些简明扼要的概念、范畴、命题、原理以及支持它们的事实、经验、

---

[1]潘庆玉. 开放·务实·创新——《语文课程标准》基本特点刍论[J]. 山东教育:中学刊,2002(7):28-29.

实验、例题和习题构成。这种编排的好处就是容易使学生比较清晰地把握一个又一个的语文知识点以及知识点之间的联系。这种编排也是考虑到突出"双基"的需要。但是，这种编排的不足之处在于：忽视了语文与其他学科知识之间的联系，忽视了语文知识与社会文化之间的联系，忽视了在获得语文知识过程中种种观念的分歧，忽视了所编排语文知识本身的不充分性即人们对它们的质疑。这种语文教材编制，其逻辑起点是"知识中心说"，好像一切语文知识都是被证明了的、唯一可能的知识，知识是静态的、客观的、绝对的真理，学生只要去理解、记忆、掌握就行了。

四十年来，语文教材在编制思想上有了很大改变。总体上看，就是努力突破学科本位，更关注语文与外部世界和学生主体发展之间的联系。编者在更为宽广的视野中认识语文学科，出现了按生活内容或人文主题（话题）编排单元的教材，以及按学习活动的方法策略等编排的教材。相对而言，这类教材体现了编者较强的改革意识，着眼于语文学科内容与广阔生活（客体）、学生已有经验积累（主体）的联系，展示语文学习的方法和过程，致力于学生语文知识和能力的自行建构。这些编排方式"集中地体现了教材的建构主义学习论的特征，即知识是在人们同外界环境的相互作用过程中获得的。知识并不是对现实的准确表征，它只是一种解释、一种假设。知识也不是问题的最终答案，而是需要在具体问题中，针对具体情境，自己进行再创造"[1]，时时能照出新时期以来语文教育界逐渐接受并认可的"语感中心说""大语文教育""教文育人"等教学理念的影子。

以广受社会认可的苏教版高中语文教材为例。这套由江苏教育出版社出版的语文教材，以人本理念为指导进行编写，接受了生活化、综合化的理念，倡导开放，融汇了语文和生活、社会的关系，倡导跨学科、跨领域的语文学习，重视现代信息文明的应用，力图沟通语文学习与网络世界，使教科书的体系不再是封闭、凝固的，而是能够满足不同学生和学校选择需要的生动的学习材料。这种开放性进一步使教材整体结构形成立体化体系，必修部分侧重基础性、均衡性，选修部分侧重多样性、

---

[1] 沈虹.语文课程与教学研究［M］.沈阳：辽宁大学出版社，2009：139.

选择性，必修从"人与自我、人与社会、人与自然"三个向度立人，选修沿袭并且坚持立人原则，横向呈现五个系列，纵向兼顾文学、文化发展的脉络，全方位体现立体化。其主编杨九俊在《教科书的基本理念》一文中说："从课程内容来看，阅读与鉴赏、表达与交流、各种体类的文本，阅读专题组合的文本和图片、图标、漫画、网络信息、光盘资料等，语文学科和其他学科的相关内容，课内学习和课外的语文生活，学习材料的呈现与学习方法的引导等等，都有机地整合在一起，使课程内容具有很强的综合性。"[1]同时，这套教材在编写方式上突破了以单篇课文为中心的设计模式，为教学提供了广阔的空间，使课程结构模块化的精神得以落实。在整合理念的指导下，苏教版高中语文教材对能力点的界定非常慎重，除了关注应用能力、审美能力、理性思维能力，更加关注自主学习、个性化学习能力。应该说，这套教材未必是完美的教材，但却是融合了四十年语文教学探索的点滴进步，凸显了语文教学先进理念的教材。

四、改变了语文课堂教学的基本观念

四十年语文教学改革历程，对语文课堂教学基本观念影响深远，改变了以往的教师观、学生观、教学过程观、教学评价观，改变最突出的是学生观和教学过程观。

1.改变了学生观

在传统的语文教学理念中，学生的任务是学习，教师对学生总是提各种各样的要求，较少考虑学生的自身需求。"学什么""怎么学"，全由课本定调，教师主导。加上统一教材、统一要求的束缚和应试教育的影响，致使语文教学缺乏人文性和语文味，出现远离社会生活，不顾学科特点，排斥学生的多元反应与"填鸭式"灌输的现象，异化为"教师辛苦，学生受苦"的"时间加汗水"的考试训练。

四十年语文教学改革，不管是老一辈特级教师于漪、钱梦龙、魏书

---

[1]蒋易桦.苏教版语文教材的编写理念和方式研究[J].淮阴师范学院学报（教育科学），2002（1）：85-87，90.

生、陈钟梁、李吉林、于永正等，还是理论研究者刘国正、章熊、顾黄初、王尚文、倪文锦等，或是杰出语文报人陶本一，留给我们最大的财富莫过于对"人"，尤其是对学生的重新认识。

首先，学生是人。这意味着在语文教育中，我们不仅要尊重学生的人格尊严，而且，还必须将学生视作主动、积极、有进取精神和创造性的学习者，在语文教育教学活动中给学生以自由想象与创造的时间和空间，把精神生命发展的主动权交给学生，使学生真正地成为学习活动的主人。由于学生是具有独特个性和生命完整性的人，这就意味着在语文教育中必须要承认和接受学生个体发展的差异性，并将其真正视为人个性形成和完善的内在资源，因材施教，促进学生的个性化发展。

其次，学生是富有潜力的发展中的人。这意味着语文教师必须相信每一个学生都蕴藏着巨大潜能，自觉地将"让每个孩子都获得成功"作为教育信条，相信、热爱每一个学生，使自己成为每一个学生发展道路上的"助燃器"和指导者。同时，由于学生是成长中的人，因此，我们必须以发展的眼光看待学生，要理解学生身上存在的不足，允许学生犯错误，并努力帮助学生改正错误，不断促进学生的进步和发展。

最后，学生是独特的人。这意味着我们必须尊重学生并深入学生独特的内在世界，关注学生内心的奥秘，尊重学生的生活经验和独特体验，充分关注每一位学生身上蕴藏着的丰富、独特的发展资源。将教育由以往单纯的"塑造""改变"，转变为对学生潜能、灵性的激活与唤醒，从而实现学生自由个性、生命活力以及主体性、创造性的真正解放。

正像苏联教育学家阿莫纳什维利所说的："儿童单靠动脑，只能理解和领悟知识；如果加上动手，他就会明白知识的实际意义；如果再加上心灵的力量，那么知识将成为他改造事物和进行创造的工具。"[1]

2.改变了教学过程观

长期以来，语文教学一个突出的问题是"结论教学"（结论传递、结论推导、结论印证），也就是学生语文学习过程缺失。这可能是造成语文教学高耗低效的重要原因之一。四十年语文教学改革，典范人物的教学

---

［1］北京师联教育科学研究所．Ⅲ·А·阿莫纳什维利实验教学体系与教育论著选读［М］.
　　北京：中国环境科学出版社，2006：33.

研究和教学实践启示我们，对于教学过程，我们应该形成三点基本认识：

其一，语文教学过程首先是教师学习过程。就阅读教学来说，教师自身应该有一个阅读、体验、感知、赏析、评价的过程。教师应该首先接触文本，和文本对话，和作者对话，和编者对话，形成自己的感受和见解，发现阅读的问题和困惑，然后借助相关资料，深化自己的感受和认识，解决自己的困惑和问题，形成自己的一些独到见解。以此为基础设计教学方案，才能针对文本的个性，切合学生学习的需要，有效地组织课堂教学。

其二，教学的过程是学生学习的过程。所谓学生的学习过程，就是学生经历学习体验，享受学习快乐，获得学习成功的过程。应该承认，在语文教学中学生没有阅读机会是一个很普遍的问题。调查显示，每一篇课文都能够认真阅读一遍的学生不超过30%，能认真阅读两遍的学生不超过10%，而课文已经学习完，甚至练习也做了不少，但学生却并没有认真阅读全文的情况相当普遍。从具体教学环节来说，90%以上的教师提供给学生思考具体问题、解决具体问题的必要时间不足。试想，如果学生连课文都没有认真阅读过，连读课文的时间都不能保证，那些看似很精彩的讲解和活动，那些问题讨论，又有多大意义呢？

其三，语文学习过程是学生成长的过程。这种成长，简单地说，就是不知的，让他知；不会的，让他会；不能的，让他能。语言应用能力是语文素养的核心，而语言应用能力是在不断的历练中提高的，在语文实践中增强的。学生在语言实践中不可能不出差错，所谓教，就是及时发现这些差错，通过点拨、讨论、比较、示范等有效方法，让学生发现问题，纠正错误。这就是提高，这就是成长。

第三章 | 四十年语文教材建设

　　"文革"期间，全国没有统一的大纲和教材，语文教材建设停滞甚至出现倒退，人民教育出版社被撤销，编辑人员下放。"文革"结束后，中国语文教育锐意进取，在探索中改进，在反思中总结，教材建设从稳步开展到突飞猛进，语文教材建设蓬勃兴起。四十年语文教材改革，大体经历了从"一纲一本"到"一纲多本""多纲多本"，到2018年全国逐步统一使用部编本的历程。

第一节 四十年语文教材发展轨迹

一、拨乱反正：教材建设走向平稳期

以 1950 年人民教育出版社成立并编写全国通用的第一套中学语文教材为标志，语文教材管理实行"国定制"，即语文教材的编写和出版都是由人民教育出版社负责，语文教材的使用由国家教育行政部门决定，直到 1986 年成立中小学教材审定委员会，语文教材建设处于"一纲一本"时期。

"文革"期间，中小学语文教材遭到严重破坏，"文革"结束，我国进入拨乱反正的恢复时期，急需全国通用的语文教材。1978 年 4 月，教育部召开了教育工作会议，随后试行《全日制中学暂行工作条例（试行草案）》，公布《全日制十年制学校中学语文教学大纲（试行草案）》；1980 年稍加修改，再版发行。1986 年正式进行修订，定名为《全日制中学语文教学大纲》，以适应十年制、十二年制两种学制的需要。

1977 年 9 月，教育部从全国调集人员开始了编写全国通用的全日制十年制学校各科教材的工作。历时两年多，到 1979 年底，语文教材编写完成，初中六册，高中四册，比较快地解决了教材从无到有的问题。全日制十年制中学语文课本加强了语文基础知识和基本训练。1981 年开始对十年制中学语文课本进行修订，改为正式本，同时新编高中语文课本第五、第六册。1982 年起，中学开始试行六年学制，使用人民教育出版社十二年制中学语文教材，全套共 12 册。

为了促进教材改革，1979 年 7 月在北京召开第一次中学语文教材改革座谈会，与会人员只有十余位，教材改革还没有真正意义地展开。可喜的是，上海、福建、江苏、陕西、四川等地有不少学校已经开始进行教材改革。如北大附中、景山中学、华东师大二附中、东北师大附中、北师大附中、辽宁鞍山十五中等都进行了语文教材改革的实验，特别是陕西千阳中学、四川黄店中学、河北饶阳中学等一些经济欠发达地区的学校也进行了语文教材的改革探索。

为了广泛征询意见，人民教育出版社中学语文编辑室一些同志到各地就中学语文教材改革进行调研。1980 年 11 月 7~18 日，在北京香山别墅召开了全国第二次中学语文教材改革座谈会，叶圣陶、王力、吕叔湘、周有光和苏灵扬等到会并做了重要讲话。会议历时十天，交流了各省市教材改革实验的情况。当时语文改革试验教材概括起来可分成两大类：一是分科教材，二是综合教材。在分科教材中，有分成讲读和写作两本的，有分成讲读、语文知识、写作三本的，也有分成现代汉语、听说、读写、文言四本的，等等。综合教材是把阅读、写作、语文基础知识编成一本，以文体组成单元，讲什么、读什么就写什么，语文基础知识穿插其间。这次会议之后，人民教育出版社确定重新编写一套分科教材。

在使用十二年制语文教材时期，为了响应 1980 年全国教育工作会议提出的"办好重点中小学"的号召，人民教育出版社开始编写重点中学分科型语文实验教材，初中分为《阅读》《写作》，1982 年秋季在全国部分重点中学试教，1986 年开始修订，1989 年完成，由试教本改为试用本，《写作》改为《写作·汉语》，增加语文知识内容部分。

这一时期的中小学语文教材建设做出了可贵的探索，在编写体系上有较大革新，积累了不少经验，标志着教材建设逐步迈向规范化和科学化的道路。

二、"多纲多本"：教材建设探索发展期

随着国家教育体制改革的推进，1986 年 4 月我国颁布了《中华人民共和国义务教育法》。根据义务教育法，国家教委制定了《九年义务教育全日制小学、初级中学教学计划（试行草案）》和《九年制义务教育全日制初级中学语文教学大纲（初审稿）》。根据国家教委有关教材建设的规划，浙江省教委制订了浙江省义务教育各学科教学指导纲要；上海进行了课程教材全面改革试验，1988 年起，组织力量在广泛调查研究的基础上拟定了《上海中小学课程改革方案（草案）》，并于 1991 年 5 月编订了《全日制九年制义务教育课程标准（草案）》，提出"在统一课程标准、统一审定的前提下，鼓励单位和个人编写不同体系、不同特色的教材"。这是中国课程发展史上向"多纲多本"迈出的艰难一步，也是重要的一步，

尽管在全国范围内仅有两套课程标准（或教学大纲）。

为了切实推进九年义务教育，国家教委加大了中小学教材改革的力度，1986 年，全国中小学教材审定委员会成立，聘请北京大学冯钟芸等担任中学语文教材审查委员，将实行了几十年的"国定制""统编制"的教材制度改为"审定制"，这是教材制度的一次具有开放意义的改革，极大地激发了从中央到地方改革教材、建设教材的积极性。

根据义务教育大纲的精神，人民教育出版社编写了面向全国大多数地区和大多数学校的义务教育"六三制"和"五四制"两套教材。这两套教材在试验的基础上，经审查通过后，于 1993 年秋季在全国发行。除人民教育出版社编辑的通用教材外，人民教育出版社、中央教育科学研究所（今中国教育科学研究院）以及北京、上海、江苏、浙江、辽宁、四川、广东、广西等地的科研单位、学校和个人等都编制了多种类型、多种体系、多种风格的实验教材，出现了教材多元化的格局。一方面，人民教育出版社编制的全国通用教材即 1990~1991 年第三次修订的全国通用中学语文课本（试用本），在国内大部分地区使用；另一方面，一些省份的少数学校，根据自身需要和对语文教学规律的认识，也在试编教材，供本校或其他学校试用，进行教材改革尝试。1992 年到 1996 年，全国中小学教材审定委员会共审查了 12 套 74 册教科书。除人民教育出版社编辑出版的通用教材外，还有：

北京本——北京师范大学附属实验中学与北京市教育局教学研究部编写，北京出版社和开明出版社出版，主编沈心天。

上海 H 本——华东师范大学与徐汇区教育局编写，上海教育出版社出版，执行主编徐振雄。

上海 S 本——上海石油化工总厂与闸北区教育局编写，上海教育出版社出版，主编姚麟园。

辽宁本——辽宁省鞍山十五中编写，辽宁教育出版社出版，主编欧阳代娜。

江苏本——江苏省泰州中学编写，江苏教育出版社出版，主编洪宗礼。

广东本——广东高等教育出版社出版，主编曹础基。

广西本——广西教育学院教研部编写，广西教育出版社出版，主编耿法禹。

四川本——四川省内地版初中语文教材编写组编写，四川教育出版社出版，主编潘述羊。

浙江本——浙江省初中语文教材编委会编写，浙江教育出版社出版，主编王尚文。

北京师范大学本——北京师范大学出版社出版，主编张鸿苓。

自学辅导本——四川教育出版社出版，主编颜振遥。[1]

这一时期的高中语文实验教材，数量较少，有北京本、上海本等。高中有《文言读本》《文学读本》《文化读本》《写作与说话》等系列教材，阅读部分高中一年级使用《文言读本》，二年级使用《文学读本》，三年级使用《文化读本》。1985年开始实验，1994年修订为高中语文实验课本，进行了第二轮试教，2000年秋供全国各地重点高中和有条件的学校、班级选用。

这个时期的小学语文教材版本很多，大都依据1992年颁布的《九年义务教育全日制小学语文教学大纲（试用修订版）》编写。除人民教育出版社编辑出版的五年制和六年制课本，还有由北京师范大学教学研究中心编写的五年制课本，由四川省教委和西南师范大学（今西南大学）编写的供经济欠发达地区使用的六年制课本，由广东省教委和华南师范大学编写的供沿海开放地区使用的六年制课本。也有依据地方义务教育教学大纲而编写的，如上海版义务教育五年制课本，浙江版义务教育五年制和六年制课本。

这些实验教材变革意识强烈，改革涉及教材编写的各个方面，或致力于科学序列的探索，或注重于语文能力的培养，或着意于智力开发，或侧重于内容更新，或着眼于体系变革，或着重于结构、体例的革新，等等，极大地推动了新时期的语文教材建设，呈现出百川奔涌、百花争艳的蓬勃景象。

---

[1] 刘占泉.汉语文教材概论［M］.北京：北京大学出版社，2004：106.

三、课改推进：教材建设突破提升期

世纪之交，中小学语文教材改革又掀热潮。1997 年末引发了声势浩大的语文教育大讨论。在大讨论的基础上，教育部于 2001 年 6 月颁布了《基础教育课程改革纲要（试行）》，7 月颁发《全日制义务教育语文课程标准（实验稿）》，语文教材改革随之开始新一轮的探索。根据新课标，2001年人民教育出版社出版了义务教育课程标准实验教科书《语文》7~9 年级共六册，并于当年秋季起在全国 38 个实验区投入试验。同时各种省编教材也如雨后春笋，其中上海教育出版社编辑出版的 6~9 年级实验教材，江苏教育出版社、语文出版社编辑出版的 7~9 年级实验教材也纷纷进入试验。

1996 年，国家教委颁布《全日制普通高级中学课程计划（试验）》和《全日制普通高级中学语文教学大纲（供试验用）》。1997 年 9 月至 2003 年 6月，人民教育出版社据此编辑出版的全日制普通高级中学语文教科书（试验本）在江西、山西和天津进行试验。2000 年 9 月，全日制普通高级中学语文教科书（试验修订本）在全国大多数地区推广使用，逐渐替换1991 年版高中语文教材。2003 年，《普通高中课程方案（实验）》和《普通高中语文课程标准（实验）》公布。目前使用的全日制普通高级中学教科书《语文》（必修）就是在全日制普通高级中学教科书《语文》（试验修订本·必修）的基础上修订而成的。

上海 H 版和 S 版两套高中语文教材，也已试用多年，都较以往的高中语文教材有很大的改进。随后上海进行了教材改革实验。新课改以后，许多出版社全力组织特级教师编写教材。到 2003 年，通过批准的出版社有 30 多家。先后有 7 套课程标准 7~9 年级（初中）实验教材通过教育部审查，分别是人民教育出版社（顾振彪主编），江苏教育出版社（洪宗礼主编），语文出版社（史习江主编），湖北教育出版社（王先霈、徐国英主编），河北大学出版社（王富仁、傅中和主编），北京师范大学出版社（孙绍振主编），作家出版社、中华书局（郭预衡、章培恒、陈平原主编）。长春版（张翼健主编）也作为地方教材通过了教育部的审查。

2003 年 4 月，教育部公布《普通高中课程方案（实验）》和《普通高中语文课程标准（实验）》。2004 年至 2006 年，先后有 7 套高中语文教材通过教育部审查，分别是：人教版（人民教育出版社出版，袁行霈主编），沪教版（华东师范大学出版社出版，王铁仙主编），苏教版（江苏教育出版社出版，丁帆、杨九俊主编），语文版（语文出版社出版，史习江、张万彬主编），粤教版（广东教育出版社出版，陈佳民、柯汉林主编），鲁教版（山东人民出版社出版，谢冕主编），北师大版（北京师范大学出版社出版，童庆炳主编）。此外，北京版（顾德希主编）也作为地方教材通过了教育部的审查。

第二节 四十年重点语文教材扫描

一、人教版第六套语文教材

"文革"之后的那一套中学语文教材是人教版第六套中学语文教材。刘国正主持了该套中学语文教材的编写工作。该套教材吸收"文革"前语文教材编写的基本经验,大胆革新,重视培养语文能力,强调训练,起到了拨乱反正、正本清源、统一教学思想的作用。

刘国正,笔名刘征,1926 年生,我国著名语文教育家、诗人、杂文家。他长期承担全国中语会的领导工作,为中语会事业做出了突出贡献。他先后担任人民教育出版社副总编辑、中学语文编辑室主任,担任全国中小学教材审定委员会委员,从事中学语文教材编辑工作几十年,参加或指导编写的中学语文教材不下百册。

该套教材在编排体系上按照《全日制十年制学校中学语文教材大纲(试行草案)》编写。教学大纲附录中有"各年级读写训练要求和课文初选目录":

初中一年级

在小学的基础上,进一步扩大识字量,辨别字形、字音、字义,注意不写错别字;进一步丰富词汇,提高用词造句的能力;复习常用标点符号和汉语拼音,提高用普通话说话、朗读等口头表达能力。着重培养记叙能力,写记叙文力求中心明确,内容具体,条理清楚,前后一贯,首尾一致。继续练习写钢笔字和毛笔字。

学习一点文字和构词的知识,提高识字用字和解词用词的能力。学习一点语法知识,掌握词的分类、单句的基本构造和一些简单的判断形式。

开始培养阅读文言文的能力,了解一些常见的文言词和简单的文言句式。

第一册

一 浣溪沙 和柳亚子先生(毛泽东)

二 * 民歌四首

山歌向着青天唱

草原人民歌唱华主席

天大困难也不怕

大寨花开红烂漫

三 马克思的好学精神

四 毛主席关怀警卫战士学文化

五 * 给青少年的一封信（高士其）

　　　形声字

六 生的伟大，死的光荣

七 * 人民的勤务员（陈广生 崔家骏）

　　　同音字·形似字·多音多义字

八 建设一个伟大的社会主义国家（毛泽东）

九 论大庆精神

　　　记叙·说明·议论

一〇 《东方红》的故事（李增正）

一一 一件珍贵的衬衫

一二 * 渔夫的故事（《天方夜谭》）

　　　双音的合成词

一三 纪念白求恩（毛泽东）

一四 * 截肢和输血（周而复）

　　　字义和词义

一五 草地晚餐（刘坚）

一六 * 红军鞋（江耀辉）

一七 挺进报（罗广斌 刘德彬 杨益言）

一八 第比利斯的地下印刷所（茅盾）

　　　记叙的要求

一九 从百草园到三味书屋（鲁迅）

二〇 清贫（方志敏）

二一 * 同志的信任（唐弢）

二二 * 海上的日出（巴金）

二三 绝句二首

　　　登鹳雀楼（王之涣）

　　　望天门山（李白）

二四　寓言二则

　　　郑人买履（《韩非子》）

　　　刻舟求剑（《吕氏春秋》）

二五　黔之驴（柳宗元）

二六　狼（蒲松龄）

附录

　　汉语拼音方案

　　常用标点符号用法简表

注：篇目前标有"*"的是阅读课文

初中二年级

继续丰富词汇，提高用词造句的能力。继续培养记叙能力，着重培养说明能力，掌握说明事物的要点和方法，写一般说明的文章，力求比较准确清楚，有条有理。继续练习写钢笔字和毛笔字。

学会辨别词义和词的不同色彩，理解和掌握比较复杂的单句，在学习词汇知识和语法知识的过程中，受到一些有关概念和判断的逻辑思维的训练。学习一点修辞方法。

继续了解一些文言虚词和句式，掌握一些文言词汇，初步理解古今词义的变化。

初中三年级

进一步丰富词汇，提高用词造句的能力。继续培养记叙和说明能力，学习在记叙中运用议论和抒情的表达方法。着重培养议论能力，写一般议论的文章，做到观点正确，内容具体，条理清楚，语句通顺。

复习已学过的语法知识，学习和掌握几类常用复句的构造，学会准确使用有关的关联词语。注意句与句之间的关系，掌握一些判断形式。继续学习一点修辞方法。

继续理解古今词义的变化和掌握一些文言词汇，初步掌握文言句式的一些特点，学习使用工具书了解一些文言词义。

从上面内容可以看出，教材以选取同样表达方式的文章为主，同时也选取一些其他表达方式的文章，按照读写训练的要求组成几个重点单元，同其他单元穿插编排。文言文以深浅程度或时间先后为序，在课本的最后集中编排。集中教还是分散教，教师可以灵活掌握。

在教材修订过程中，刘国正提出了选文标准。语文课通过课文的讲读给学生有益的思想影响，收到潜移默化的效果，是很应该的。但是语文课不同于政治课或时事政策课，更不同于一般的报纸杂志，要求选文配合时事政策是不符合语文课的特点的。语言文字非常好、思想内容无害的文章可以选一些。选取的课文要适合学生的文化程度，使学生在学习中克服一定的困难能够达到教学的要求。如在修订过程中，《桃花源记》原在高中第二册，对学生来说偏浅，故下放到初中第四册。语文课本应该多选取名著。

我们可以看一下全日制十年制学校初中课本第一册目录，该套教材为教师确定教学要求，规定了每个单元的教学重点和每篇课文的教学要点。单元重点是根据大纲中每个年级的"读写训练的要求"规定的，如初中一年级读写训练的要求中规定"着重培养记叙能力"。初中第一册的许多单元，特别是三个重点单元的教学，都着重培养记叙能力。以第二单元为例，这一单元编排了四篇课文：《一件珍贵的衬衫》《老山界》《草地晚餐》《红军鞋》。这几篇课文都是记叙一件事情的，有的通过一件事表现一个人的高尚品质，有的写一个集体。四篇课文都具备记叙的几个要素：时间、地点、人物以及事情的发生、发展和结果。这个单元的教学重点是使学生理解并且学习运用记叙的几个要素，每课的教学要点又是围绕单元的教学重点提出的。还以这个单元为例，《一件珍贵的衬衫》的教学要点里提出"学习本文首尾呼应，突出中心，按起因、经过、结果记叙事件的写法"。

全国通用的初中语文课本，先在1977年、1978年作为试用本出版发行，之后经过两次修订，改为正式课本。后根据1986年国家教委制定的《全日制中学语文教学大纲》又做了大的修订，于1988年秋季开始使用。该套教材明确教学要求，减少语文教学的随意性；提高课文质量，增强时代气息；改进编排体系，形成训练序列；调整语文练习，突出语言训练。

1983年版高中语文课本是由人民教育出版社中学语文编辑室编写，编写者是潘仲茗、朱堃华、孙功炎、顾振彪；1987年进行修订，由庄文中、王文英、姚富根、熊江平执笔编写。

二、人教社实验本语文教材

人民教育出版社中学语文编辑室从 1982 年开始编辑出版了分编为《阅读》《写作》的语文实验教材。这套教材供六年制重点中学使用。

六年制重点中学《阅读》和《写作》的试教本 1982 年开始编写，1987 年编完。初中部分 1986 年开始修订，1989 年完成，由试教本改为试用本，《写作》改为《写作·汉语》。

分科教材将语文分成《阅读》《写作》，《写作》教本中又有"现代汉语常识"部分，形成阅读、写作、现代汉语三个方面知识分列的体系，系统性、理论性强。写作教学与阅读教学相对独立，改变了统编教材将写作教学依附于阅读教学，没有完整严密统一计划的现状。上述三方面知识的排列呈螺旋式，既循序渐进、前后衔接，又逐步扩大加深，符合学生认识规律。因此，分科教材的计划性、逻辑性、系统性强。但也存在问题，即三个体系的教材如何互相配合对教师是一个挑战。

初中阶段的《阅读》课本，主要任务是培养学生的阅读能力和良好的阅读习惯，兼顾写的能力和听说能力。课本按选文的体裁组编单元，由浅入深，由易到难，由简及繁。单元前面有单元要求，后面有单元练习。课文分为讲读课文和自读课文，约各占一半。讲读课文前面有提示和思考，主要针对课文的重点和难点提出一些启发性的问题，引起学生思考；后面有课堂练习和课后练习，后者较少，主要是为了巩固和加深学生对课文的理解。自读课文前面有自读提示，给学生必要的知识和指导，后面有阅读练习，要求学生在阅读中独立完成。为了使学生能够了解祖国丰富的文化遗产，每册课本选入了 25% 左右的文言文。《写作》课本的编写，目的在于探讨写作教学的规律，培养学生的写作能力，力求使写作教学有序可循，有法可依。初中阶段的《写作》课本，内容分"写和说的训练"与"现代汉语常识"两部分。写和说的训练与阅读教学相配合，各年级训练的重点有所不同：初一着重训练记叙能力，初二逐渐增加训练说明能力，初三逐渐增加训练议论能力。写和说的训练主要是进行以一篇课文为单位的综合整体训练，分散的、局部的训练在阅读课的练习中进行。每课写的训练包括：简明扼要，注意联系学生实际的写作知识；简单平易，便于借鉴模仿的例文以及写作范围和写作指导。每课说的训练包括要求、提示、命题和讲评。现代汉语常识自成体系，改变了汉语知识与课文交错编排过于分散的状况。这部分内容侧重于应用，力求做到精要、好懂、实用，解决学生语言运用中的实际问题，不要求有严格的系统性。顾振彪、庄文中、朱泳燚、章熊、张必锟、张建华、顾德希等参加教材的编写和修订。

高中实验读本的主编是周正逵。高中实验读本采用阅读和写作分编的形式。阅读教材以培养阅读能力为主。高中阶段的阅读能力应包括初步阅读文言文的能力、初步鉴赏文学作品的能力和概览其他各种文化著作的能力。为了明确目标，突出重点，编者将阅读训练的内容分解为"文言阅读"、"文学鉴赏"和"文化名著概览"三个部分，并相应地编出三种阅读教材，供高中三个年级课内使用。

高中一年级编写《文言读本》上、下册，以文言阅读为主要训练内容，目的是初步培养学生阅读文言文的能力。为此，必须把行之有效的传统经验同讲求效率的科学方法结合起来，在熟读成诵文言文50篇（包括初中已经背过的20篇在内）的基础上，教给学生必要的文言常识，并通过一系列的练习（包括诵读、点读、翻译、浏览、评点等），把知识转化为能力，为他们以后阅读古典作品打下基础。

高中二年级编写《文学读本》上、下册，以文学鉴赏为主要训练内容，目的是初步培养学生鉴赏文学作品的能力。为此，教材精选古今中外优秀的文学作品，按体裁分类，兼顾时代顺序。在指导学生熟读和钻研作品的基础上，教给学生文学鉴赏方面的基本知识，并通过一定的练习，初步掌握阅读和鉴赏各类文学作品的基本方法，养成阅读和鉴赏文学作品的兴趣。

高中三年级编写《文化读本》上、下册，以文化名著研读为主要训练内容，目的是让学生综合运用各种阅读方法，进一步开发智力，培养能力。为此，应该精选古今中外优秀的文化名著（指社会科学方面），按内容归类，把重点作品选读同重要作家评价以及有关文化历史知识概述结合起来，提高学生的文化素养和思想境界，开拓他们的知识领域，进一步锻炼他们的读写能力。

写作教材为《写作与说话》，打乱了以文章体裁为主的训练体系，确立了"先记叙文，后说明文、议论文"的写作顺序，并明确提出，高中阶段的表达能力，除应包括书面语言表达能力（或称写作能力）外，还应包括口头语言表达能力（或称口语能力）。"'写作与说话'训练的基本原则是以思维训练为基础，以说话训练为中介，以写作训练为重点，实行想、说、写三位一体，互相渗透，协调发展，逐步深入。""'写作与说话'训练的基本内容包括'思考与表达'训练，'思路与章法'训练和'思辨与立意'训练。这是根据思维能力和表达能力形成与发展的规律，结合高中语文教学的实际需要，在总结写作教学改革经验的基础上提出来的。"[1]

三、北京"六三制"和"五四制"语文教材

九年义务教育初中语文教科书（实验本）从1989年开始编写，人民教育出版社编写了"六三制""五四制"各一套。这两套教材的总体结构分三个阶段，课文阅读分三种类型，课文练习分三个层次，对语法教材做三点改进，全套教材既有明确要求又有较大弹性。社会各界普遍反映这是人民教育出版社编写出版的几套初中教材中较好的一套教材。

1983年北京师范大学与山东省教学研究室合作编写"五四制"教材，并在山东、湖北沙市、黑龙江、河北等地进行实验，实验取得了较好的效果。1987年国家教委将该套教材作为全国规划教材之一，为此成立总编辑委员会，负责"五四制"全套系列教材的编写和实验工作。这套初中语文教材的主编是张鸿苓。

这套教材每个单元前面都有一张表格，清晰地列出单元学习的内容和目标，很有特色。例如，第七册第二单元的内容、重点及要求如下表所示。

---

[1] 周正逵.写作与说话：第四册［M］.北京：人民教育出版社，1995：前言.

训练内容		训练重点	单元要求
阅读训练	五　白杨礼赞　　　　　茅盾 六　聪明人和傻子和奴才　鲁迅 七*　铁骑兵　　　　　　杨朔 八*　赣南游击词　　　　陈毅 ［附］课外阅读 　　钢铁假山　　　　　夏丏尊 　　梅园新村之行　　　郭沫若	阅读欣赏	1.学习强化听话记忆力的一些方法。掌握会议发言的一些要领 2.了解阅读欣赏应具备的条件，学习欣赏各类作品 3.学习写记叙文的技巧
写作训练	一　选题记事 二　校内采访、写人物通讯	记叙文	
听说训练	听：惊心动魄的一幕 说：汇报会上	1.听话中记忆 2.会议发言	
复习与练习	一　辨别褒义词、贬义词 二　分析修辞方法 三　整理背景材料 四　整理开头结尾 五　整理记叙方法	第二册语文知识 第二册训练重点	

　　九年义务教育三年制初中课本中有一套张志公主编的语文教材。这套语文教材的编者有顾德希、刘福增、赵大鹏、张彬福、薛川东等。张志公认为语文课应当是"以知识为先导，以实践为主体，并以实践能力的养成为依归的课"。教材采用广大师生熟悉的"单元"作为载体，设计了阅读训练、写作训练、口头表达能力训练等序列。采用双线推进结构，一条线是实用语文能力的训练，一条线是文学作品欣赏能力的培养。第一条线，根据教学大纲对教学内容的规定，恰当处理课文、知识和能力训练关系，根据大纲对阅读训练、写作训练、听话训练、说话训练的48项要求，组合成多形式和多层面的训练项目，渐次推进。有关知识或写出短文阐释，或在练习中简要说明，形成落实能力训练的较完整的系统。第二条线，渗透文学知识，培养学生初步欣赏文学作品的能力，体现文

学教育；充分重视文言课文的文学教育功能，但不以培养阅读文言文的能力为唯一目的。

四、上海H版和S版语文教材

依据上海市课程改革委员会颁发的语文学科课程标准，由华东师范大学和徐汇区教育局组织编写，徐中玉、徐振维主编的九年制义务教育初中语文试用课本与高级中学语文实验课本，简称"H版语文教材"，H为华东师范大学的"华"的拼音首字母。由上海石油化工总厂和闸北区教育局组织编写，姚麟园主编的九年制义务教育初中语文教材，简称"S版语文教材"，S为石化的"石"和上海师范大学的"上"的拼音首字母。

H版语文教材的编写思想是以培养阅读能力为主线，调动学生的学习积极性，全面提高学生的语文素养，编写原则是重视积累，培养习惯，传授方法，训练思维，渗透德育。每册均由阅读、表达两部分组成，两部分各具序列，又相互联系、相辅相成。一年级至五年级的教材侧重于语言材料的积累和学习习惯的培养，六年级至九年级的教材着重传授方法，训练表达思路，不断提高学生的语文实际运用能力。高中阶段引导学生在理解的基础上提高对文学作品和非文学作品的欣赏和评论能力。

高中教材分为阅读和写作两大部分，阅读部分附有"文化常识""文言基础知识"，写作部分附有"口头表达训练"。阅读能力训练共分成三个层次，即理解性阅读、鉴赏性阅读和评论性阅读。阅读部分设计了24个单元，每个单元都有明确的教学要点，包括语言的品味、思路的探究、主旨的把握、人物形象的鉴赏、意境的鉴赏、艺术形式的鉴赏、评论要知人论世、评论的角度、评论的方法、阅读中的积累、阅读的梳理、阅读中的贯通、阅读中的迁移等，从而形成完整的训练阶梯。写作训练共设计24个单元，议论性文章写作训练和记叙抒情性文章、说明性文章写作训练交叉穿插，形成系列。应用文写作练习包括读书笔记、新闻特写和新闻小故事、专用书信、调查报告、计划等，自成体系。口头表达能力训练单元包括独白、对话、演讲、辩论等。整套教材目标明确，由易到难，由浅入深，序列清晰。

由姚麟园主编的 S 版语文教材着眼于语文素养的培养，采取显性目标与隐性目标相结合的原则，有计划地将语文工具方面的目标与语文情趣、思维能力、思想认识、道德情操、审美观念等目标结合起来。教材分编为阅读和表达两个部分，分编合册。初中阶段按"五四制"分段，初一为"阅读与认识"，目的在于使学生了解阅读对认识自然、社会、人生的重要意义，树立正确的阅读观，激发阅读兴趣，培养阅读习惯；初二为"整体阅读"，使学生从整体上把握各类常见文章的阅读方法，了解文章的中心、材料、结构、线索、语言运用等方面的特点；初三为"比较阅读"，使学生通过不同文章、不同表达方式、不同语体把握各类文章的特点和阅读方法；初四为"赏析性阅读"，培养学生初步的鉴赏能力。高中阶段，高一年级侧重于理解和比较能力的培养；高二侧重于理解和鉴赏能力的培养；高三侧重于理解和评价能力的培养。阅读文言文的初步能力的培养贯穿于整个高中阶段。值得一提的是，这套教材以"精要、好懂、有用"为原则将逻辑知识采用随机出现的办法编排在教材中。

五、江浙两地的语文教材

"单元合成，整体训练"初中语文教材，由江苏省泰州中学编写，江苏教育出版社出版，该教材 1992 年经全国中小学教材审定委员会审查通过，供全国选用。主编洪宗礼从 1983 年起开始改革教材的新探索，以"五说"（工具说、导学说、学思同步说、渗透说、端点说）语文教学观和"双引"（引读、引写）教学论为基础，学习中外语文教材建设的理论，研究国内外多种体系、不同风格的语文教材，用十多年时间主编了这套"单元合成，整体训练"初中语文教材（即《义务教育三年制初级中学语文教科书》，以下简称"合成"教材），并在编写教材的实践中，建立"一本书、一串珠、一条线"的"单元合成，整体训练"语文教材结构体系的基本框架。

所谓"一本书"，是指语文教材不按读、写、知分科，每一学期只用一册教材，而且全套教材是一个整体结构的有机教学系统，是一个大的读、写、知综合体，包括阅读、写作、语文基础知识三个子系统。"一本书"就是一张经络分明、纵横有序的语文训练网络。这个语文训练网络线索分明，头绪清楚，但各种知识又是"合成"在"一本书"的综合系统之中，体现了整体性和系列性的和谐统一。所谓"一串珠",是说除起始单元为"名人学语文轶事"之外,全套教材共有 36 个"珠"式单元。"珠",是单元合成整体结构的形象说法。每颗"珠",既是这一单元的读、写、知配合训练的小综合体,又是全套教材整体训练系列中的一个阶段训练点。每个"珠"式单元均以课文为例子,按照从感性到理性的认知规律,形成具有整体综合教学效应的"集成块"。

为了探索中国语文教材编写的改革思路,2001 年起,洪宗礼根据《全日制义务教育语文课程标准(实验稿)》,主编了义务教育语文实验教科书(7~9 年级,即初中阶段)。该教材在全国范围内有数百万学生使用。以初中语文教材为核心,洪宗礼还编写了写作教材(《作文百课》《三阶十六步》)、思维训练教材(《写作与辩证思维》《中学生思维训练》),构成读、写、思三者并驾齐驱的系列教材。

洪宗礼认为,教材是"科学文化的载体,精神文明的结晶,国家意志的体现,培育后代的依据","是为学生终身发展而编写的",所以教材编写者必须"要有对后代高度负责的精神,有战略家高瞻远瞩的眼光",还必须要有"精编、精研、精改,严格、严肃、严谨的科学态度",不断追求创新、崇高和卓越,把教材编成"一流的卓越的'特殊精神产品'"[1]。

浙江省九年制初中语文教材的主编是曹文趣,教材按照"总—分—合"的结构编排。所谓"总",主要是按学习语文的几个重要问题组元,落在第一册,让学生一进初一就在思想上明确这些要求,为以后的学习打基础,逐步加深,逐步落实。所谓"分",主要是按记叙、说明、议论三种主要表达方式组元,落在第二至第四册,让学生在学习第一册的基础上,相对集中地进行有关的知识学习和能力训练。所谓"合",主要是按多角度的综合比较组元,落在第五、第六册,通过综合比较,贯通规定学习的语文知识。

六、沿海版语文教材

沿海地区实行改革开放较早,改革步子较大,与海外交往频繁,对

---

[1]洪宗礼.母语教育的八项主张[J].中小学教材教学,2016(5):4-10.

公民素质在交际能力、应变能力和信息接收能力等方面的要求要高一些。为此，由曹础基主编的沿海地区九年制初中语文试验教材侧重于学生的能力培养与训练，而不是侧重于知识的灌输。不以文体划分梯度、组织单元，而是以语文能力训练为纲，以能力训练为中心组织单元，是这套教材的基本特点。

这套教材根据《九年义务教育全日制初级中学语文教学大纲》，将对学生能力培养的要求分点安排在初中六册课本中。每册分 8 个单元（第六册 6 个单元），每单元有一个训练中心，围绕这一中心，标示单元题目，提出学习要求，提示有关的知识与学习方法，选择课文，设置练习。

在每一册的第一单元，着重"说"的训练，第二单元着重"读"的方法的训练，第三单元着重文艺作品的阅读理解，第四单元着重思维能力的培养，第五至第七单元着重文章的结构与表达方式的分析与训练，第八单元着重掌握文言文的一些阅读常识。每一册从第一单元到第八单元的训练中心不断转换，可以提高学生的学习兴趣，不至于使他们感到老是在重复而厌烦。第一册至第六册的同一单元中又力图逐步提高，自成系列。

教材中的课文，是根据单元训练的需要而挑选的，它们是实现训练学生某种能力的一个材料或一个例子，其中也有不少是学生写作的范本。每一个单元的课文，都分导学课文和自学课文两部分。导学课文是供教师在课堂上讲读的，自学课文是为学生课后自学准备的。每篇导学课文和每个单元的自学课文后面，都设有练习题。练习题除了必要的字词句训练外，主要是根据单元所规定的能力训练要求进行设置。每一单元都附有一篇汉语知识或应用文知识的短文，文后亦设有这些知识的应用联系。

这套教材在各个单元的开头都明确规定了单元教学要求，单元教学的目标更明确、集中。要求教学方法不宜像传统的讲授那样，总是从作者介绍、时代背景、段落与段意、中心主题、写作方法等进行全面分析，也不宜课文里有什么就讲什么，而是从单元的教学目的出发，按单元所规定的能力训练来讲读课文。

广西从 1981 年起改革初中语文教材，由广西教育学院组织编写了一套六册语文教材，名为《初中语文读写训练实验教材》，主编耿法禹提出了定性、定向、有序、有格的四项编写原则。定性即确认语文的基础工具性；定向是要使每篇课文统帅于相应的理论知识之下，组织到一定的知识结构之中；有序是科学地排列教材内容的顺序，使之成为完整的、台阶式的教学系列；有格是指教学有统一的规矩量度，体现科学的标准。

这套教材有四个主要特点。一是"一条脉络，贯穿始终"。脉络是语文能力训练的步骤，是在对语文的能力结构（要素、关系、形成过程化）分析的基础上建立的训练序列。

二是三个层次，统一系列。三个层次为章目、单元、课文（如下图所示）。课文与单元是从属关系，单元又从属于章目，章目之间是线性编排的顺接关系。每个章目要完成一种基本能力训练，前一种能力训练是后一种能力训练的基础，后一种能力训练是前一种能力训练的延续发展。

实验教材总体结构图

三是基本内容，八个专题。具体包括读书方法训练、观察与思维训练、基本表达方式训练、修辞（语言运用）训练、章法训练、文风（读写态度）训练、文言文读译训练、文章体裁训练。专题分 12 个章目完成，章目之下共 52 个单元，有 280 篇实例课文及 213 篇助学读物。

四是单元配套，方便教学。单元是教学的基本单位，单元内部有三个组成部分互相匹配：引言、实例课文和助学读物。实例课文前有"学习要求""预习要点""预习参考"，后有"能力训练"，教师只需点拨，学生便能自学自通。单元内部结构以阅读为基础，以写作为中心，把听说读写组织起来，全面训练，相辅相成。

七、四川省语文教材

1988 年 3 月，受国家教委委托，四川省教委与西南师范大学（今西南大学）合作编写教材，聘请了由中小学高级教师、教育科研人员、高等师范院校专家教授共 250 多人组成的"三结合"编写队伍，在先进的课程教材理论指导下，对国内外现行教材进行比较研究，深入内地农村学校实地考察，采取边编写、边试验、边修改的工作方法，经过四年多的努力，完成中小学各科全套教材的编写任务。

这套语文教材的主编是西南师范大学（今西南大学）潘述羊教授，唐三顾副教授任副主编。这套教材是根据国家教委《九年制义务教育全日制初级中学语文教学大纲（初审稿）》的要求，贯彻"三个面向"精神，结合我国内地实际编写的。既有农村中学特点，又适合城镇中学使用。这套教材体系的主要特点是以能力为中心，以提高民族素质、发展智力为目标，以语文基础知识、基本训练为主干，以课文为范例，把阅读、写作、听话、说话、基础知识、基本训练、指导教法、培养学生的方法和习惯以及调动学生的智力因素和非智力因素等统一起来，综合在一个单元之中，循序渐进，组成一个系统框架，形成信息与能力的网络，构成纵横联系、相互渗透、协调发展、螺旋上升的科学有效体系。在课文的每一单元前面设计有"单元教学目标"，分别从阅读、写作、听话、说话、基础知识等五个方面提出具体要求，单元与单元之间有梯度。每篇课文都在课题下面设计了"作者简介"和"课文引入"，以激发学生的兴趣。基本篇目设计了"旁批"，目的在于通过旁批的点拨，引导学生全面理解课文进而逐步学会阅读。"课堂讨论"既是学生阅读思考、理解的题目，也为学生提供主动探索的机会。"读后指要"旨在帮助学生学会从文章内容到形式进行归纳，以获得启示。单元后面设计了"单元知识小结"和"单元课文比较"，目的在于通过归纳、总结和比较，由博到约，让学生更牢固更系统地把握本单元知识要点和课文内容。

这套教材按照学期、学年段和学生的年龄、心理特征、认识规律，把初中阶段的语文教学任务科学地、有计划地安排在各年级、各学期之中，既有明确的"序"，又有"度"的控制和"位"的限定，形成阶梯式的训练体系。在每册书中，读写听说能力训练项目清楚，重点突出，目标明确，形成有序列、分阶段、多元、多面的纵横网络结构。

由中央教育科学研究所（今中国教育科学研究院）重点立项，颜振遥、张鹏举编写的中学《语文自学辅导教学实验课本》（1983年出版，以下简称《自学辅导课本》），从内容到形式都有别于其他教材，是语文教材编定体例的重大突破，具有极强的实用价值。为了认真贯彻"让学生学得了学得好，让教师教得了教得好"的编写原则，该教材采用了 16 开本形式，而且课文印刷只占版面的三分之一，上下左右都留有很大的空白，尤其课文旁边还印有精心设计的图表、符号和与课文相关的问题。这种编排体例充分体现了自学辅导式教学的特点，是一种十分有利于以学生自学为主的教学形式。

按自学辅导式教学要求，教科书应当是既供教师指导用，又供学生自学用，以学生自学用为主；既要指导教师教法，又要指导学生学法，以指导学生学法为主；还要为教师点拨，特别是要为学生自学提供思维契机、训练素材。这些正是这部教材的鲜明特点。这种特点使它具有通常情况下的教科书、教学参考书、教案、学生学习笔记和课堂作业等五重作用。一部教材，身兼五职，又省去了师生大量翻查的时间与麻烦，这在语文教材改革上是一个创造。

这部教材是教、学、做合一，以学生的学为主体的好教材。以学生自学为基点，以教师点拨为辅助，以评点法和比较法为主线，全面、科学地安排初中全部语文教学内容，并构建起完整扎实的听说读写训练序列，这对于教材编写也有一定的理论意义和实践指导意义。

《自学辅导课本》是一部综合性教材，也是一部培养自学能力的脚本。整部教材按年度和学期共分为 6 册，每册教材又分为必学课文和选学课文两种。由于内容序列不同，训练要求也不同。6 册教材，按教学内容、学年层级、学生生理和心理特点，构成了教学与训练的完整而科学的序列。例如，第一册前 13 课侧重教会学生看懂教材上的评点示范，后 17 课（从朱自清的《春》开始）则正式对学生进行单项或局部评点训练；第二册进行独立综合评点训练；第三册综合课文评点，并要求做笔记；第四、第五册，结合评点比较课文异同；第六册复习巩固，进一步提高。在教材编订中，狠抓学生自学能力培养，严格训练，也是《自学辅导课本》的突出特色。在每篇课文之前，都加进"学习要求"、"复习旧知识"和"辅导阅读"等项；在课文旁边还印有一定的辅读和指导学习的文章；在课文后面精心设计了各种各样的思考练习题。所有这一切，都是为中学生自学做好必要的铺垫，既有利于学生自学，又注意相机培养学生的各种语文能力。纵观全部教材,这部教材的辅读和指导工作做得还是比较好的。

八、东北语文教材建设

朱绍禹自编了九年制义务教育"六三制"初级中学实验课本。这套教材把现代语体文和文言文分开,不再重复文白混合编法,分别编成《现代语文》和《古代语文》两种课本,同时也不再是每学期一册,而是《现代语文》每学年一册,三个学年三册,《古代语文》一册,供三个学年使用。《古代语文》中的课文大体按从先秦到清末的时间顺序编排。

这套教材是以同一体裁为基准,同时兼顾内容的同一性。设计的每一单元,都是基于一种体裁,又尽可能使其内容相同或相近。比如《春》《海滨仲夏夜》《三峡之秋》《济南的冬天》《长安小巷的四季》这一单元,其体裁都是记叙文的写景文,内容都是关于季节的。

这套教材以技能为主,知识为辅。思考练习题分为四类(四级水平):感受性思考题,即能够从字面上初步感受课文意思的阅读思考(如这篇文章的大意是什么);理解性思考题,即能够概括、比较、论证课文并发现其内部关系的阅读思考(如这一主题为什么要用这样的情节来表达);评价性思考题,即能够对课文和作者做出个人结论的阅读思考(如作者的这个观点是正确的吗);创造性思考题,即能够发表超出课文之外的新见解的阅读思考(如:假如你是作者,你将怎样来结束这个故事)。教材编写过程中注重开放性的思维训练。

欧阳代娜从1979年开始进行语文教学整体改革,首先是抓语文教材的建设工作,从1979年的油印本到1982年的初版本,直至修订本《阅读》与《写作》,为探索语文教材序列化做出了贡献。对语文能力的训练,编者将听读训练与说写训练分开,形成了两条线索,各自为序,分别编写为《阅读》与《写作》两套教材。在《阅读》教材中,把语文能力结构与语文知识体系,按照由浅入深、由易到难、螺旋上升的原则,分解听读能力为48个训练点(听12个,读36个),分解语文知识为39个专题(语法16个,修辞2个,逻辑2个,文体基本常识19个),形成语文能力训练与基础知识传授两个序列。在《写作》教材中,分解写说能力为47个训练点(写29个,说18个),并把它们交叉排列,形成相互促进的两个训练序列。应该指出，这套课本对听读说写训练的序列安排，是比较细致而系统的。在 20 世纪 80 年代早期的实验课本中，这套教材为语文教材的序列化所做的探索是有积极意义的。

为实现"初中语文能力过关"的编辑意图，这套教材在语文能力训练上采取了一定的强化措施：一是加强阅读训练，增加课本的选文数；二是加强说写训练，不仅增量，而且保质；三是传授读书方法，培养自学能力，即设自学课文，通过"预习提纲"与"自学参考"，给学生以自学的知识与方法上的指导。此外，对做读书笔记与做资料卡片的训练，也都着眼于自学能力的培养。

九、钱理群、王尚文、曹文轩等主编的《新语文读本》

四十年的探索语文教材编写过程中，值得一提的还有 2001 年 3 月由广西教育出版社出版，钱理群、王尚文、曹文轩等主编的《新语文读本》。这套书按青少年不同年龄阶段心理成长发展的不同特征和需要进行编选，其立场、意趣、宗旨、格调以及编排方式都体现了它是不同于以往的全新的编写视角。入选的作品不是作为语言知识、阅读写作知识的例子，而是读者与古今中外优秀的思想家、文学家、科学家进行对话的桥梁。编写者希望通过这座桥梁，学生能够走出原先较为狭窄的精神洞穴，放眼世界文明的天光云影，领略中华民族的精神风采，从文本的言语中去倾听伟大心灵的搏动，感受言语世界的奥秘，同时打好语文和人文精神的底子。

参加丛书编写的除钱理群、王尚文、曹文轩外，还有华东师范大学王晓明、复旦大学附属中学黄玉峰、南京师范大学附属中学王栋生等。《新语文读本》融入了一批学者对中国语文教育的反省，沉淀着他们对中国语文发展方向的思考。

第三节　语文教材建设的发展趋势

纵观改革开放四十年来的中小学语文教材建设，波澜起伏中显现出清晰的流向，可以看到中小学语文教材建设明朗的发展走向。如教材编写理念的人本化，把学生的发展置于教材改革的中心地位，语文教材由以知识积累为取向，转到以促进学生发展为取向。教材编写内容的生活化，改变教材内容过于注重知识的现状，加强课程内容与学生生活及现代社会科技发展的联系，关注学生的学习兴趣和生活经验，实现教材的现代化和生活化。教材编写体系的多元化,改变传统教材的单一编排体系，突破传统教材"三大块"（记叙、说明、议论）结构的框架，出现了多种体系并存的新格局。如有的以语文能力为序，有的以语文知识为序，有的以读写训练兼及听说训练为序，也有的在读写听说训练的序列中包含文学史系统的文言文序列。

当代教材建设取得了辉煌的成绩，但是也存在教材编写不能适应时代变化的问题。此外，由于教材版本众多，竞争激烈，在教材选用上出现了恶意竞争等问题。为改变现状，进一步加强教材编写、审查和选用方面的改革，2016 年，由教育部组织编写的义务教育阶段语文教材开始在部分省市使用，2018 年全国统一铺开。

一、教材编写突破选文模式

当前教材编写的体系有多元化的发展趋势，教材编写从 20 世纪 90 年代的能力训练系列到新世纪的主题单元，大多是文选式体例。我国语文教科书的文选式体例，是沿用了近代语文教科书以来的一贯体例，即自 20 世纪初至今的全部语文教科书，无不是文章的集锦，这似乎已经定型化了。然而作为语文教材，这是最好的甚至是唯一的编写体例模式吗？对此有人提出了疑问，而且提出了取而代之的新体例："能否改变一下这种单一的模式？是否也可以考虑把编写语文教材的着眼点放在增强学生的语言表达能力上，大力加强语言实践活动，而课文知识则围绕为语言实践活动服务来编写。"[1]国外的语文教科书，有采取这种体例模式进行探索的。所以要正确处理好继承传统和改革创新的关系。毫无疑问，编写教材一定要继承传统经验，继承传统也就是尊重汉语文教学的规律。但是，传统毕竟是历史的积淀，我们应当根据今天的需要来考虑怎样正确对待前人的经验，要继承，更要发展。要发展，就要改革创新。改革创新是应当有理、有序、有度的，而像现在有些教材无视语文学科特点，花样翻新，自我放逐，是并无实效，不足为训的。

二、加强主流教材的研发

要编写主流教材，首先要保证有一支高水平的课程教材研究编写队伍，形成学术立足、科研先行、尊重知识、尊重人才的研究氛围。其次，要建立并不断完善一整套严谨、科学、高效、务实的教科书研究编写工作机制，虚心学习其他版本教材的长处和优点，克服自身教材中存在的问题，保证教材的高品质。最后，在教材建设的多元化时期，还要主动面向市场，适应市场，强化为一线教师服务，为学生服务，为基层服务的意识。

三、突破教材选用的机制

教科书的选用方式有教师选定、校长选定、合作选定、地方教育行政部门负责选定等方式。借鉴国外经验，从我国国情出发，语文教科书的选用可由县级教育主管部门决定，并征求地市乃至省教育主管部门的同意。要规范语文教材的选用，可成立由校长、教师、家长、社会有关人士参加的教材选用委员会，明确教材选用程序，制订教材选用标准，收集各方面准确、系统、真实的信息，客观地分析教材特色和适应性，为教材选用的决策提供依据，使教材的选用成为滚动发展的过程。

首先是需求分析，教科书选用应该确定统一性和匹配性这两类标准。从统一性标准出发，了解社会对语文教材的共同需要。从匹配性标准出发，

---

[1] 刘仁增. 建构"语用型"小学语文教材的思考与设想 [J]. 课程・教材・教法，2007（11）：20-24.

了解不同地区的学校、教师和学生的基本情况，把握地区间经济和文化发展的差异，学校的层次差异，学生的语文基础差异，甚至教师风格的差异，以便从不同风格、不同程度的语文教材中选用适合本地区、本学校的语文教材，真正做到因材施教。其次是搜集备选教材的静态和动态资料。静态资料搜集是指从教材本身搜集资料，如教材编写的背景及出版单位、编写队伍、编写原则、编写体系、编排体例、选文、知识结构体系、助读系统、图表系统、附录系统、印刷或制作的质量等。动态资料的搜集是指从各种影响教材的因素相互作用的过程去搜集反映教材质量的资料和数据，具体是指各种语文教材在试用和推广过程中的情况搜集。如学生语文成绩和语文素质的变化，语文教育专家和语文教师对教材提出的看法和改进意见，家长、学校、社会对语文教材的评论和反映，学生对语文教材的喜爱程度和使用方式，实际教学过程和教学方法与语文教材设计的差异等。最后是评价和选定语文教材。语文教材的选择应该坚持知识性、文化性、审美性、时代性、趣味性的原则，在坚持统一性的标准下，从知识性维度、思想文化维度、可读性维度、教学设计维度和制作质量维度等方面进行评价，然后整合各方面信息，将语文教材的风格特点、难易程度、适应情况与本地区学校的实际情况综合起来加以考察，科学审慎地选择出理想、合适的语文教材。

第四章　四十年阅读教学

　　20世纪80年代以来的四十年，我国语文教学界涌现出众多优秀教师，他们在阅读教学理论与实践方面做出了可贵的探索，形成宝贵的经验和理论。这一时期，名师涌现，流派众多，形成了百家争鸣、百花齐放的大好局面。

第一节　四十年阅读教学概说

20世纪80年代以来阅读教学改革主要分为两大块：一是聚焦课堂教学，二是聚焦阅读教材编制。在课堂阅读教学方面有重大影响的主要有于漪、钱梦龙、魏书生、宁鸿彬、蔡澄清、洪镇涛等；在阅读教材建设方面有影响的有颜振遥、洪宗礼、欧阳代娜、陆继椿等。

本章重点介绍课堂阅读教学流派与领军人物，阅读教材建设相关内容参见本书第三章。

一、阅读教学改革的背景

1980年前后的阅读教学改革大致有着如下背景：受凯洛夫教育学影响以及20世纪50年代盛行一时的"红领巾教学法"的影响，我国阅读教学一直存在着三个中心：教师中心，教科书中心，课堂教学中心。依据这三个中心形成的"讲读式阅读教学"在语文教学中占据主导地位。这种"讲读式阅读教学法"的主要表现形式就是教师对学生所学的文本做面面俱到的讲解：字、词、句、段、中心思想、写作特点、语言特色、作者简介、时代背景……教师将上述内容掰开揉碎讲授给学生。

叶圣陶、吕叔湘、张志公等人的语文教育思想也对当代阅读教学产生重大影响。例如，叶圣陶的语文工具论主张，"教是为了不教""教材无非是个例子"等，都成为这一时期阅读教学改革的重要理论依据。

二、阅读教学的基本特征

20世纪80年代以来阅读教学的基本特征可用三大关键词概括：学生主体、科学化、高效率。

（一）发挥学生主体性

阅读教学应当发挥学生的主体性，这一理念基本成为当时阅读教学改革先驱者的共识。

叶圣陶"教是为了不教"的主张成为当时阅读教学改革的基本原则，让学生自主阅读、学会阅读，培养学生的阅读能力成为这一时期阅读教学的主旋律，变"讲堂"为"学堂"，变"讲师"为"教练"是当年诸多教师的阅读教学理念。

于漪的情感驱动式阅读教学流派，钱梦龙的"三主四式"导读流派、魏书生的自主阅读教学流派、蔡澄清的"点拨式"阅读教学流派、洪镇涛的注重学生自主体验感受的"语感"阅读教学流派均是这一时期主张阅读教学发挥学生主体性的代表。

（二）注重教学科学化

1980 年之后我国陆续颁布了几部语文教学大纲，这些大纲都以语文教学内容的系列化追求为目标，试图建立起一套兼顾"基本知识、基础技能"的"双基"体系。

上海陆继椿"一课一得，得得相联"的"得得派"教学实验，试图"以写的能力为线索设计语文教学的新体系"，"探求语文教学的科学规律，改变语文教学无序可依的状况"[1]，是当时追求教学内容科学化的代表。虽然以写作为基点，但"一课一得"的理念也广泛而深刻地影响了阅读教学。欧阳代娜也在 1980 年前后通过实验研究阅读、写作教学序列[2]。

在阅读教学方法科学化方面的探索更是如火如荼。许多教师侧重于教法改革，在教学改革和教学探索中形成了独特的教学风格，创造了各具特色的理论。魏书生引管理思想入阅读教学，致力于提高学生自主、自治、自我管理的意识与能力；宁鸿彬将卡片作用发挥到极致，创造"卡片教学法"；洪宗礼的"引读"教学法旨在改变"以教师逐句讲解为主"的注入式阅读教学，形成让学生自己诵习课本为主的教学方法，为此他总结出扶读、激趣、设境、诵读、圈点、提要、自读、点拨、提示、读

---

［1］赵光敏. 得益于科学——评陆继椿的"双分"教学体系［J］. 语文教学通讯，1993（5）：2-6.

［2］李杏保. 顾黄初. 中国现代语文教育史［M］. 成都：四川教育出版社，2000：348-349.

议、置疑等十余种阅读教学方法[1];洪镇涛的语感教学总结出"八字教学法""四读法""七课型"等一系列阅读教学方法[2]。

章熊在探索阅读教学的科学性方面更是功不可没。[3]章熊确立了阅读教学的目标,探讨了阅读理解的层次,将阅读理解分为"复述""解释""评价""创造"四个层次,下一个层次包含上一个层次,组成递进的逻辑模式。他探讨了阅读的能力因素,认为阅读理解的能力因素包括"认读能力""筛选能力""阐释能力""组合、调整能力""扩展能力"。1980年,他首先提出了螺旋式上升的阅读训练形式:初中阶段训练包括"工具书的使用""语言练习""段落的阅读与分析""全文阅读"等;高中阶段包括"语言练习""阅读技巧训练""独立阅读训练"等。在大的项目之下,还有更为具体的训练内容。例如,初中阶段的"段落阅读与分析"部分,具体的训练内容有:(1)段落中心句或中心的判断;(2)段落内容的复述与推理;(3)段落结构的分析。

阅读教学对于效率的追求首先基于叶圣陶、吕叔湘的关于语文教学"少慢差费"的批评与反思。[4, 5]对于阅读教学效率的追求主要体现在两个方面:阅读思维、阅读速度。

1.研究思维规律,提升阅读效率

20世纪80年代心理学研究发展迅速,许多语文教师借助心理学研究成果探索培养阅读思维能力和提升阅读效率的有效途径。

章熊自1978年开始"发展语言的同时发展思维"实验研究,这一侧重于写作训练的研究对于阅读教学同样具有启发意义。宁鸿彬自1978年开始的五轮语文实验,基本以思维训练为核心内容,以思维能力培养为主要目标,以阅读教学为主要研究领域。洪宗礼的教学改革实验把语言训练与思维训练,写作训练与阅读训练紧密结合起来。[6]

[1]洪宗礼."引读"十法[J].扬州大学学报(人文社会科学版),1984(2):96-101.

[2]洪镇涛.洪镇涛语感教学实录[M].北京:开明出版社,2005.

[3]武玉鹏.章熊:语文教学科学化的坚定探索者[J].烟台师范学院学报(哲学社会科学版),2005(4):107-110.

[4]叶圣陶.叶圣陶语文教育论集[M].北京:教育科学出版社,1980.

[5]吕叔湘.吕叔湘论语文教学[M].济南:山东教育出版社,1987.

[6]李杏保.顾黄初.中国现代语文教育史[M].成都:四川教育出版社,2000:370.

2.研究阅读速度，提倡高效阅读

1980年以来，以追求高效为特征的快速阅读在理论与实践上均取得长足的发展。例如，四川绵阳师范学院晏茂心于1986年开始了历时8年的"初中生四级台阶速读训练法"教学实验；1987年，辽宁吕缜毅主编《快速阅读》作为教材开展实验；1988年，江苏东台师范学校开展速读教学实验，效果显著；上海潘意敏编著《速读方法与技巧》一书开展阅读教学改革。1984年，河南省成立快速阅读研究会。1988年，我国成立"中学语文高效率阅读研究中心"；1993年，中国阅读学研究会"快速阅读研究中心"成立[1]。其中的代表人物是北京市铁路第二中学程汉杰。

程汉杰经过十年研究解决了三个高效阅读教学方面的问题，即快速阅读训练、速读与精读相结合的训练、快速精读训练。[2]程汉杰的实验表明：通过高效阅读教学，学生的阅读效率明显地提高，理解能力也得到提高。高效阅读训练为摆脱语文教学"少慢差费"的被动局面找到一条可行的道路，以高效阅读为突破口，带动听、说、写的快速训练问题，从而使语文教学效率的提高看到了曙光。

[1]龚炼.汉语文快速阅读研究试探[D].北京：首都师范大学，2002：7.

[2]程汉杰.探索规律 提高效率——高效阅读的原理与方法简介[J].北京教育，1995（S2）：24-27.

第二节 四十年主要阅读教学思想

20世纪80年代以来，众多语文教师在阅读教学改革实践中不断探索，逐渐形成各自独特的教学风格，总结出各具特色的阅读教学理论，于漪、钱梦龙、魏书生、洪镇涛等就是其中的代表人物。

一、于漪为代表的情感阅读教学思想

于漪的阅读教学以全面育人为根本目标，以文道统一为主要特征。于漪对中国语文教育的意义不仅在于她的教学艺术，更在于她以自己的整个人生诠释了教育，或者说，她将自己的生命与语文教育融为了一体。

于漪对语文教育的影响，可以用这样的比喻加以阐释：类似于化学反应而非物理反应。于漪对语文教育所产生的影响不限于一招一式的技艺层面，而是深入语文教育内部的质的改变。

（一）阅读教学理念

于漪主张阅读教学以培育学生的健全人格为根本目的。在这一阅读教育目标指导下，于漪的情感阅读教学以学生能力培养为基本目标，以思维和语言训练为教学核心内容，以丰富的课内课外阅读活动为基本教学方式，充分体现出文道统一的特征。情感阅读教学旨在通过具体的听说读写的语文实践活动，融思想教育、情感教育、人文教育等因素于语文知识、能力的学习活动之中，充分实现教学与教育的和谐统一。

（二）阅读教学结构

于漪阅读教学在结构上具有显著的立体化特征，具体表现为如下三个方面。

第一，师生关系结构由单一维度转变为立体化结构。

以往的阅读教学，以教师、学生单向授受型为主要结构特征。于漪阅读教学结构则转换为教师与学生、学生与学生、学生与老师之间的三维网状模式。这种模式将教师讲解、学生聆听，教师提问、学生回答的双边对话转换为教师与学生、学生与学生、学生与老师的多边对话，充分发挥了教师与学生，学生与学生之间的相互作用，充分调动不同层次学生的学习积极性，形成科学的辐射式的教学网络。

第二，教学风格呈现立体多样化特性。

于漪阅读教学最大的特点是教无定法、教无定式、变化多姿。正如程红兵在《于漪语文课堂教学风格谱系研究》一文中所言，于漪的教学，可以称得上是多风格教学，她继承了传统教学中有生命的东西，也吸收改革中的新经验，特别是外国的有价值的东西。在教学实践上，她是多面手，有讲有练，善诱导，会指点，既注重教书，又注重育人；既强调感情教育，又不忽视思维训练。[1]

第三，教材逻辑结构与教学操作程序呈现网状立体化结构。

于漪阅读教学总是选择最佳结合点，使思想、知识、能力、智力等教学目标得到有效落实，达到情感与思想的融通，知识与能力的整合。她善于运用多种教学手段创设情境，使得阅读课堂成为一个充满情感的课堂，不仅包含师生对语文课的深情、激情、热情，而且更透着浓厚的人情味和浓郁的文化气息。

（三）阅读教学特色

1. 情感驱动教学

于漪的阅读教学被誉为情感阅读教学，她的阅读教学具有以情动人、声情并茂这一基本特色。但是情感对于于漪的阅读教学而言，不只是一种教学色彩，而是阅读教学的本源与基因，是其阅读教学的原动力。

于漪的阅读教学总是激情四射，其中很重要的一个原因就是于漪本身就是一个富有激情的教师。她对语文的钟情，对学生的热情，使她的课堂激情洋溢、情感饱满。可以说，于漪的人格素养与职业素养在阅读教学之中得到了和谐的统一。

2. 创设阅读情境

于漪主张阅读教学要有情感和趣味，要能够吸引学生产生孜孜不倦、锲而不舍的学习愿望，要促使学生兴趣的巩固和发展，最终形成语文能力，实现育人目标。为此，创设适宜学生学习的阅读情境就成为阅读教学的

[1] 程红兵. 于漪语文课堂教学风格谱系研究 [M] // 全国中语会青年教师研究中心. 于漪语文教育艺术研究. 济南：山东教育出版社，1999：165-177.

重要原则。

　　于漪善用满腔激情创设与阅读教学内容相应的学习情境，使学生产生身临其境之感，在具体教学中通过巧引、美读、情讲、激趣等方法使学生体验情、感受美、领略趣、领悟理。

　　于漪还善于通过优美而富有激情的语言吸引、熏陶、感染学生。她运用"美读"法，把学生引入如痴如醉的世界。"美读"即通过教师饱含情感的朗读去再造情境，使学生如临其境、如痴如醉。"情讲"则是通过教师饱满的激情，以感情充沛、绘声绘色的讲述吸引学生走进文本中的世界。

　　3. 注重语文活动

　　情感阅读教学固然有其浓烈的情感色彩，但是情感不是虚无缥缈的空中楼阁，而是建立在扎实的语文实践活动基础之上的。

　　于漪阅读教学常将讲、思、答、议、评有机结合，在熔铸启发式、导学式、自学式等有效模式之长而自成风格的基础上，善于启发诱导学生，让学生动脑、动口、动手，主动探索，积极参与读、写、听、说活动，在语文实践中增长才干，形成实实在在的语文能力。

　　为此，于漪在教学中设计开发出丰富多彩的语文活动形式。为促进学生听的能力的发展，她通过"单项定向训练""多项综合训练""检索信息训练"有效提高学生听的能力。为改变学生不愿开口的现象，她结合阅读教学，开展各项口头表达活动，由简而繁，逐步深入，确保人人讲、课课讲，有效破除学生不愿开口的局面，并且提炼出多种口语、阅读结合的教学类型：描述型、会话型、视讲型、辩论型、概括型、复述型等。

　　这些丰富的语文活动为学生阅读能力的提升营造了良好的学习环境。

　　4. 领略语言魅力

　　于漪认为，阅读教学必须使学生领略祖国语言文字的无限魅力。

　　首先，教学语言要优美动人。于漪注重锤炼自己的教学语言，以"出口成章、下笔成文"为奋斗目标，反复认真地推敲琢磨每句话、每个词，力求完美。她的教学语言因此具有"词采丰美、节奏鲜明、情感充沛、亲切生动"的特点。正如张定远所说，于漪在长期教学实践中逐步形成自己独特的教学艺术——寓教于情，声情并茂。她的教学语言生动亲切、词采丰美，语言节奏鲜明和谐，同时具有纯净严谨、富有逻辑性的显著特征。

其次，善于发掘文本语言之美。于漪的阅读教学充分展现了语言文字的魅力，让学生体会到文本蕴含的情和意，激发内在的学习情趣，在思想、品德、情操等方面受到陶冶。例如，在执教《荔枝蜜》时，课堂上学生就"颤"字提出疑问："我不禁一颤"的"颤"是身体上的还是心灵上的，作者为什么"颤"？教学中于漪进行了详细解答："颤"是心灵的颤动，并分别从"什么叫颤，为什么会颤，由颤又引出了什么"这几个方面分析，最终得出作者被蜜蜂感动，更是被劳动人民所感动的结论。[1]

二、钱梦龙为代表的导读式阅读教学思想

导读法系中学语文特级教师钱梦龙探索、总结的一种颇有成效的语文教学法，是一种引导学生主动学习，在学习过程中积极思考，从而锻炼自学能力的新型教学法。它既不同于以注入知识为主的教学法，又异于以谈话提问为主的教学法。[2]

（一）阅读教学理念

钱梦龙的"三主"阅读教学思想，深深地影响了一个时代语文教师的阅读教学观念，时至今日，这一教学理念依然散发着智慧的光芒。

1984年2月10日，钱梦龙在《光明日报》发表《主体、主导、主线》一文，系统地提出"以学生为主体，以教师为主导，以训练为主线"这一后来被称为"三主"的教学主张。这一主张在阅读教学领域影响较为深远，也被称为"三主式导读"教学。

"学生为主体"意味着阅读教学的主体是学生，是学生的阅读实践活动，出发点和目的也是学生，是为了学生的学习，是着眼于学生的"会学"。"教师为主导"是保证学生真正实现其主体地位的必要条件，着眼于教师的"善导"。教师的主导作用主要体现在教师设计、组织整个教学活动，例如，确定教学目的，安排教学过程、课堂结构，设计教学方法等；

---

[1]于漪.涌动生命的课堂［M］.太原：山西人民出版社，2011：96.
[2]朱智贤.心理学大词典［M］.北京：北京师范大学出版社，1989：888.

教师传授学生知识，启发学生求知，指导学生学习，鼓励、督促学生学习。"训练为主线"指的是在阅读教学过程中，作为主体的学生的阅读学习活动和作为引导者的教师的教学引导活动必须交汇于一个科学有效的训练系统之上。

导读法的提出，改变了以往阅读教学中教师讲授、学生聆受的单向授受的格局，也不同于片面主张"书读百遍、其意自见"的任由学生不断试误、暗中摸索的阅读教学观。

"三主式导读"的内涵清楚而确定。"导"，意指阅读教学过程中教师的作用在于指导、引导、辅导和因势利导；"读"，意指学生在教师指导下开展各种类型的阅读学习活动。

"三主式导读"理论是一个较为完整的理论体系。华东师范大学谭惟翰教授如是评价这一阅读教学观："如果把'学生为主体''教师为主导''训练为主线'这三个观点分开孤立地看，并不新鲜，但是把这三者紧密相连，使之成为有机的'三合一'，辩证地统一于一个完整的教学构思之中……其'首创权'应当是属于钱梦龙的。"[1]

（二）阅读教学结构

"三主"作为导读法的理论基础，还有赖于在课堂教学操作层面上得到落实和保证。

"三主式导读法"以"学生为主体，教师为主导，训练为主线"这一基本理念为依据，在阅读教学实践中概括提炼出四种基本的教学课型：自读课、教读课、作业课、复读课。

这四种基本课型，与"三主"共同组成语文导读法的整体框架。

1. 自读课

自读，就是学生自己的阅读实践。自读课充分体现了"学生为主体"的思想。在自读过程中，学生能够获得阅读体验，能够内化知识，形成能力。教前、教中、教后等不同阶段的自读具有不同的价值与意义。总之，学生的自读是阅读教学的前提和基础，也是阅读教学的基本课型。

---

[1] 钱梦龙. 关于教学观的对话——答《中学语文教学》杂志问 [J]. 中学语文教学，1998（2）：9-13.

（1）疏通式自读：训练学生疏通词句，理解文章大意。

（2）提要式自读：训练学生提纲挈领概括文章的能力。

（3）提示性自读：训练学生根据教师的提示深入理解课文的能力。

（4）质疑性自读：训练学生发现问题、提出问题的能力。

（5）评点式自读：训练学生对课文的深入理解能力和鉴赏能力。

（6）评论式自读：综合训练学生的阅读能力和表达能力。

2. 教读课

所谓教读，顾名思义，就是教学生读，教给学生自读之法。教是手段，读是目的，最后必须落实到学生的读上。因为自读并不等于任由学生随心所欲地自由阅读，所以自读必须与教师的指导有机结合。在实际操作上，教读常与自读结合进行。

关于教读的原则、方法和注意事项，钱梦龙提出如下主张。

教读的基本原则是能级相应，即教师的教要与学生阅读的自主能级相对应。

教读的基本方法是在学生阅读关键之处指点一下，不同于以往的讲授法和讲读法，教读不主张以教师滔滔不绝的讲述、讲解为主要方式向学生传授知识。为此钱梦龙总结出"四步读书法"引导学生学习阅读：第一步，整体感知，全面阅读课文；第二步，重点阅读，抓住重点句段去阅读；第三步，揣摩思路，发现作者的写作思路，理清文章层次结构；第四步，认识特点，引导学生自己总结提炼文章的写作方法。

教读课需要注意三个方面：（1）教读旨在激励、唤醒、鼓舞；（2）教读需要组织好教学过程，要选准突破口，确定聚焦点；（3）教读注重授之以法，随机点拨。

3. 作业课

作业课，是钱梦龙"训练为主体"这一阅读教学理念的具体形式和基本载体。

以往阅读教学中大多存在着作业设计随意、空泛、笼统等问题，这直接导致阅读教学的高耗低效。有鉴于此，钱梦龙总结出如下四种阅读作业类型。

（1）以积累知识为主的记诵式作业，主要形式为朗读、背读、抄读诗词和文章精彩片段。

（2）以消化知识为主的作业，主要有提问、改写等形式，有助于学生深入思考，理解消化所学知识。

（3）以应用知识为主的作业，主要为实践操作，训练学生灵活运用所学知识、举一反三的能力。

（4）评价性作业，包括鉴赏和批判，要求学生能够对文章的立意、构思以及表现方法写出自己的体会、看法。

4.复读课

阅读是一种能力，能力需要反复训练才能够获得并内化。因此，复读课就成为提高阅读能力的主要课型。钱梦龙在指导学生阅读时，经常按如下三种阅读目的组织学生开展复读活动：（1）知识归类；（2）比较异同；（3）求得规律。

复读可分为单篇课文的复读和单元复读。其中，单元复读在阅读教学中使用更为广泛，这种复读方法把学生学过的若干篇课文按单元或相似点重组，读读、比比、练习，促使学生温故知新。

钱梦龙曾用下图清晰地揭示"三主式"导读教学的内在逻辑体系。[1]

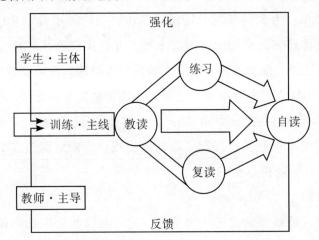

（三）阅读教学特色

1.以话题统筹阅读教学

阅读教学中教师的"满堂灌"逐渐受到冷落，取而代之以"满堂问"。

---

[1]钱梦龙.导读的艺术［M］.北京：人民教育出版社，1995：21.

但一旦阅读教学异化为一连串的提问与回答，阅读目的的实现与阅读能力的培养就会大打折扣。为改变这一现状，钱梦龙提出了"话题"概念，并以此统筹阅读教学全程。他的"三主"思想中的"主导"，首要的基础就是话题。话题能够营造课堂对话氛围，能够搭建思考与交流的平台，能够组织师生的对话过程。此外，通过对话题的解析可以训练学生的思维。

话题是阅读教学的基础。话题不同于问题，话题的范围更广泛，所包含内容更丰富，思考空间更大、更自由。钱梦龙经常根据学生提出的问题加以概括整理出话题，再根据这些话题分解出若干小问题以最终达成对话题的分析与理解。

对于话题，学生不需要追寻唯一的答案，围绕一个话题可以从不同的角度阐发出多种观点。师生互动不再是点对点，或一点对多点的单向问题式教学，而是散点式、立体化的网状教学。钱梦龙执教《最后一课》，最后设计一个话题：我和韩麦尔先生一样也是教本国语文的，你们猜猜看，我读了小说会有怎样的感想？这一话题为学生进一步深入解读文本提供了更为开阔的思维空间。执教《故乡》一文，钱梦龙将学生数百个提问整理成"一般疑问""回乡途中的'我'""闰土""杨二嫂""宏儿和水生""离乡途中的'我'""写景"等七个话题。

2. 以提问促进深度阅读

钱梦龙认为，阅读教学中存在许多"笨问"现象：问得过于简单，引不起学生思考的兴趣；问得过于艰涩，学生不知如何回答。更有甚者，有些毫无价值的连环问、满堂问等，常常充斥于教学过程。因此，教师要根据学生自读中所惑之处精心设计问题，或以一个大问题领起诸多小问题，或按教读顺序层层设问。问题提得好，犹如一颗石子投向平静的水面，能激起学生思维的浪花。为此，钱梦龙总结出如下几种提问方式：闲问、直问、曲问、追问。[1]

（1）闲问轻松随意，能够活跃气氛，拉近距离，激发学习兴趣。

（2）曲问是"问在此而意在彼"，学生需要拐一个弯才能找到答案。

（3）追问则以大问题领起小问题，紧抓文章关键，层层推进，逐步深入。

[1] 钱梦龙. 教师的价值［M］. 上海：华东师范大学出版社，2015：20-22.

钱梦龙的《愚公移山》课例就是问题设计的代表之作。请看其中的精彩追问与曲问[1]：

师：这篇文章共写了几个人？我们先来把他们列出来，大家一起说，我来写，好不好？

（学生们纷纷提出，最后形成一个人物表：愚公、其妻、其子孙、遗男、智叟）

师：我们先来熟悉一下这个人物表。大家说说看，这个老愚公有多大年纪了？

（学生纷纷答，有人说"九十岁"，有人说"九十不到"）

师：到底是九十，还是九十不到？

生：（齐声）不到。

师：不到？从哪里知道？

生："年且九十"，有个"且"字。

上述一个小小的教学片段，包含三个问题：写了几个人？愚公年龄多大？如何知其具体年龄？三个问题，逐层深入，很好地说明了追问的特点。课例中有关"其妻""遗男"的曲问，同样令人赞叹。

师：那么，这个年纪小小的孩子跟老愚公一起去移山，他爸爸肯让他去吗？

（生一时不能回答，稍一思索，七嘴八舌地："他没有爸爸！"）

师：你们怎么知道？

生：他是寡妇的儿子。"孀"就是寡妇。

师：对！"遗男"是什么意思？

生：（齐声）孤儿。

师：对了，这个孩子死了爸爸，只有妈妈。

总之，在阅读教学中，话题营造了对话的氛围，搭建了交流的平台，明确了研讨的范围。各种精心设计的问题组织了课堂活动，调控着话题的发展，让阅读学习活动得以有序、有效地进行。

---

[1] 钱梦龙. 教师的价值 [M]. 上海：华东师范大学出版社，2015：20-22.

三、魏书生为代表的管理型阅读教学思想

在阅读教学领域，魏书生针对阅读教学存在的"少慢差费"现象，聚焦如何提高语文教学效率，借助企业管理思维，对阅读教学系统中的人（师生）、事（阅读活动）、物（阅读知识）等各种要素进行统筹优化。

魏书生以科学、民主为主线，通过对阅读知识、阅读流程的量化、明晰化管理与奖惩激励等改革，充分调动学生的自主性，让学生自主学习，自主管理，对阅读教学的科学化展开了革命性的实践与探索。

王荣生教授在《魏书生语文教学思想的学理阐释》一文指出，魏书生语文教学（阅读教学）的特点是"将管理扩充为教学"。魏书生的课堂教学具有突出的课堂管理特征，或者说，魏书生的阅读教学一大特色就是将管理转变为一种独特的阅读教学流程与方式。

（一）阅读教学基本理念

魏书生基于管理学的阅读教学体系主要有如下基本理念。

1. 效率至上

为确保阅读教学效果的最优化，魏书生对阅读教学系统进行了全面改革。在教材建设方面，他通过整合教材内容、梳理教材知识体系（例如画语文知识树）、引入课外文本等方式几乎重构了整个阅读教材。阅读教学过程方面，为达到阅读教学过程的最优化，总结出"六步阅读教学法""四遍八步"读书法等，既引导学生掌握阅读方法，也制订阅读教学流程与制度。而精细化评价制度的建立，则使得以往流于玄妙飘忽的语文阅读教学具备了可量化评估的可能性。

2. 自主管理

魏书生阅读教学的主要特色就是突出管理色彩，通过一系列科学化、制度化的管理使得阅读教学能够落到实处，获得效益。他特别重视培养学生的自主学习能力和自我教育、自我管理能力。首先，为培训学生的自主学习能力，魏书生总结出一系列语文学习的方法，如自学整册教材的方法、自学一类文章的方法、自学一篇文章的方法、划分文章层次的方法以及归纳中心思想的方法等。其次，为培养学生的自主学习和自我教育、自我管理能力，制订了一系列规则来规范学生学习中的行动，他

将这些规则划分为三个方面：（1）计划系统。将学生学习活动具体量化为如下六类——每天必须做的六件事，每天按学号轮流做的三件事，每周做一次的三件事，每学期做一次的九件事，不定期的六件事，与语文教学相渗透的七件事。（2）监督检查系统。自检、互检、班干部检查、班集体检查、语文教师抽查。（3）反馈系统。个别讨论反馈、班干部反馈、家长反馈。

由此看来，魏书生的阅读教学实质上并不限于阅读教学本身，还包括了育人功能，意在培养学生的自我教育、自我管理能力。学生自主管理意识与能力的提高，又能够进一步促进学生阅读效率和阅读能力的提升。

3. 知识系统化、明晰化

阅读教学科学化、专业化的一个显著特征就是阅读知识的生产开发。合宜的阅读知识能够使得以往"暗中摸索"的试误型阅读学习转变为"明里研修"的指导型阅读学习，使得阅读教学效益大为提升。

魏书生最为著名的"语文知识树"就是在语文（阅读）知识的系列化、体系化方面所做的有价值的探索，目的在于教给学生一些类似于定理、公式的知识，让学生应用于阅读文章，提高阅读能力。

（二）阅读教学结构

魏书生的阅读教学结构主要由"教"与"学"两个维度交织而成，具体表现为"六步阅读教学法"和"四遍八步"读书法。

1. "六步阅读教学法"

"六步阅读教学法"即定向、自学、讨论、答疑、自测、自结等六个教学环节，是魏书生阅读教学的常用方法。

（1）定向。明确教学目的、要求，确定重点难点。

（2）自学。学生根据目标，自己钻研课文，独立思考，解决问题。避免教师代替学生学习。

（3）讨论。将自学中没有解决的问题拿出来，分组或全班讨论，借助团队力量互相启发。

（4）答疑。未能解决的问题，可由教师解答，也可由学生在教师指导下解答。

（5）自测。根据"定向"提出要求，学生自我测试，或相互测试，当堂评分，了解进展情况。

（6）自结。总结阅读得失，反馈信息，评估阅读效率。

2."四遍八步"读书法

如果说，"六步阅读教学法"侧重引导教师的阅读教学，那么，"四遍八步"读书法则是侧重对学生阅读学习的引导。"四遍"，就是一篇文章看四次；"八步"，就是完成八项任务。具体方法如下：

第一遍，跳读。完成两步任务：（1）识记作者及文章梗概。（2）识记主要人、事、物或观点。应达到每分钟读完 1500 字的速度。

第二遍，速读。完成第三、四步任务：（3）复述内容。（4）理清结构层次。每分钟要读完 1000 字。

第三遍，细读。完成第五、第六、第七步任务:（5）理解并掌握字、词、句。(6)圈点摘要重要部分。(7)归纳中心思想。读的速度一般与朗诵相同，每分钟 200 字。

第四遍，精读。完成第八步任务：（8）分析文章写作特色。

（三）阅读教学特色

1.民主化：商量

在魏书生有关阅读教学的经验介绍中有一个高频词语：商量。举凡制订教学计划、改革教学方法、布置课外作业，要商量；确定教学内容，选择阅读方法，甚至上观摩课，也要和学生商量，如临时用举手表决的方式决定所上的篇目。

商量在魏书生阅读教学乃至语文教育系统中已经成为一个鲜明的特色，是一个承载了师生平等意识和现代人文精神的核心教育观念。

2.科学化:语文知识树[1]

魏书生在构建其阅读教学内容体系过程中，始终有一明确的目的：寻找清晰的教学知识脉络，为学生顺利开展语文学习活动绘制一张"地图"。他带领学生将初中六册语文教材中的语文知识加以集中整理，绘制了一张清晰的有关语文知识的树式结构图——"语文知识树"。

第一层级:知识树主干部分，将语文知识分为 4 大部分——基础知识、

---

[1]魏书生."语文知识树"［J］.江苏教育，1984（17）：28.

文言文、文学常识、阅读与写作。

第二层级：依据4大主干内容进一步细分为约20个知识支干。

基础知识：包括语音、文字、词汇、句子、语法、修辞、逻辑、标点八个方面。

文言文知识：包括字、实词、虚词、句式四个方面。

文学常识：包括古代、现代、当代、外国四个方面。

阅读和写作知识：包括中心、选材、结构、表达、语言、体裁六个方面。

第三层级：依据第二层级支干知识再进一步细分，可确定约130个知识点。

从阅读教学的领域看，第二层级中阅读知识部分中的中心、选材、结构、表达、语言、体裁可以再往下细分，每个方面还包括若干小知识点，越往下越具体，知识点越明确。（1）选材：生动、典型、围绕中心、新颖、真实。（2）表达：抒情、议论、记叙、描写、说明。（3）体裁：剧本、诗歌、小说、散文、应用文、说明文、议论文、记叙文。（4）中心：鲜明、正确、集中、深刻。（5）结构：层次、开头、过渡、段落、结尾、照应。（6）语言：准确、生动、简练、通顺。

这张语文知识结构图，就像一张地图，能够帮助学生在阅读学习过程中明确方向、有所凭借。

3. 角色转换

魏书生阅读教学的一大特色就是让学生扮演教师的角色。他始终注重引导学生进入教师的角色去备课、讲课，引导全班学生都进入教师的角色，如面对一篇新课文，设计教案，思考自己应如何去讲课。魏书生通过让学生扮演角色，每天按学号做六步课堂教学法，让学生出试卷组织考试等法子，将语文教师的阅读方式与路径明了而有效地"移交"给了学生。转换角色的方式激发了学生的学习兴趣，提高了学习责任感，增强了学习信心。

魏书生的阅读课大致有四种类型：（1）激发兴趣课（例如朗读课外读物的课）；（2）建立规则课（教导学生纳入"法制"轨道的课）；（3）提炼方法、知识课（魏书生称之为"交钥匙"课）；（4）自读演练课（引导学生运用教师介绍的阅读方法解决阅读问题，培养阅读能力）。

当然，由于时代所限，魏书生所开发的相关阅读方法具有明显的个人化特点，他所介绍的阅读知识与阅读方法在今天看来存在可商榷之处，有些知识在学理层面还有待于进一步论证。但是，魏书生阅读教学的方向却充满了改革意识，其思路与方式对于今天的阅读教学研究与实践都具有重要的参考价值。

四、洪镇涛为代表的语感阅读教学思想

语感阅读教学以学习语言为核心，致力于培养学生的语言运用能力，在阅读教学过程中倡导自学，着重训练，让学生积极主动地参与阅读教学过程。语文特级教师洪镇涛是语感阅读教学的代表人物。

洪镇涛认为，语文课区别于其他课程的本质性特点之一，就是对于语言的学习，为此他提出，将学习语言确定为阅读教学的根本任务，强调阅读教学"必须要抓住语言学习的根本"，必须"遵循语言运用规律"，并总结提炼出语感教学的两个理念、一个原则。两个理念：阅读教学应该是学生学习阅读的学堂，阅读教学的核心目标是指导学生学习语言。一个原则指的是语感实践与语感分析并重。在此基础上，洪镇涛进一步总结形成了一整套学习语言的体系、方法和途径。

语感阅读教学主张一改以往阅读教学将研究语言作为教学目标的做法，将组织学生学习运用语言，引导学生直接从语言材料中感受和积累作为阅读教学的目标与策略。这对于语文阅读教学研究与实践具有重要的导向作用。

（一）阅读教学理念

1.学习语言的内涵

组织、指导学生学习语言，培养学生正确理解和运用祖国语言文字的能力，提高学生的语言和文化素养，这是阅读教学的根本任务。

学习语言不是研究语言，不是解释语言，阅读教学要变研究语言为学习语言，学习语言运用。因此，中小学生语言学习的重点就不是语言学理论，而是学习语言的成品。具体到阅读教学领域，就是将以往以分析教材为主的阅读教学转变为组织、指导学生学习语言的阅读教学。

总之，培养感知、理解书面语的语感能力不能简单地通过教师的讲

解传授，必须依赖学生自身的阅读实践，需要学生阅读大量文章。

2. 学习语言的路径

研究语言属于分析思维，其学习路径主要为分析、归纳和比较，主要是运用概念、推理等理性思维分析。学习语言属于实践运用范畴，主要学习路径是借助直觉思维，通过大量的感受、体验、领悟、积累运用，不断培养学生的语感能力。

具体的途径是感受语言、触发语感—品味语言、领悟语感—实践语言、习得语感—积累语言、积淀语感。其中，感受、体验，是学生进行语言学习的先决条件；领悟，是语言学习过程中最重要的组成部分之一，也是学生学好语言的关键；积累，是学习语言的基础；运用，则是学习语言的最终目的。

3. 阅读教学"三变"原则

为实现学习语言运用这一核心目标，在阅读教学领域，洪镇涛提出了"三变"阅读教学原则：变"全盘授予"为"拈精摘要"，变"滔滔讲说"为"以讲导学"，变"默默聆受"为"研讨求索"。

阅读教学课堂必须变"讲堂"为"学堂"，阅读教学设计必须变"讲本"为"学本"。"变讲堂为学堂"这一阅读观念的提出，将以往阅读教学中以教师讲授为主的做法转变为教师指导下的学生自学，学生成为阅读教学的主体。

（二）阅读教学结构

1. 三大阅读教学战略

洪镇涛语感阅读教学体系，有一个宏观阅读教学战略，概括表述为"高起点""选精品""吞下去"。

所谓"高起点"，就是阅读内容应该与学生的实际语言能力、思维能力、智力水平以及求知愿望相适应，应该达到一个合理的高度。所谓"选精品"，即提高阅读材料的语言水平和文化内涵，用古今中外的语言精品之作哺育学生，精美散文、长篇诗词赋文等古今典范名篇均可以是学生阅读学习的素材。所谓"吞下去"，则是一个形象的说法，指在学生最佳学习时期，把精品语言成句、成段、成篇地一一熟读背诵，并不要求透彻理解，只是让学生把这些"精粹语言食粮"全部吞下去并逐步消化吸收。

2.“三主一副”阅读教学体系

这一阅读教学体系在由洪镇涛主编的系列语文教材（开明出版社出版）中得到阐释。“三主一副”由三条主线、一条副线构成。第一条主线，通过诵读本学习精粹语言；第二条主线，通过阅读本学习目标语言；第三条主线，通过说写本学习伙伴语言；一条副线是通过知识训练本学习相关语文知识，训练语感能力。

在学习语言这一核心目标统领下，四条学习线同步开展，平行推进，共同编织一张语文学习的立体网络。其中，阅读教学在系统中占据主要分量，诵读、阅读及知识训练三条学习线均属于阅读领域。

3.“五阶段”课堂教学结构

为确保学生能够参与阅读教学的全过程，洪镇涛建立了以自学为主的阅读课堂教学结构。该结构以教师指导下的学生自学为主要方式，以阅读活动为主要内容，以语言和思维训练为主，包括以下五个阶段：（1）提示、设问阶段；（2）阅读、思考阶段；（3）讨论、切磋阶段；（4）归纳、总结阶段；（5）阅读训练阶段。

（三）阅读教学特色

1.八字教学法[1]

阅读教学应该有哪些方法呢？如何才能在操作上“得法”呢？洪镇涛提出了阅读教学八字法，这八字方法有助于实现学习语言、培养语感的阅读教学目标。具体内容如下。

（1）拈：拈出课文的精华、精要、精粹，抓住课文的重点、难点、特点。

（2）讲：少讲、精讲，运用提示性、释疑性、补充性讲解帮助学生阅读，但不能用教师的讲取代学生的学。

（3）点：指点，点染，掌握学生心理，画龙点睛，使学生茅塞顿开。

（4）拨：拨窍，打开学生心灵窗扉，利用学生已有知识加以迁移，促进对问题的正确理解。

（5）逗：挑逗，激励学生生疑、质疑，释疑、解疑，让学生“自找麻烦”，

---

[1] 韦志成.试论洪镇涛语文教学效应［J］.武汉教育学院学报，1997（1）：94-102.

又自行解决。

（6）引：引导，给学生学习导航引路，教师"举一"，学生"反三"，让学生触类旁通。

（7）合：综合，综合字词句篇基础知识，综合读写听说基本技能训练、单项与综合训练。

（8）读：诵读，反复诵读课文，涵泳体察，达于理解。

2.语感教学七大策略

学生的语感具体表现为学生对于语言文字的三类感觉：分寸感、和谐感与情味感。如何让学生习得良好的语感，洪镇涛总结出七大基本教学策略，即对原文的语言材料"加一加""减一减""换一换""调一调""联一联""改一改""读一读"。

运用这些策略，可以充分让学生体味所读文本的妙处，从而提高学生的语言素养。这些策略在实际教学过程中能极大调动学生学习的积极主动性，最大限度实现教学目标。

以《乡愁》教学实录为例说明洪镇涛阅读教学的主要特色[1]。

步骤一：理解诗歌结构。洪老师先提问："这首诗一共有四个小节，大家觉得它们之间的顺序能够改变吗？"通过分析，引导学生们得出结论：诗歌是按照诗人人生经验的时间顺序和感情发展变化的顺序来写的，不能调换。

步骤二：品味诗歌语言。洪老师引导学生讨论："第四节中'乡愁是一湾浅浅的海峡'，我觉得'浅浅的'用得不好，我想改为'深深的'，好吗？"这里运用了"换一换"策略，让学生体会到"浅浅"二字包含了一道海峡空间距离不大、地理隔阂有限，却因为人为阻隔而难以跨越的悲伤之情。

步骤三：体会诗歌表达手法。教师改写一节的诗句，要求学生与原文进行对比。

"我总觉得这首诗表达的意思较为含糊，诗人内心的思想没有明确地表达出来，我改写一下，大家评一评怎样：

---

［1］洪镇涛.《乡愁》教学实录［J］.中学语文教学，2007（1）：25–27.

"小时候，乡愁是对母亲的思念，我在这头，母亲在那头

"长大后，乡愁是对爱人的恋挂，我在这头，新娘在那头

"后来啊，乡愁是对亲人的哀悼，我在坟墓外头，母亲在坟墓里头

"而现在，乡愁是对祖国统一的渴望，我在这头，大陆在那头"

这一步骤着重引导学生体会诗歌表情达意的特点，那就是诗歌语言表达应该含蓄形象化，如此感情更加丰富细腻。

3. 语感阅读教学流程[1]

为充分达成学习语言的阅读教学目标，洪镇涛系统建构了"四步四法七课型"阅读教学流程。

"四步"指语感教学的四个环节。第一步，感受语言，触发语感。学生通过听、看、读、说等途径，整体感受语言材料。第二步，品味语言，领悟语感。教师在阅读材料中拈出语感因素突出的部分，指导学生从语言运用的角度，借助语言知识、生活体验，深入品味语言。第三步，实践语言，习得语感。指导学生朗读重点段落、交流感悟心得、撰写语感随笔、完成有关揣摩语言的练习等实践活动，通过这些活动不断习得语感。第四步，积累语言，积淀语感。要求学生背诵有关课文，抄写精彩语句，最终形成良好的语感。

"四法"指的是语感教学四种方法：美读感染法、比较揣摩法、语境创设法、切己体察法。这"四法"始终围绕培养语感这一中心，始终遵循指导学生自学这一原则，始终为了学习语言这一目的。在"四法"中，"读"是阅读教学基础，"比较揣摩"和"语境创设"旨在促进学生品味语言产生语感，"切己体察"则可帮助学生揣摩语言养成语感。

语感教学七种课型指的是语言自读涵泳课、语言鉴赏陶冶课、语言教读品味课、书面语言实践课、口头语实践课、语言基础训练课、语言能力测评课。七种课型相对独立又互相渗透，在实际运用中可灵活处理，与"四步""四法"交相呼应，共同培育学生良好的语感。

---

[1] 洪镇涛. 洪镇涛语感教学实录 [M]. 北京：开明出版社，2005：213.

第三节　四十年阅读教学改革的热点

1980 年前后开始的语文教学改革，给阅读教学带来了巨大而深刻的变化。众多语文名师各抒性灵、各有侧重，对阅读教学展开了全方位的改革。他们或注重情意，或讲求导读，或强调点拨，或提倡大语文，或追求阅读效益，真可谓各具个性，精彩纷呈。

一、段力佩的阅读教学改革

段力佩在上海育才中学担任校长近半个世纪。在 20 世纪 60 年代中期和 80 年代中期，段力佩在育才中学领导了两次著名的教学改革，从此"育才经验"在上海乃至全国产生重大影响。其中，与阅读教学关系密切的改革如下。

1. "茶馆式"教学

1979 年 2 月，段力佩发表《有领导的"茶馆式"的教学形式——读读、议议、练练、讲讲》，正式提出了"茶馆式"教学。这一教学主张可用八个字加以概括——读读、议议、练练、讲讲，被称为"茶馆式"教学的"八字教学法"。

"茶馆式"教学建构了课堂教学的基本程序——先学后教。对于阅读教学而言，"八字教学法"具有特殊意义，成为阅读教学的基本流程。这一流程有助于改变教师"满堂灌""满堂问"的现象，有利于变"讲堂"为"学堂"。读读，是引导学生自己读书；议议，是学生的相互议论，主动探讨；练练，则使学生自己将所学知识应用到实践中去；讲讲，则是教师的点拨、解惑、小结或总结。其中，读是基础，议是关键，练是应用，讲则少而精地贯穿于教学的始终。在这样的阅读课堂结构中，学生在阅读中的学的活动成为课堂主体，教师教的活动则成为支撑学生学习的必要条件之一。正如段力佩所说："教师的作用，首先应该千方百计地引导学生自己去阅读课文，在阅读中遇到困难的时候，让学生相互议论，相互帮助，经过学生的切磋琢磨，还不能解决问题的时候，教师再加以帮助、解惑。惑到底解了没有呢？可以引导学生通过练习、解题来进一步搞清教材内容。在这个基础上，如果还有疑难问题，教师再予以引导、解惑。"[1]

在"八字教学法"中，议议是核心。对于议的内涵，可以从不同维度、不同层次加以理解。从对象看，议可以是学生与学生的对话，学生与教师的对话，可以是学生与自己的对话，甚至也可以是学生与文本的对话（例如圈点批注）；从形式看，议又是个体与个体，个体与群体，群体与群体的对话。由此看来，议作为一种教学对话，确实是阅读教学的主要形式和精髓所在。

2. 整本书阅读

段力佩对上海育才学校的课程设置、教材、课时安排等方面都进行了改革。其中，对于语文（主要在阅读方面）的改革力度尤其突出。[2]

初一：上学期，《西游记》选讲二十回，同时带动课外阅读八十回；下学期，《水浒传》选讲二十三回，同时带动课外阅读七十七回。

初二：上学期，选讲《镜花缘》《老残游记》；下学期，选讲《儒林外史》。

初三：上学期，讲读《红楼梦》；下学期，教《三国演义》。

高一：读《史记》，以列传为主。

高二：上学期，选读诸子百家的短小精悍的"策论"，其中包括古代自然科学方面的著作；下学期，选读历史背景较鲜明的长"策论"。

高三：上学期讲读哲学性的古典论文，从《庄子》《孟子》开始，直到近代汉译西方名著《天演论》；下学期，重在语法、修辞、逻辑知识的总复习。

上述内容显然属于语文阅读课程设置上的重大变革。其最大价值在于突破了以往语文阅读课程和教材以单篇课文为主的文选式教材类型，同时为后来中学语文教学界所大力倡导的"整本书阅读"潮流奠定了坚实的实践基础。

3. "一次多篇"阅读教学

段力佩的教学改革在阅读教学领域中的另一个成果就是"一次多篇"阅读教学法。

---

[1] 段力佩. 段力佩教育文集 [M]. 上海：上海教育出版社，1982：71.
[2] 段力佩. 段力佩教育文集 [M]. 上海：上海教育出版社，1982：81.

所谓"一次多篇",就是指在一节课内,教师选择内容或者主题相似的三到五篇文章让学生来阅读和探讨,从中找出重要的字词句,同时把几篇文章的重要的字词句进行比较。运用"一次多篇"教学法主要有几种方式:一是所选文章在体裁、内容和主题思想方面相同或相似;二是文章的体裁相同,但内容和主题思想不相同;三是文章的体裁不同,但内容和主题思想相似。

总之,"一次多篇"阅读教学法对于培养学生的阅读理解和欣赏能力,扩大学生阅读面,增加阅读量都有积极意义。同时,这一教学法还引领了中国阅读教学改革潮流,例如,当前语文教学界所大力提倡的"比较阅读法""群文阅读""海量阅读"等主张均可溯源于此。

二、宁鸿彬的系列阅读教学改革

1. 宁鸿彬语文教改系列实验

1978~1995 年,北京市第八十中学的宁鸿彬连续进行了六轮语文教改实验。每一轮实验围绕一个核心目标,尝试用各个击破的办法实现语文教学改革的整体目标。

首轮实验(1978~1981)目标是初中语文过关,尝试在初中阶段完成初、高中六年语文学习的全部任务,途径是加强"双基"(语文基础知识和基本技能)教学。这轮实验单纯追求教学进度,总体上设计与实施均有可商榷处。但本轮实验他所设计的"一粗(第一遍粗读)、二细、三精、四记""现代文自读程序"初步勾勒了阅读教学的基本框架。

第二轮实验(1981~1984)课题:教会学生学习语文。实验目标:摆脱传统的教学模式,探索新的课文教学程序。本轮实验在阅读教学方面的贡献是提出了"五步教学法"。

第三轮实验(1984~1986)课题:减轻学生负担,提高教学质量。实验目标:探索语文教学怎样培养开拓性人才。主要成果:开发出系列教材,帮助学生掌握系统化语文知识,进行语文能力训练及课外阅读,提炼出指导课、探索课、实践课等多种课型。

第四轮实验(1986~1989)研究重点:发展学生的创造性思维。

第五轮实验(1989~1992)课题:语文教学中的世界观、方法论教育。

实验目标：培养学生思维的深刻性。

第六轮实验（1992~1995）课题：中学语文的阅读教学。实验目标：培养学生的阅读能力。聚焦培养学生理解句子的能力、段落教学、讲读课教学三大领域开展研究。

2.宁鸿彬阅读教学目标与结构改革

宁鸿彬阅读教学体系，大致可从教学目标、教学结构、教学方法几个维度加以阐述。

阅读教学目标：培养学生的阅读能力。宁鸿彬认为在阅读教学过程中，文章要由学生自己读懂，疑问要由学生自己提出，问题要由学生自己分析解决，知识要由学生自己发现，规律要由学生自己找到。[1]实现这一目标的关键路径在于以思维训练为核心，提高学生处理信息的能力，培育学生的创造性思维，培育学生的思维品质。教师应该致力于教会学生在阅读过程中发现问题、提出问题、分析研究问题，从课文中提取出具有规律性的语文知识。为此，宁鸿彬教给学生的阅读现代文的方法有质疑、比较、判断等。

阅读教学结构：为实现上述目标，他提出了"通读—质疑—理解—概括—实践"五步阅读教学程序。这一程序包含四个基本的环节：认真读书，提出问题；分析研究，解决问题；归纳总结，掌握知识；加强练习，运用知识。

阅读教学基本内容：词语教学、课文感知、分析理解课文、学法指导和创造性思维训练等方面。

3.宁鸿彬阅读教学主问题的设计艺术

宁鸿彬善于设计阅读教学主问题，通过精心设计的一个核心问题支撑起学生的整个阅读学习过程。仅仅在文章标题方面，就提炼出主问题设计的如下模式：另拟标题、评论标题、添加式拟题、加副标题。主问题设计为提高阅读教学的有效性与可操作性提供了保障。

---

[1]宁鸿彬.面向未来，改革语文教学［M］.北京：光明日报出版社，1989：185.

三、蔡澄清的"点拨式"阅读教学改革

蔡澄清，安徽芜湖市第一中学副校长、语文特级教师，中学语文"点拨教学法"创始人。

1.点拨教学要义[1]

蔡澄清认为：教学之道无它，求其善导而已矣，善导者，相机诱导，适时点拨也。"点"就是在学生学习遇到障碍时，予以指导，即画龙点睛；"拨"就是消解障碍。

在阅读教学领域，点拨法的关键是画龙点睛和排除障碍。所谓画龙点睛，就是在阅读教学中，要抓重点，切中要害。点睛，点的是文章的"文眼"，即抓住关键词、关键句，以便更深入透彻地理解文章，达到事半功倍的效果。排除障碍，则是教师指点学生消解在阅读学习中的知识障碍、心理障碍和思维障碍。点拨法强调多障碍排除。学生语文学习和能力发展的障碍是多种多样的，主要有三种：一是知识障碍，二是思维障碍，三是心理障碍。点拨怎样操作才真正有效？首先要问问自己对学生学习语文的多种障碍有没有了解详明、把握准确。障碍摸透了，点才能点在要害处，拨才能拨在障碍中。障碍——消解，学习便自然步步进入坦途。

点拨理论，从宏观上看，是一种阅读教学思想，它以充分尊重学生的主体性为基本前提；从中观上看，是一种阅读教学方法论，是教法与学法的综合体系；从微观上看，是一种阅读教学的技巧与方法。

2.点拨式阅读教学操作体系[2]

实施点拨教学的全过程共分六步，大致可以概括为三个阶段：

●准备阶段：（1）吃透两头，摸清障碍；（2）认清方向，选准突破口。

●实施阶段：（3）相机诱导，适时点拨；（4）讨论交流，理解消化；（5）双向反馈，总结提高。

●发展阶段：（6）迁移训练，举一反三。

准备阶段，主要是教师备课，钻研教材，了解学生，搞好教学设计，

---

［1］蔡澄清.重在点拨［J］.语文教学通讯，1982（2）：27-29.

［2］蔡澄清.简论语文点拨教学法的要义与操作［J］.课程·教材·教法，1997（12）：26-30.

准备实施点拨。实施阶段，主要是在教师的引导下组织学生自学，在自学过程中教师相机诱导，适时点拨，帮助学生消化教材，掌握知识，培养能力，这是点拨教学的主要阶段。发展阶段，是在前几步基础上主要用"举一反三"的点拨方式，引导学生进行迁移练习，以拓展知识，发展能力，达到"闻一知十"的目的。

上述三个阶段构成了一个完整的点拨教学过程。"三阶六步"点拨教学法在阅读教学领域最大的价值在于从僵化的程式转变为灵活的点拨。

首先，以往阅读教学往往存在教学"八股"模式，即从作者介绍到时代背景、词语解释、段落大意、中心思想、写作特点的一整套机械统一模式。点拨教学则突出强调因材施教，灵活多变。

其次，以往阅读教学往往面面俱到、巨细无遗，而点拨教学法则主张"当点则点，当拨则拨"，能够根据学生实际，聚焦少数关键问题，采取重点突破方式实现阅读教学目标。

最后，点拨式阅读教学法体现为多向交流的信息交流方式，既不同于以往阅读教学串讲法的单向交流，也有别于导读法的双向交流，它要求实现教师与学生、学生与学生之间的多向交流，即实现师生之间的相互点拨和彼此辐射，这是一种辐射性的立体化多向交流。

3. 点拨式阅读教学基本课型与基本教学法[1]

点拨式阅读教学有如下五类基本课型：

（1）导入性点拨：通过某种点拨，引导学生主动快速自读全文，把握基本信息，了解中心内容，即初读、概览——整体感知。

（2）研究性点拨：通过多种点拨，引导学生分段仔细阅读课文，对课文内容条分缕析，分项研究，整理归类，即细读、分析——全面理解。

（3）鉴赏性点拨：通过多种点拨，引导学生精读某些重点句段，深入探究它的内容特点和艺术特色，欣赏它的写作技巧与语言艺术，即精读、赏析——重点钻研。

（4）反馈性点拨：通过某种点拨，引导学生快速复读课文，回答问题，反馈信息，并就课文内容进行归纳小结，即复读、总结——巩固提高。

[1] 蔡澄清. 简论语文点拨教学法的要义与操作 [J]. 课程·教材·教法，1997（12）：26-30.

（5）迁移性点拨：通过某种点拨，引导学生举一反三，完成某种迁移练习，使知识转化为能力，即学以致用——发展能力。

根据蔡澄清的总结，常用的点拨式阅读教学方法有如下十种：（1）暗示引发；（2）引路入境；（3）辐射延展；（4）逆转爆破；（5）抽换比较；（6）纲要信息；（7）激疑促思；（8）再造想象；（9）倡导争鸣；（10）举隅推导。[1]

现择其一简要阐释如下。点拨式阅读教学方法之三为"辐射延展法"，意指在阅读教学中，抓住课文的关键处（如"文眼"）进行分析，然后据此向其他方面进行延伸，最后达到对全文的深入理解。

蔡澄清执教《触龙说赵太后》，对学生阅读学习做如下点拨[2]：先扣住题中的"说"字，以"说"为文眼，为教眼，然后从"说"的原因、"说"的过程、"说"的方法、"说"的结果这四个方面引导学生层层理解，最后收束全篇的教学。如此点拨，教学费时不多，但内涵丰富。学生在知识上至少有两点收获：（1）触龙的说话艺术；（2）文章的行文技巧。在技能上也有两点借鉴：（1）学习说话艺术；（2）学会抓住文眼分析作品。

四、程汉杰的快速阅读教学改革

1. 快速阅读教学法概述

北京市铁路第二中学特级教师程汉杰于1980年倡导快速阅读教学法，旨在培养学生快速获取知识信息的能力。

快速阅读，指在短时间内从阅读材料中迅速提取有用信息。快速阅读教学法，致力于寻求阅读的规律与科学方法，以发掘人们的阅读潜能，大幅度提高阅读效率。这种阅读方法以激发学生的阅读积极性为切入口，通过量化和规律化的训练手段，以达到迅速提高阅读速度和阅读效率，从而提高语文素养和阅读能力。

关于高效阅读，程汉杰的主要著述有：《高效阅读能力训练》（初中用/高中用），中国铁道出版社，1988年版；《中学语文课本高效阅读教程》

---

[1] 蔡澄清，陈军.青年语文教师成长之路［M］.上海：上海教育出版社，2013：325.

[2] 陈军.点拨教学的思维律动——蔡澄清语文教学思想研究［J］.中学语文教学，1996（9）：8-11.

1~6册（张定远、程汉杰合编），中国经济出版社，1989年版；《实用快速阅读法》，漓江出版社，1992年版；《高效阅读自学自练》，开明出版社，1993年版。

2. 快速阅读原理与方法

（1）多学科学理支撑

快速（高效）阅读是综合运用教育学、心理学、生理学、语言学、思维学、脑科学等学科的有关原理，借鉴国内传统的优秀读书方法和国外盛行的快速阅读方法，结合我国中小学生的阅读实际和现代汉语的特点设计而成的一套现代文阅读训练体系。

（2）扩大阅读视距

快速阅读通过分析眼动规律、视觉扫描特点，对学生进行训练，有效扩大学生阅读视距，实现三个阅读视距等级的飞跃：初级视距是以字、词为认读单位的点式阅读，中级视距是以句群为单位的线式阅读，高级视距是以多行或整页为单位的面式阅读。

（3）阅读速度与思维速度同步

一般人阅读速度与思维速度之间存在差异，快速阅读教学法则以阅读训练转变思维方式，变合成式认知为整体认知；同时，利用定势理论中的积极因素，通过培养思维定式培育新的阅读习惯，达到智力技能的自动化。

总之，快速阅读教学法并不是简单强调阅读速度，而是兼顾阅读速度与阅读质量的高效阅读。这一教学法侧重多种阅读方法的融会贯通，将学习性阅读、查考性阅读、评价性阅读、创造性阅读等不同目的的阅读类型与三步阅读法、传统阅读法、比较阅读法、快速阅读法等阅读方法相结合。

3. 快速阅读教学训练体系

（1）培养学生的阅读效率意识

快速阅读教学训练体系需要注意增强学生的时间观念、效率观念。程汉杰设计了计时阅读法、限时阅读法等训练方法，并运用测试数据，以便计算阅读速度、理解率、阅读效率等。

阅读速度＝文章字数÷阅读用时（按分钟计），单位是"字/分钟"。

阅读理解率 = 卷面得分 ÷ 100 分。

阅读效率 = 阅读速度 × 理解率，单位是"字 / 分钟"。

这种训练以时间、字数计算阅读效果，能够确保学生的精神始终高度集中，久而久之，便能够养成紧张严谨的习惯，能够有效增强学生的效率意识。

（2）快速阅读法的训练内容与框架[1]

快速阅读教学法总结出阅读教学需要关注的七项重点内容：文章标题；作者；出处及出版的时间；文章的基本内容；文章所涉及的重要事实；文章在写作上的特点以及有争议之处（包括自己的不同见解）；文中新思想。

依据上述阅读内容，确立快速阅读教学的基本框架。首先，从题目、作者入手，检查学生对基础知识的掌握，让学生了解自身的记忆能力；其次，测试学生的分析能力，提出诸如通过作者的文字介绍可以得出某一事物的哪些特点之类的问题；最后，考察学生的总结、概括能力，测试学生对文章中心思想的把握。

（3）依据文体特征，设计阅读教学流程

在上述快速阅读内容与教学框架的基础上，程汉杰进一步细化设计出教学基本流程，即探究各类文体生成与构成的特征和规律，针对不同的文体提出了不同的阅读流程。

记叙文阅读固定程序：①阅读文章的题目、作者和出处；②找出文章的六要素（时间、地点、人物、事件、经过、结果）；③理清主要情节；④归纳文章的中心思想；⑤总结写作特点；⑥读后的启示（感想）。

说明文阅读程序：①阅读文章的题目、作者和出处；②抓住说明对象的特点；③理清说明的结构顺序；④归纳说明的方法；⑤分析语言特点；⑥读后的启示（感想）。

议论文阅读程序：①阅读文章的题目、作者和出处；②抓中心论点；③找出论据；④理清论证结构；⑤分析论证方法；⑥分析语言特色；⑦读后启示（感想）。

---

[1] 程汉杰.高效速读锦囊：快速阅读（四年级）[M].济南：山东文艺出版社，2003.

小说阅读程序：①阅读文章的题目、作者和出处；②理清故事情节；③分析人物的性格特征及典型意义；④把握叙述视角的表现形式；⑤分析环境描写的作用；⑥品味语言特色；⑦读后启示（感想）。

抒情性散文阅读程序：①阅读文章的题目、作者和出处；②理清思路；③鉴赏抒发主体情感的艺术表现手法；④体会意境，探究作者所抒主观情感；⑤体味语言特色；⑥读后启示（感想）。

（4）速读与精读相结合

为把速读训练与精读训练有机地结合起来，程汉杰设计了快速阅读的"四步训练法"。

第一步，速读，即按快速阅读的要求去读，要求尽快掌握文章的梗概；第二步，质疑，即在速读的基础上对文章的难点或不同见解提出质疑，下一步精读寻求答案；第三步，精读，即带着问题精读有关章节和段落；第四步，讨论，即在精读的基础上，就某些重点难点进行讨论。

为确保精读的效率，程汉杰进一步总结提炼出各类阅读规程与策略：快速提炼中心思想，快速辨析篇章构架与思路，快速辨析段落构架与思路，快速理解文中词语，快速理解文中句子，快速鉴赏写作特点，快速评价文学作品等。

第五章 四十年写作教学

　　1922年，现代教育家邰爽秋（1897—1976）首倡"科学化的国文教学法"。即使在"文革"十年，这股语文教学（包括写作教学）科学化的思潮仍在中国语文教育界暗流涌动。1978年改革春风劲吹，中国语文教育掀起了写作教学科学化的探索高潮。1997年，语文教育现状受到猛烈批评。1998年，新概念作文大赛向中小学写作教学发起强烈挑战。写作教学的现实困境，孕育着新的探索。2001年《全日制义务教育语文课程标准（实验稿）》颁布，标志着我国写作教学范式的转型。

第一节　四十年写作教学概述

一、四十年写作教学发展轨迹

写作教学背后的学科理论支撑主要是写作学。由于写作学理论的不断发展，我国写作教学也在发生变革，沿着科学化的方向深入探索。

"文革"结束后，当时的写作理论以刘锡庆、朱金顺、齐大卫、刘芳泉等编的《写作基础知识》（北京出版社 1979 年出版）影响最大，构建的写作知识体系主要内容有九块：材料、主题、结构、语言、叙事和抒情、描写和对话、议论和说明、修改文章、文风。写作知识体系派认为，只要学习了写作理论知识，就可以指导写作实践，提高写作能力。实践证明，在这一写作教学思想指导下，学生写作能力并没有明显提高。从 1980 年起，写作研究的重心转到文体技能训练上。

1982 年，路德庆主编的《写作教程》出版。这是一部以文体技法训练为中心的写作学著作。它的出版，标志我国写作学从以写作知识体系为中心到以文体技能训练为中心的转移。文体技能训练派认为，只有学习并训练文体技能，才能提高写作能力。至 20 世纪 90 年代，这两种写作理论并驾齐驱，共同主导着我国当时的写作教材建设与写作教学体系建构。当时人教版中学语文教材，遵循中学语文教学大纲的规定，将文体训练序列化，按照一定逻辑编排语文知识（包括写作知识、逻辑知识和语法知识等），构成写作教学序列，尝试探索写作教学科学化。与之相适应的写作教学模式为写作知识讲授、写作题目布置、学生写作、写作批改、写作讲评。

当时的一批中国语文教师，主要是 20 世纪 50 年代开始从教的一线语文教师，他们有丰富的教学实践，更有渊博的学识、探索的热情、崇高的使命感和责任感，适逢改革的东风，便自发地探索写作教学科学化之路。他们的教学改革，也得到教育科研部门和政府机构等的大力支持，还有媒体的宣传推介。

20 世纪 80 年代前后，受这两种写作理论影响的写作教学改革实验有：

大连市实验中学李忠义的"以训练项目为单元组织写作教学实验"，特级教师欧阳代娜的"中学语文教学整体改革的实验"，特级教师钱梦龙创立的"模仿—创造"写作教学法，特级教师蔡澄清的"语文课年段分科教学改革试验"，特级教师杨初春的"快速写作法"等。

　　除了写作教学序列化探索之外，还有一些语文教师受认知心理学影响，从思维、语言着眼，着重写作能力培养。有别于从写作载体的角度出发，这是转向写作主体的角度来探索教学科学化之路。最有代表性的有语文教育专家章熊的"发展语言的同时发展思维"实验研究，特级教师刘朏朏与高原副教授的"写作三级教学体系"实验，特级教师陆继椿的"分类集中分阶段进行语言训练"的实验研究。常青的"分格写作教学法"，暗合了西方格式塔心理学的图式理论。20 世纪 80 年代初，著名心理学家潘菽主编的《教育心理学》特设一个专章"语文教学的心理学问题"，此后语文教学心理学包括写作教学心理学迅速成为写作学的研究热点，先后有钟为永编写的《写作教学心理学》（上海文艺出版社 1989 年出版）、王禹编著的《中学生写作心理》（首都师范大学出版社 1993 年出版）。

　　此外，还有少数语文教师在默默地摸索第三条写作教学科学化之路：从写作过程的角度来探索。如著名语文特级教师于漪和方仁工践行的写作过程教学指导模式，前者注重写作后讲评指导，后者侧重写作前写作指导。从 20 世纪 80 年代中期开始，我国写作教学研究重心从文体技能训练研究转移到写作过程研究，标志性的成果是刘锡庆编写的《基础写作学》（中央广播电视大学出版社 1985 年出版），其章节名称由写作行为动词构成，比如取材、命意、布局、技法、表达、造语、修改等。

　　20 世纪 90 年代初，我国写作教学理论受西方应用语言学理论影响，已经显现"交际写作"的思想萌芽。20 世纪末语文大讨论，成为语文课程变革的加速器，写作教学理念伴随着新世纪的曙光，蕴蓄着质的飞跃。

　　新课改以来，写作教学科学化探索没有出现 20 世纪 80 年代的热潮，似乎有些沉寂，但它呈现出多元化、微型化、精细化色彩，没有停下探索的脚步。新课改写作教学的心理学理论基础是建构主义，写作教学理念是"为了有效的交流"，因而写作教学从关注学生的写作结果到关注学生的写作过程，注重培养学生写作兴趣，鼓励学生个性化写作，写作任务情境化、生活化；不注重写作知识传授和机械的技能训练，重在写作过程中体验、体悟和经验积累。

这一时期，个性化写作教学、新概念写作、情境化写作教学较为流行，生活化写作教学、兴趣写作教学等日益受到青睐。湖南省教育科学研究所马智君从 2002 年开始，在全省大力推进"七至九年级生活化写作教学改革实验"。关于生活化写作教学理论探索，早在 1996 年，学者方明生就开始研究，在《语文学习》1997 年第 2 期发表论文《评当前作文教学中作文与生活的背离倾向》，2002 年其著作《日本生活作文教育研究》出版。关于兴趣写作，20 世纪 90 年代中央教育科学研究所（今中国教育科学研究院）开展了"农村兴趣写作教学训练体系研究与实验"，上海育才中学的"广义发表"写作教学法，上海大学李白坚教授的"题型写作教学法"等，都是影响较大的趣味写作教学法。

新时期新课改以来，网络写作教学是一大探索热点，也是写作教学现代化的典型。2008 年，美国的"微型写作课"传入我国，2014 年，特级教师邓彤的博士论文《微型化写作课程研究》对此进行了深入系统的研究。微型化写作课程或许会成为我国写作教学科学化探索的新路径。

二、从教学大纲到课程标准：写作教学理念演变

中学语文教学大纲（1986 年后，一分为二：分为初级、高级中学语文教学大纲）是语文教学纲领性文件。教学大纲的更替，折射了教学思想的变化。从 1978 年到 2000 年，中学语文教学大纲共修订颁布 9 次。2001 年 7 月，《全日制义务教育语文课程标准（实验稿）》出台，2003 年1 月《普通高中语文课程标准（实验）》出台。教学大纲更名为课程标准，不只是名称的变化，更是教学思想质的变革的标志。因此，2001 年是中学语文教学变革的分水岭。改革开放后的写作教学，可以分为两个阶段：前二十二年，不妨叫"大纲"阶段；之后叫"课标"阶段——这一阶段目前还在延续，2011 年《义务教育语文课程标准（2011 年版）》出台，2018 年进行了修订。

中学语文教学大纲对初中、高中的写作教学，先提出总体要求，再根据各年级提出写作能力要求，主要涉及写作的能力、习惯、方法、文

体、写作方式、批改方法、书写、标点符号等方面。从 1978 年到 2000 年，纵观二十多年的中学语文教学大纲，其中关于写作教学的目的、要求，略有变化。比如"文革"结束后的几个教学大纲，强调文风，突出政治思想教育，1992 年后重视思维能力、语感培养，提倡有创意的表达等，但总的写作指导思想并没有实质性的变化：以文体为中心，按照由易到难、由简单到复杂、由感性认识到理性认识的顺序建构写作教学科学化的训练序列。文体主要是三大教学文体（记叙文、说明文、议论文）和一般应用文。初中要求写简单的三大教学文体，以记叙文为主：初中一年级训练记叙文，在初二、初三年级依次训练说明文、议论文的同时，继续训练记叙文的其他能力点，比如初二要求"写记叙文，有详有略，有一些必要的描写或议论"，初三要求"写记叙文能适当运用说明、议论等表达方式"。高中要求写复杂的三大教学文体，以议论文训练为主，在初中写作训练基础上呈螺旋式上升。

大纲提出三点要求：写作训练与阅读、听说训练结合；课内写作与课外练笔结合；写作训练与汉语知识、文体知识、写作知识、逻辑知识学习相结合。前两点是对我国古代写作教学思想"读写结合""多写多改"的继承，后一点是对现代教育家叶圣陶写作教学思想的发扬。

这一时期追求写作教学序列科学化，就是尽可能使这一序列符合学生写作能力发展的规律，目的是使学生写出合乎文体规范的好文章。这一序列包括两条线：主线是写作能力点构成序列；次线是相关知识点构成序列，以配合主线，为知识转化为写作能力服务。写作教学就是按照这一序列扎扎实实地训练。这是典型的规范性写作训练方式。

20 世纪 90 年代以来，我国写作教学研究有了不小的进展。细察 1992 年的《九年义务教育全日制初级中学语文教学大纲》，在"教学内容"第二点"写作训练"中有这样一条："根据目的、对象、场合，选择比较恰当的语句。"这一点是崭新的，透露出写作理念的变革方向：写作不仅仅是"为自己而写"，而且是"为读者而写"，是为了有效的交流。"很长时间以来，我们习惯于把'写作'分解为'内容'（或分为'主题''题材'）'结构''语言'（或者再加'表现形式'）等几个侧面加以研究，20 世纪后期，写作学理论界取得了重大突破，那就是：'写作'是'主体'（写作者）'客体'（写作者视野中的客观世界）'受体'（读者）和'载体'（写作样式）之间的互动过程。"[1]

《义务教育语文课程标准（2011 年版）》"总体目标"中关于写作的要求，与此前的大纲相似或相近，唯独"表达自己"这一短语将二者鲜明地区别开来。"自己"一语在七至九年级"学段目标"中多次重复："力求表达自己对自然、社会、人生的感受、体验和思考""有自己的感受和认识""条理清楚地表达自己的意思""能根据文章的基本内容和自己的合理想象，进行扩写""修改自己的作文，做到文从字顺"。2018 年该课程标准进行修订，对写作的要求基本保持不变。因此，新课标的写作教学理念是：学生不仅是学习者，也是思想者；写作是表达自己和有效的交流；写作知识、能力、方法是在写作教学实践中建构的；教师是教学活动的组织者、引导者、点拨者，要为学生写作营造宽松的环境，不能束缚学生的思维，要鼓励学生"有创意的表达"。《普通高中语文课程标准（2017 年版）》提出"以负责的态度陈述自己的看法"，强调"负责"。新课标写作教学理念，主要以建构主义为写作教学的理论基础，一方面继承我国古代"先放后收"等思想，另一方面侧重"为自己而写作"，鼓励个性化写作，引导写作教学注重创造性写作训练。

三、写作教学的凭借：教材多样化

"大纲"阶段，20 世纪 80 年代语文教材是"一纲一本"，"一纲"就是中学语文教学大纲，"一本"就是人民教育出版社编写的供全国绝大部分地区使用的中学语文教材；20 世纪 90 年代后，语文教材是"一纲多本"，诞生了浙江、上海、江苏、四川等地编写的中学语文教材。这个阶段的中学语文教材，以文体来组织单元，将写作知识、写作能力分解成一系列的训练点，编成序列，分配到各个单元。一个单元以训练点来整合单元内的听说读写活动，以期达到知识、阅读、练习、写作、听说相辅相成的效果。课文不仅是阅读训练，也是学习写作知识、写作技能的例文，

---

[1] 章熊，徐慧琳，邓虹，等. 和高中老师谈写作教学［M］. 北京：人民教育出版社，2012：1.

还是学生练习写作的范文。这是写作与阅读等合编型的教材。写作教学遵循从模仿到写作的训练过程。

华东师范大学第一附属中学特级教师陆继椿,从 20 世纪 70 年代末起开展"分类集中分阶段进行语言训练"的实验研究,他以现代认知心理学为理论指导,从叶圣陶、夏丏尊合编的《国文百八课》获得启示,逐渐形成了"一课有一得,得得相联系"的教学思想。在课题研究的基础上,他编著合编型教材《分类集中分阶段进行语言训练实验课本》六册。这套教材将 140 个能力训练点按照三条线构成三次循环训练序列:记叙文能力训练(状物、记事、写人)、论述能力训练序列(一般论述、特性论述)、文言文阅读能力训练序列(史料、游记、论说)。这套教材,希望构建学生新旧语言知识和能力的联系与整合,促进语文知识和能力的有效转化,为我国写作教学科学化探索开拓了新的视野。

在"大纲"阶段,我国也在探索分编型中学语文教材:《作文》与《阅读》,二者独立,自成系统,又配套使用。

1981 年,人民教育出版社开始编写一套分编型的六年制重点中学初中语文课本(试教本),每学期《阅读》和《作文》各一册,周课时 6 节:《阅读》4 节,《作文》2 节。《作文》由"写和说的训练"和"现代汉语常识"两部分构成。每课包括写作知识、例文、写作范围和写作指导四部分。写作训练主要是以写一篇文章为单位的综合训练,与之配套的《阅读》承担分解的、局部的写作训练。说的训练主要是开展有中心、有层次的成篇讲话训练。现代汉语常识侧重于应用,有利于提高学生的听说读写能力。

1981 年至 1983 年,中央教育科学研究所(今中国教育科学研究院)编制了一套"分编分册型"初中语文教材:《初中实验课本·阅读(试用本)》《初中实验课本·作文(试用本)》。二者密切联系,又各有任务,互相配合、补充,形成合力,全面培养学生的听说读写能力。写作课本的编写意图是突出写作教学的基础性、实效性和针对性,培养一般的说写能力。考虑到写作的综合性,这套写作课本以训练项目组元,虽然有序列,但并不追求严密,根据由易到难、由简单到复杂排序。整套教材从思维训练角度,按照年级分三个阶段:初一年级要求打开思路,写作通顺、清楚;初二年级要求整理思路,写作有条理、结构完整;初三年级要求综合概括、分析推理，写作内容充实、思路清楚，表达确切，鲜明生动。三大教学文体训练交叉编排，记叙文、说明文略先，安排在第一册，以后各册皆有记叙文、说明文的训练；第二册开始议论文训练，以后各册皆有，按照由简到复杂的顺序安排。每个单元由写作指导短文、示例和练习三部分构成，各有侧重。"交叉""思维"是这套写作教材的两个创新点。

特级教师欧阳代娜从1979年起开展"中学语文教学整体改革的实验"，主编了写作、阅读分科教材。阅读教材承担听读训练任务，写作教材分担写说训练任务。写说能力分解出47个训练点（写29个，说18个），它们交叉排列，形成相互促进的两个训练序列。这个写作训练序列比较系统，实验取得了良好效果。

1986年，扬州师范学院编了一套《中学作文教学设计》。这套书从"写什么"和"怎么写"两个方面进行分解。"写什么"先分解为六个方面——写事、写人、写物、写景、写情和写理，然后再分解为单纯的一人、一事等和较为复杂的一人多事、一事多人等，依次细化，按照由简到繁排序。"怎么写"涉及写作的各种技能技巧，分解为驾驭各种文体的基本能力、写作的基本能力和思维的基本能力等，然后再细分。最后，将"写什么"和"怎么写"的诸多小项结合起来，形成写作训练序列。

这一时期，关于写作教材科学化的探索，还有另外一种类型，就是常青、刘朏朏等编写的写作教学实验教材。刘朏朏的写作教改实验下一节专门介绍。常青创立了分格写作教学法，以写作基本能力发展为序，依次是观察能力训练、想象能力训练、语言运用能力训练，最后是主要文体综合性能力训练。每一个能力点即为一"格"，初中共有265"格"。每一"格"，由简到繁分四小类：简单格、常用格、渲染格、迭加格。分格训练，核心是思维训练，强调打通思路，强调积累，先入格，后破格，先分格，后合格，分散难点，各个击破，力求速成的、科学化的写作教学训练体系。

依据新的语文课程标准，中学语文教材涌现了很多版本，除了人教版，影响较大的有苏教版、浙教版、语文版、粤教版等。不约而同，各种版本都抛弃了"文体组元"的编选范式，一致采用"主题组元"。以人教版为例，初中、高中教科书均是合编型的，但二者又有质的区别。初中教材，将写作任务与课文练习、语文综合性实践活动混编在一起，构成一个个单元。高中教材每册分为"阅读鉴赏""表达交流"等板块。"表达交流"编选若干个写作训练项目，每个项目含有三点内容——"话题探究""写法借鉴""写作练习"，有的后面有补白（知识性短文）。这些内容和其教材阅读内容没有明显的联系。这是分编合册型的教材。

采用主题组元的教材对写作教学影响是明显的。它编排了两类写作训练途径。第一类是与阅读教学相配套的读写结合练习，这是传统的方法；第二类是在语文综合性实践活动过程中，根据活动项目需要进行写作和基于活动的写作训练，体现新课标理念，即写作是个性化行为，是为了表达自我和有效交流，培养学生易于表达、乐于表达的兴趣，注重创造性写作训练。第二类写作训练途径有以下特点：（1）活动任务驱动写作，使写作具有情境性，学生需要考虑写作的目的、对象和语境。（2）一次综合性学习活动，含有多个写作任务，同时训练多种文体，有记叙性、说明性、议论性文章和常见的应用文，还有散文、小说、诗歌、童话、故事等。（3）写作方式多样化，除了传统的命题写作、自命题写作、改写、续写等，更多的是新兴的话题写作，多要求"文体自定""文体不限"。（4）整个初中阶段的写作训练，写作训练内容前后没有明显的逻辑关系，不构成序列。

人教版初中语文新课标教材至2008年有三次局部修改。2009年，人教版初中语文新课标教材改版，其他各册没有大的改动，唯有七年级下册改动很大，主要表现在"写作"，写作训练不再与综合性学习融为一体，而是独立编排，依次有第一单元"叙事要完整"，第二单元"选择适当的抒情方式"，第三单元"写人要抓住特点"，第四单元"表达自己的看法"，第五单元"勤于修改"，第六单元"描写要生动"。除了"勤于修改"，其他五个单元的写作训练是以表达方式为训练内容，有记叙、抒情、议论和描写。这样修改，旨在规范训练表达方式，有利于增强学生的文体意识。

纵观人教版中学语文教材，初中写作教学采取"放"的策略，高中阶段写作教学策略改为"收"——强调文体写作规范。人教版高中语文必修教材"表达交流"，按照先记叙性文章后议论性文章的训练序列，侧重议论性文章的训练（说明性文体训练被淡化）。每一个文体的训练，按照由易到难、由简单到复杂的顺序，有序进行写作技能训练。不过写作知识、文体知识精简化了，更加注重范文例析，写作方式比较多样化，着重培养学生自主写作的能力。训练形式有片段与整篇训练相结合，以话题写作和自命题写作为主，还有供材料写作、选题写作、命题写作、续写等。

四、高考作文：写作教学的风向标

"作文教学是语文教学的一个重要组成部分，学生语文学习得怎样，作文可以作为衡量的重要尺度，应当十分重视。"[1]这段话写在 1978 年的中学语文教学大纲中，一直沿用至 1990 年。因此，写作题在高考、中考试卷中，所占分值比例一直保持在 40%。由于全国性的高考写作命题对地方性的中考写作命题有引领作用，这里重点探讨高考写作与写作教学的关系。

高考写作题是对整个中小学写作教学的终结性检测。写作教学必然受到高考写作的重大影响：一是写作方式，二是文体，三是内容。

四十年高考写作题，可以分为三个阶段。

第一阶段是 1978 年至 1998 年，这期间的高考写作题，在写作方式、写作的要求等方面与教学大纲保持高度一致，可以概括为规范写作阶段。这一阶段的高考写作题，从写作方式来看，有命题写作、选题写作、看图写作、根据文字材料写作、自命题写作、缩写、改写等，以根据文字材料写作为主；从文体来看，涉及议论文、记叙文、说明文，还有读后感、书信等实用文，以议论文为主。从题目、图片和提供的文字材料内容来看，涉及两个或两个以上因素的关系探讨。从写作任务的数量来看，有时要求写一篇文章，有时要求"大写作 + 小写作"两篇。从题目、材料包含的内容演变来看，包括政治、社会现象以及学生一般的生活内容、行为习惯、思想品格等。这一阶段高考写作题，主要是塑造性写作，与教学中的规范性写作，形成一定错位和距离。这是高考的需要，也必然在一定程度上影响写作教学。"1988 年考文体不限的《习惯》，江苏考区

[1] 课程教材研究所. 20世纪中国中小学课程标准·教学大纲汇编：语文卷［G］. 北京：人民教育出版社，2001：439.

有 95% 的考生写议论文,因为他们平时训练以议论文为主,已经不'习惯'写记叙文了。但真正考得好的还是那 5% 的写记叙文的考生。"[1]

第二阶段是从 1999 年到 2005 年,高考话题写作风靡一时,可以视为自由写作阶段。下面是 2004 年至 2008 年全国(含各省)高考写作题的统计表:

年份	试题总数	话题写作		新材料写作(含看图写作)		全命题写作	
		数量	百分比	数量	百分比	数量	百分比
2004	15	14	93.33%	0	0	1	6.67%
2005	16	10	62.50%	2	12.5%	4	25.00%
2006	17	7	41.18%	4	23.53%	6	35.29%
2007	18	4	22.22%	4	22.22%	10	55.56%
2008	18	2	11.11%	7	38.89%	9	50.00%

1999 年全国统一高考语文试题首次出现话题写作——"假如记忆可以移植",直至 2003 年高考写作全国卷均是话题写作。2004 年全国卷(含省市高考卷)共有 15 套,14 套采用这一写作方式,占 93.33%,达到顶峰。2005 年话题写作在全国 16 套高考试题中所占比例有所回落,但仍占 62.50%,接近三分之二;2006 年,其所占比例已经跌到 41.18%。此后逐年下降。

话题写作的出现,原因有多方面。首要原因是规范性写作训练再加上大量的应试写作训练(有的教师甚至以应试写作训练代替规范性写作训练)导致学生写作自主性减弱,重"文"轻"人",因此学生多以浮华的语言、曲折动人的故事、名人名言来掩饰写作的虚情假意、内容空洞,以期获得高分。1998 年的高考写作题是"坚韧——我追求的品格 / 战胜脆弱"。许多学生以"坚韧——我追求的品格"为题,在文中肆意捏造父母高考前不幸死亡,编造自己如何坚韧的虚假故事。其次,1999 年前的高考写作命题,规范性太强,不利于学生抒写真情实感,发挥出真实的

[1] 王丽. 中国语文教育忧思录 [G]. 北京:教育科学出版社,1998:203.

写作水平。最后，20世纪末的语文大讨论，社会各界期待语文教育尽快变革，把学生从重重束缚中解放出来。话题写作甫一亮相，就赢得广泛喝彩。话题写作给学生很大的写作空间，"立意自定""题目自拟""文体不限"（有的只要求不写诗歌、戏剧等），只要在话题的范围之内。这样的写作方式有利于学生自主写作，发挥自己的写作特长。可是凡事有一利，必有一弊：平时写作教学就单写自由轻松的话题写作，全面的写作训练被搁置一边。"话题是个筐，什么东西都可以装。"一旦话题写作这一奥秘被教师、学生"揭示"出来，高考考场写作虚构、套作等不良现象就泛滥起来。这严重影响了高考写作甄别、选拔功能的发挥。

第三个阶段是从2006年至今，高考写作进入多元写作时代：话题写作、供材料写作、命题写作、任务驱动写作四分天下。2007年、2008年命题写作强势回归，占半壁江山，意在用规范挽回话题写作的自由。话题写作迅速失宠，2011年全国16套高考语文试题，话题写作只出现1次，而新型的供材料写作登上舞台，逐渐成为主角。2015年全国课标Ⅰ卷关于父亲在高速路上开车打电话，女儿通过微博私信向交警举报的高考作文题是典型的任务驱动型写作。高考写作方式多元并存的格局，形成规范与自由之间的相互影响，引领写作教学，继续个性化写作的同时，追求真实写作与深度写作，从生活写作到思想写作。

五、写作评价与写作教学评价：写作教学的关键

写作评价，是评价主体对学生写作及其过程的评判和估量。依据美国心理学家布鲁姆的教育评价理论，考虑写作过程的特点，学者将写作评价分为三种：诊断性评价、形成性评价和终结性评价。它有三大功能：教育的功能、发展的功能、选拔和甄别功能。由于过度地强调写作评价的选拔和甄别功能，终结性评价（也称结果评价）一度被广泛运用。

写作评价居写作过程的终端，却是写作教学的关键，因为它对写作方式、写作过程、写作修改、写作讲评等活动有很强的指导意义。但它是一个主观性很强的教育评价，因而如何控制随意性、增强客观性，成为写作教学的研究课题。

1987年，我国成立了"大规模考试作文评分误差控制"课题组，组

长是章熊，主要成员有马金科、申士昌、顾德希、陶伯英、祝新华等 32 人。历时五年，至 1992 年 10 月结题。课题组在五个方面开展了研究并取得一定理论成果：写作评分的基本因素，关于审题、内容水平、结构水平和语言水平的测定；研制出了"高考作文能力要求及评分参照量表"，分项分等量化赋分，即分内容、语言、结构、文面四项，权重依次是 35%、35%、20%、10%，分优、良、中、较差、差五等。每年高考写作阅卷，还要根据具体写作题目编制操作量表。这一课题研究成果，为科学评价写作奠定了基础。

特级教师魏书生在培养初中学生互批互改作文方面，做了有效探索。他培养学生从十个方面批改作文，每个方面满分 5 分。这十个方面是：（1）格式是否正确；（2）卷面是否整洁；（3）错别字几个；（4）有几处病句；（5）标点符号有几处明显错误；（6）看文章的中心是否鲜明、集中；（7）看文章的选材；（8）看文章结构；（9）看表达方式；（10）看语言是否简练、流畅、深刻。关于每一方面，魏书生又拟定了具体细化要求[1]。这是一个简便易行的写作评价标准。

写作教学重批改、轻讲评的现象比较普遍。写作讲评，重挑剔，轻指正。在讲评内容方面，通常重视零碎的语言问题，忽视写作能力的培养。在写作讲评方面，特级教师于漪在长期的教学实践基础上，认识到讲评课的多种功能，主张讲评也要序列化。她的这一写作理论，将在"写作典范人物"一节中做具体介绍。

写作教学评价长期以来被忽视。日常评价方法多以学生写作的成绩作为唯一评价手段。这是不完善的，也是不科学的。浙江师范大学的张先亮、蔡伟、童志斌对写作指导进行研究，并研制了针对写作指导的质量评价标准。[2]该标准分质性和量化两个方面，每个方面设定五个等级。研究认为，质性评价比量化评价更重要。蔡伟还研究了如何科学评价写作评改的质量。研究认为，评分标准与评改质量是导向与具体操作的关系。它们互相依存、促进，但又有相对独立性。高质量的评分标准为高

---

[1] 魏书生. 培养学生批改作文的能力 [J]. 语文教学通讯，1995（12）：15-17.

[2] 张先亮，蔡伟，童志斌. 作文指导及其质量标准 [J]. 教育研究，2008（8）：77-81.

质量的评改奠定基础，但不能保证每一个阅卷教师都能高质量地评改作文。为了监控阅卷教师的写作阅卷质量，有必要建立写作评改的质量标准。从质性描述与量化表征两个方面，蔡伟对作文的评语、讲评和修改三个项目进行质量评价。[1]开展写作评改质量标准研究，是对写作评价的教学评价，有助于提高教师写作评改的质量。

六、网络写作教学：写作教学探索的新热点

新课程实施以来，我国写作教学进入多元化时代：个性化写作、生活化写作、情境写作、活动写作、新概念写作、创新思维与写作等。网络写作作为信息时代多媒体技术的产物，成为写作教学探索的热点。

网络写作教学，是基于网络平台支持的写作教学，"以现代信息思想为指导，以网络为基础、资源和手段，让学生充分表达和创作的一种教学方式"[2]。在写作教学中，网络的功能有：（1）教师创设写作教学情境的工具；（2）教师实现写作指导的工具；（3）学生收集写作素材的工具；（4）学生文字、图片等输入的工具；（5）学生文本编辑的工具；（6）学生文本呈现的平台；（7）师生交流评价的平台。此外，网络还有大量存储调用的功能。

网络写作教学，主要有三种教学方式：网络同步写作教学方式、电子邮件异步写作教学方式和WebQuest探索方式。

网络同步写作教学方式，适用于班级授课制。它分两个阶段：（1）第一阶段，教师作为写作教学网页创建者，设计学生网络写作教学环境，包括写作任务情境设计、信息资源设计、通信工具设计、表达工具设计和评改工具设计等。（2）第二阶段，教师作为教学管理者和引导者，组织学生网络写作。学生根据布置的网络写作任务，通过在线资源学习、在线构思、在线选材、在线写作、在线评改、在线展示等步骤，完成写作任务。

电子邮件异步写作教学方式，适用于小班教学，不要求学生同步完

［1］蔡伟.作文评改质量标准研究［J］.课程·教材·教法，2008（11）：34-39.
［2］朱晓斌.写作教学心理学［M］.杭州：浙江大学出版社，2007：473.

成写作任务。它大部分步骤与网络同步写作教学方式类似，主要不同是在写作评改环节。学生将自己的习作通过电子邮件方式传给教师，教师将修改意见反馈给学生，学生根据教师的指导意见修改文章，教师把学生的修改稿发布到写作网页。

WebQuest 探索方式，是一个以调查研究为导向的学习活动，适用于学生论文写作教学。它是由美国伯尼·道奇和汤姆·马奇在 1995 年创建的一种课程。首先教师组织学生进行社会调查，了解可供学生学习的主题，然后确定若干个学习主题，制作 WebQuest 网页，组织学生小组合作学习，围绕主题开展后续学习活动，最终写出论文。后续活动有围绕主题进行活动（问题辩论、方案设计、任务执行、项目评估）、形成论文、评价论文、展示论文。

网络写作教学是课堂写作教学的延伸和补充。网络写作对学生而言，意义在于：（1）它唤醒了学生的读者意识。传统学生习作的读者只是他的语文教师，网络使写作公开化，读者不仅有一个语文教师，可能有更多的教师、学生、家长，甚至其他社会公民。这样学生写作时心里想着读者，从而增强写作的内驱力。（2）激发了学生的自主意识。传统的写作教学是教师布置写作任务，学生写，学生处于被动地位。网络写作成了学生自发、自主的写作，解放了学生长期被压抑的主动性，激发了学生写作的热情。（3）培养了学生的责任意识。网络一方面使学生的生存空间被无限地扩展，打破了学生"两耳不闻窗外事，一心只读圣贤书"封闭、狭隘的天地，增强了"天下兴亡，匹夫有责"的公民意识，另一方面学生意识到自己的一言一语通过网络传播，公之于众，影响社会，因而责任感增强起来。（4）改变了学生写作的评价意识。传统的写作评价是教师一人评价，容易受教师的好恶影响。网络写作不同，评价是多元互动的，有其他教师评价、家长评价、社会评价、学生评价。学生本人既是被评价者，也是评价者。随着评价意识的提高，写作审美水平也会提高。（5）提高了学生处理信息的能力。凭借强大的网络搜索功能，学生要对大量的信息进行筛选、分类、整合，因而学生的阅读能力、信息处理能力大大增强。（6）激发学生的写作兴趣。网络写作满足了学生自由表达的愿望，让学生意识到写作的价值，能极大地激发学生写作的冲动。（7）有利于学生写作的个性化表达，培养学生的创新意识。网络写作教学，对教师而言，意义在于提高了教师的开放意识、民主意识、合作意识和自我进修意识。

网络是一个公用平台，是写作教学的辅助工具。工具是中性的，因此网络平台对写作教学有正功能，也有负功能。作为教师，应知应防，尽可能降低网络写作教学的负作用。网络写作可能的消极作用有：（1）弱化学生规范汉字的书写能力。如果过于依赖键盘输入，学生很容易提笔忘字、写错字别字，不利于学生应对纸质习作任务，尤其是考场写作。（2）网络资源无限，为学生习作提供丰富的素材。学生写作依赖于网络资源，不利于学生养成写作材料积累的习惯。（3）网络资源良莠不齐，鱼龙混杂，甚至有不健康的内容，教师要为学生做好过滤，更重要的是要培养学生的自觉意识。（4）网络写作为学生拼凑写作提供了方便之门。（5）长期网络交流，不利于培养学生重要的道德观念，因为网络写作、交流有极强的娱乐性，如何寓教于乐，这是网络写作教学必须解决的重大问题。

七、遗产与良规：多维聚焦写作教学

鲁迅在《〈木刻纪程〉小引》里写道："采用外国的良规，加以发挥，使我们的作品更加丰满是一条路；择取中国的遗产，融合新机，使将来的作品别开生面也是一条路。"[1]当代中国语文人对写作教学的探求，也遵循着"两条腿"走路的办法。

语文教育家张志公面对中小学语文教育不够理想的现实，本着"观今宜鉴古，无古不成今"的研究思想，以语言学的视角，观照我国古代传统语文教育，从中吸取精华，探索语文教育的民族化、科学化和现代化道路。1977年到1990年，他先后发表《对传统语文教学的再认识》《传统语文教学的得失》《汉语文教学的过去、现在和未来》等文章。1990年前后，他在1962年出版的《传统语文教育初探》基础上，重点研究我国传统语文教育教材，写成《传统语文教育教材论——暨蒙学书目和书

---

[1]鲁迅.且介亭杂文［M］.沈阳：万卷出版公司，2014：24-25.

影》。这本书被人民教育出版社编审王本华誉为"研究传统语文教育的第一书"。张志公研究认为，古代语文教育从识字到完成基本的读写训练，有比较完整的步骤："这整个的语文教育过程是由三个阶段构成的。开头是启蒙阶段，以识字教育为中心；其次是进行读写的基础训练；第三是进一步的阅读训练和写作训练。"[1]第二阶段中的"属对"训练，一般认为是专为作近体诗的，他认为不仅如此，更是综合的语文基础训练：是一种实际的语音、语汇和语法的训练，同时还包含修辞训练和逻辑训练。这是一个新的发现。在第三阶段的写作训练，他总结出四点："词""意"并重的训练原则；先"放"后"收"的训练步骤；"多作多改"的训练方法；八股文从模式到程式化的写作。从指导学生写作的角度，他从八股文写作训练中披沙炼金出两个"闪光点"：（1）八股文的"起承转合"的模式。如果理解为一般的议论文的结构特点，是基本符合事实的。这对初学写作者是需要的，对培养思维的条理性也是有益的。（2）八股文的训练方法。先学局部后学整体，先学勾出轮廓后学发挥充实，适当采用，对于基本技能训练有一定作用。[2]他的这些研究成果，对当代写作教材建设、写作教学思想和方法都有巨大的建设性作用。

我国当代借鉴外国写作教学理论和方法，有三种方式：翻译引进，研究介绍，移用。

1984年，章熊、章学淳合译的《提高写作技能》出版。此书原著是美国的威廉·W.韦斯特。这是一本美国学生的写作训练教材，分十三章，也就是十三个专题，按照学生的认识规律编写训练序列。后有鲁宝元编著的《国外作文教学》于1986年出版。

1991年，朱绍禹主编的《美日苏语文教学》出版，介绍了三个国家的写作教学思想和方法等。祁寿华编著《西方写作理论、教学与实践》（上海外语教育出版社2000年出版），倪文锦、欧阳汝颖主编的《语文教育展望》（华东师范大学出版社2002年出版），洪宗礼、柳士镇、倪文锦主

---

[1]张志公.张志公文集：④传统语文教学研究［M］.广州：广东教育出版社，1991：
19.
[2]张志公.传统语文教育教材论：暨蒙学书目和书影［M］.北京：中华书局，2013：
11.

编的《母语教材研究》（江苏教育出版社 2007 年出版）等著作，介绍了外国的写作教学理论、教学大纲、写作教材、写作教学改革的趋势等内容。另外，还有一些研究介绍国外写作教学的论文，比如方明生的《日本教育中的"生活作文"教学思想》（《全球教育展望》1996 年第 5 期）、张肇丰和赵光敏的《西方写作教学的主要模式及其元分析研究》（《教育评论》1997 年第 3 期）、李乾明的《国外作文教学：危机、对策及启示》（《课程·教材·教法》2004 年第 7 期）、王焕英的《美国教材"微型写作"的启示》（《语文教学研究》2007 年第 10 期）等。

1982 年，语文教育家蒋仲仁发表《思维·语言·语文教学》，运用思维科学来研究语文教学，提出发展语言与发展思维紧密结合的教学原则。1978 年，在叶圣陶、吕叔湘等老一辈教育家的鼓励下，章熊开展"发展语言的同时发展思维"的实验研究。这项实验，有突破性的意义：建构了将写作训练寓于活动之中的训练序列。新课改以来，特级教师程红兵，将思维训练融入写作教学课堂，积累了一些成功的教学案例。

1980 年，心理学家潘菽主编《教育心理学》，其中"语文教学的心理学问题"一章将心理学与语文教学首次"联姻"。1989 年，钟为永编写《写作教学心理学》，概述了古今中外关于写作和写作教学的心理思想，论述了写作中的智力和非智力因素、文类写作的教学心理、教师在写作教学过程的心理特点等。1993 年，河南南阳教育学院的王禹编著《中学生写作心理》，专门论述中学生写作心理，特别是对当代中学生的心理特点进行了较充分的阐述，在文类写作心理活动规律方面有新的开拓。

控制论、系统论和信息论在 20 世纪 80 年代后被相继引入语文教育研究。将控制论引进语文学科研究，首推上海技术师范学院的李杏保。20 世纪 80 年代初，大连市实验中学李忠义根据系统论的原理开展"以训练项目为单元组织写作教学"的实验，高中三年 72 个写作训练项目（内含知识序列）有序排列，构成写作教学序列。

另外，教育测量学、教育统计学、现代信息技术学、现代传播学等先后被运用于写作教学。

第二节　四十年写作教学代表人物举例

一、于漪写作教学思想

于漪先后在华东人民革命大学工农速成中学、上海杨浦中学任教。最初教历史，八年后改教中学语文。1978 年，因语文教学成绩突出，被评为上海市特级教师。1985 年被任命为上海第二师范学校校长。被评为"2009 中国教育年度新闻人物"之一。

她的教育教学论文主要收集在《于漪文集》（6 卷本，2001 年山东教育出版社出版）、《于漪教育文丛》（上海教育出版社 2001 年出版）、《于漪语文教育论集》（人民教育出版社 1996 年出版）、"于漪基础教育论稿"丛书（山西教育出版社 2014 年出版）等。其中写作教学专著有《作文讲评五十例》（山东教育出版社 1986 年出版）、《中学生作文教学导论》（山东教育出版社 2001 年出版）、《于漪老师教作文》（华东师范大学出版社 2009 年出版）等。

于漪说过，教育是给孩子的心灵滴灌知性与德性，知性是孩子生存和发展的本领，德性是其做人的底线，二者在课堂上是一而二、二而一的，不是外加的、分离的。因此，她主张："改革语文教学就要牢固树立'育人'的观点，把'教文'纳入'育人'的大目标。"[1]孩子是民族、祖国的未来建设者，她始终站在民族发展的制高点上，坚持教书更要育人的思想。这一思想贯彻在她的语文教学中，也贯穿在她的写作教学中，即教写作育人格，坚持"思想、文字双锤炼"。从社会发展、未来需要的战略高度出发，她在写作教学中注重思维训练，特别是创新思维的培养，因为培养创新型人才是民族发展的不竭动力。

在写作教学中，于漪在文体训练的序列上并没有特别之处，她遵循语文教学大纲的要求，从初一开始注重记叙文的训练，按照由易到难的顺序，在初二、初三继续进行议论文的训练，初二加入说明文，初三加

---

［1］于漪. 语文教学要讲求综合效应［M］//张定远. 中学著名语文特级教师教育思想精粹. 北京：语文出版社，1999：2.

入议论文，最后再进行综合性写作训练。她的写作教学特殊之处是采用一种当时国内罕见的写作过程指导模式——认知指导模式。她的写作指导方式是多样化的。从指导内容角度来看，她将写作指导分为写作内容和写作形式指导两个方面。从学生的角度来看，她的写作指导分为个别指导和普遍指导。从时间的角度来看,她的写作指导可分为平时的写作指导、写作时的指导和写作后的指导。平时的写作指导分为平时的阅读积累指导和生活观察指导。写作时的指导分为命题后的指导和写作起草过程中的指导。写作后的指导分为写作批改和讲评指导。从学生写作的过程来看，有审题指导、立意指导、选材指导和结构指导。她开展写作指导的原则是：首先，指导要适度，切不可越俎代庖，重在启发、点拨、引导；其次，写作指导是个系统工程，要与学生的写作过程保持一致；最后，写作指导要根据写作目的和学生写作实际，做到有的放矢，有针对性和实效性。

于漪的写作讲评堪称一绝。"在认知指导模式中，有的学者强调写作准备阶段之重要，另一些学者则认为修改阶段对于写作更有影响。"[1]于漪倾向于后者，在长期的写作教学实践中，她形成了独到而深刻的讲评思想。她认为，讲评是写作教学系统中的最后一个环节，而且是必不可少的重要环节:既是对学生写作成果的综合分析和评价，又是对写作命题、写作指导和批改的串联和深化。在学生习作扎实实践的基础上，教师发挥讲评理论联系实际的优势，会深化学生的写作体验，十分有利于学生写作能力的提高。

讲评的功能是多样的。一是传授知识，提高认识。写作讲评，要就文论理，从具体材料上升到写作知识的高度来认识，上升到写作规律来认识，使知识系统化。二是培养赏析能力。要以理量文，以写作的基本知识来考查习作，衡量习作的优劣，培养鉴别文章好坏的能力。三是写作讲评不能仅仅关注语言表达能力，还要注意开拓学生的知识面，发展学生的观察能力、思维能力、想象能力和记忆能力，要注意和阅读教学的联系，和有关学科的横向联系，促进学生智力发展。四是激发写作热情，培养自信力。讲评切不可一味地挑剔学生习作的毛病，这样会严重打击

---

[1] 倪文锦，欧阳如颖.语文教育展望［M］.上海：华东师范大学出版社，2002：324.

学生写作的积极性和自信心。有的老师偏向于纠正学生的语病，这是无效的，也是有害的。"语言学习者只能辨识自己的'失误'而无法辨识到自己的'错误'。长期以来，我们收集整理学生的语病，分门别类，作了许多分析，然而用来指导学生却收效不大。为什么？因为这些有语病的学生往往不觉得自己有什么毛病。"[1]而从正面进行具体细致的指导，进行有针对性的训练，才能激励学生的写作热情，增强学习内驱力，提高习作质量。

于漪认为，写作讲评也要序列化。这个思想是十分独特而宝贵的。写作教学是有目的、有计划的训练序列，那么，与之相应的写作讲评也应有目的、有计划，并形成序列。她依据初中写作训练序列，形成了自己的初中写作讲评序列。这个序列由 50 次讲评构成：初中三年 6 个学期，前 5 个学期每学期 8 次讲评，最后一学期 10 次讲评。这 50 次讲评，由记叙文、说明文和议论文三条线交织而成，按照由简到繁、由易到难的逻辑，循序渐进。初中记叙文训练是重点，因此记叙文的讲评也是重点，安排 36 次；说明文讲评 4 次；议论文讲评 10 次。具体是这样安排的[2]：

（1）初一年级第一学期的写作讲评重点放在观察能力和想象能力的培养上，指导学生在生活中积累写作素材，学会联想和想象。理由是初一新生写作常苦于"无米下锅"，此时最需要教师的指导来开阔思路，活跃思维，激发练笔的兴趣。第二学期讲评重点是文章的中心和材料，并反复讲评，为写好记叙文奠定良好基础。因为学生写记叙文的思路打开以后，就要往写作的"规矩"方面引导。

（2）初二年级第一学期讲评的重点是描写和抒情，重在材料的"剪裁"和"缝合"，这是因为初二要在初一写记叙文的基础上训练多种表达方式；还有初二学习写说明文，习作讲评也要有所安排，讲评重点是透彻了解说明的对象，把握事物的特征进行说明。第二学期根据写作训练任务，重点讲评说明的中心、条理和方法。

（3）初三年级在写景、叙事、记人等方面增加难度，讲评重点是多

---

[1] 章熊，徐慧琳，邓虹，等.和高中老师谈写作教学［M］.北京：人民教育出版社，2012：462.

[2] 于漪.给语文教学加点钙［M］.上海：上海教育出版社，2001：214.

种写作方法的综合运用。第五学期着重讲评文章的真情实感,描写的细腻丰满、逼真传神。第六学期着重讲评剪裁、构思、造境等写作技巧,深化初中所学的写作知识。

这50次讲评,有的内容是适当反复的。这样安排是符合学生认识规律的,因为对写作知识的认识,写作能力的形成,写作技巧的掌握,都不是一蹴而就的,需要经过多次反复,学生才能内化,转化为自己的写作行为。点评内容重复的时候,要注意改变说法,换个角度,深浅难易有所不同,这样就不至于让学生感到单调乏味。其中,"文章的中心"这个点很重要,第一学期安排在"犹如百川归大海",让学生初步接触即可;第二学期安排三次"'无文'意'不立'""再谈文以'意'为主""平凡之中见深意",意在重锤敲打,使学生透彻掌握;第三学期讲评记物的文章,强调"见精神""言志",也是谈文章的"意";第六学期"秤砣虽小压千斤",再次进行阐述。

二、蔡澄清写作教学科学化的追求

蔡澄清1954年1月毕业于安庆师范学校,因学习成绩优秀,被学校保送安徽省中学教师研究班(语文班)学习半年,同年8月被分配至芜湖市第一中学。1958年秋考入华东师范大学中文系函授班,1963年毕业。1975年至1979年被抽调到《汉语大词典》安徽省编写组;除这5年之外,他一直在芜湖市第一中学任教语文,直到1999年12月正式退休,从教长达四十年。

蔡澄清1980年被评为安徽省首批特级教师;1984年后担任芜湖市第一中学副校长,主管教学业务;1988年被评为安徽省有突出贡献的中青年专家;1989年被评为全国优秀教师;入选柳斌主编的《中国著名特级教师教学思想录》,内含全国13名语文特级教师。

蔡澄清著述颇丰。关于写作教学,著作有《积累·思考·表达》(与陈军合著,北京语文出版社1990年出版)、《教会你观察和作文》(天津教育出版社1996年出版),主编并编著了《中国中学生作文训练点拨示范大全》(山西教育出版社2003年出版)、《观察作文一本通》(文心出版社2007年出版)。其他著作有《鲁迅作品教学浅谈》(安徽人民出版社 1979 年出版）、《语文教学点拨艺术丛谈》（与陈军合著，天津人民出版社 1996 年出版）、《蔡澄清中学语文点拨教学法》（与陈军、张鹏举合著，山东教育出版社 1997 年出版）、《中学语文点拨教学法》（人民教育出版社 2004 年出版）、《我的语文教学观与方法论》（安徽师范大学出版社 2010 年出版）等。

蔡澄清以创立"中学语文点拨教学法"而享誉全国。1980 年秋，他在初一实验班开展"语文课年段分科教学改革试验"，历时三年，至 1983 年该班初三结束。1982 年，他在《语文教学通讯》第 2 期上发表的《重在点拨》一文，是"中学语文点拨教学法"诞生的标志。该法吸收了当时西方现代教育科学理论，继承并发扬我国传统的"启发式"教学思想，结合其二十多年的教学实践，逐渐成为具有当代中国特色的、先进的语文教学论，在全国教育界产生广泛而重大的影响。写作教学科学化改革试验是"语文课年段分科教学改革试验"的重要组成部分。因此，可以说他的写作教学科学化探索也是孕育"点拨教学法"的实践源头之一。

何谓"语文课年段分科教学改革试验"？就是分别在不同年级实行不同的分科，具体安排是："初中一年级分设《阅读与写作》（五课时）和《汉语知识》（两课时）两科，要求在学习课文、搞好读写训练的同时，着重系统进行现代汉语知识的教学和语言基础训练；初中二年级分设《阅读》（五课时）和《写作》（两课时）两科，要求在学习课文，搞好阅读的同时，着重较系统地进行写作知识教学和较全面地进行写作训练；初中三年级分设《现代文读写》（四课时）和《古文阅读》（两课时）两科，要求在搞好现代文阅读写作训练的同时，着重学点古汉语和古代文化常识，培养和提高学生阅读文言文的能力。"[1] 这个初中语文教学实验很独特，既有别于当时国家统一初中语文课程，又有别于常见的语文分科教学实验，"写作""阅读"两条能力训练主线合理交织，力求更加贴近初中生语文能力形成与发展的规律，以此探索写作科学化训练的序列。

学生写作能力差的重要原因之一，蔡澄清认为是写作教学训练不得法，即不符合教学科学化的要求。"要实现写作教学科学化，首先要对学

---

[1] 引自安徽省芜湖市第一中学1997年汇编的《蔡澄清教育教学文选》。

生写作能力的形成及其发展规律有一个科学的认识，然后据以指导写作训练的实践，这样才能符合事物的客观规律，才能谈得上科学性。"[1]他分析认为，积累、思考、表达是构成写作能力的最基本的要素。于是他开展实验，试图建立"积累·思考·表达"写作训练三环节体系。他借助系统论、信息论分析这三个基本环节，认为训练积累能力是输入，是写作教学的基础；训练思考能力是转化，是写作教学的关键；训练表达能力是输出，是写作教学的完成。他主张，要针对薄弱环节全面训练，而不是孤立地、片面地训练最后一个环节，只进行单纯的语言表达训练是低效的，甚至是无效的。

指导学生积累，主要是积累生活、知识、语言和技巧。如何训练积累？他认为主要有两条途径：一是指导学生学会观察，从现实生活中搜集、积累写作材料；二是引导学生坚持课文阅读，积累知识、语言、技巧和思想，间接积累生活。指导学生积累主要解决学生"没有东西可写的问题"。

思维能力，体现在写作上主要是分析、比较、选择、整合材料的能力。写作的审题、立意和构思，是培养学生思维能力的三个关键点。针对这三个关键点，开展有步骤的分项训练是写作训练的中心环节。

表达能力训练，包括两条：一是语言文字基本功训练，二是写作艺术技巧的训练。这个环节力求形成一个科学的训练序列。初一开设汉语常识课，在传授语言基础知识的同时，有计划地开展有关的语言基础训练，为写好作文打基础，着重培养学生写记叙文的能力。初二开设写作独立课，偏重于三大教学文体（记叙文、说明文、议论文）的谋篇布局及写作艺术技巧的综合训练。初三采取读写结合方式，进一步提高学生写复杂记叙文、简单说明文的能力，着重训练学生写议论文的能力。这个写作教学训练序列，将语文知识（含写作知识、逻辑知识）、阅读能力训练与写作能力训练的三大序列，依照学生写作能力的形成规律进行有机结合。三大教学文体训练遵循"合—分—合"、各年级有所侧重的原则，构成初中写作训练的整体结构。

初中写作教学序列整体框架构建清楚之后，他又进一步细化每一种

---

[1] 引自安徽省芜湖市第一中学1997年汇编的《蔡澄清教育教学文选》。

文体的写作、每一个训练阶段的科学序列。根据学生写作知识积累和能力的发展规律，按照从局部到整体、简单到复杂、低级到高级、模仿到创造的发展过程来安排序列。

比如初一年级，着重完成三大任务——培养学生的观察能力、写记叙文的能力和练好词句基本功，为后续训练打基础。比如记叙文训练，将之细分为四项训练：状物、写景、叙事和写人。在记叙文训练过程中，穿插说明文、议论文、读后感、扩写、缩写、改写、译写等多种内容和形式的训练，既丰富训练内容，又激发学生的写作兴趣，适当增加写作量来提高学生的写作发展量。

初二，写作独立设课，以写作为中心，阅读教学配合写作教学，按照写作训练的科学体系，对学生开展全面、系统的三大教学文体写作训练。记叙文训练序列分三类：（1）状物写景。包括静态描写、动态描写、风景描写和游记（芜湖风光、外地记游）。（2）记事。依次有记一件事、记几件事、记国庆这一天、记我最难忘的什么、生活小故事。（3）写人。含有肖像描写、心理描写和综合描写。说明文写作训练分九项：（1）说明一座建筑的形式和结构。（2）说明一个处所的陈设与特点。（3）说明一件物品的形状和构造。（4）说明一种工业品的用途。（5）说明一种植物的生长和栽培情况。（6）说明一种自然现象的特点及其成因。（7）说明一项科学实验的方法和过程。（8）说明一种物品的使用方法。（9）说明一条旅游线路和游程安排。议论文的写作训练分六项：（1）立论。（2）驳论。（3）一事一议。（4）读后感、观后感。（5）"芜湖市'五四'读书活动"书评。（6）书信。另外还安排了单元写作和课外练笔。每一种文体的分项训练具体做法是：（1）学习例文，积累感性知识。（2）组织学生分析、讨论例文，总结出一定的写作知识，明确写作要求，掌握一定的写作技巧。（3）布置写作任务，学以致用，促进知识向能力转化。

初三写作训练是在初二全面训练的基础上，结合阅读教学，再做适当循环，重点加强议论文和复杂记叙文的训练，进一步提高学生的写作能力。

蔡澄清还在学生写作兴趣培养、写作评改等方面做了有益的探索。激发、维持学生写作兴趣，他从三点入手：（1）摆事实讲道理，让学生认识到写作与自己实现理想的关系，认识到写作对祖国四化建设的意义，从而提高学生对写作的理性认识，激发内驱力，使学生自觉、主动并乐于接受写作训练。（2）精心设计训练过程，灵活采用多种训练方法，尽可能使写作训练内容和形式多样化，增加写作训练的吸引力。（3）多鼓励表彰，鼓舞学生不断克服写作困难，不断进步，保持写作兴趣的稳定性和持久性。具体做法有五种：一题多作，单元训练，趣味写作，文章竞选，推荐文稿。在写作评讲这方面，蔡澄清总结了一套行之有效的方法，归纳起来就是十六字方针："全面训练，多作少改，加强指导，重在讲评。"

三、刘胐胐、高原的"写作三级训练体系"

刘胐胐，1934年10月出生于北京，北京市月坛中学语文特级教师，全国中学语文教学研究会理事。1977年，与北京师范学院（今首都师范大学）的高原创立"写作三级训练体系"，并开始在北京市月坛中学开展教学实验。

1981年10月14日至12月9日，《光明日报》教育科学版连载他们的实验文章《对写作教学的序的探讨》。他们编著了《作文三级训练体系概论》（光明日报出版社1989年出版）。

这套写作教材以辩证唯物主义认识论为指导，遵循学生写作心理发展规律，连贯、系统地开展"观察""分析""表达"三级训练，将写作训练与教育学生做人统一起来，致力于提高学生的写作能力与水平。这套教材体系可概括为"三级六段四十四步"。"三级"即指初中三年，每个年级一级：初一是"观察"级，初二是"分析"级，初三是"表达"级。"六段"是指每个级里分两段，每一段一册教材。因此整套教材共有六册，每学期一册。全套教材共有四十四课，每课为一个训练步。其中，观察是基础，分析是核心，表达是结果。整个写作训练的程序，级与级、阶段与阶段、步与步之间紧密联系，形成一个认识与表达相统一的写作能力整体训练体系。

该写作训练具体序列是：初一年级着重培养观察能力，要求学生交替做定向观察和随机观察练习，采用写观察日记和观察笔记的训练方式，侧重训练记叙与描写；初二年级着重培养分析能力，交替做命题分析和选题分析练习，采取写分析笔记的训练方式，侧重训练议论和说明；初三年级着重训练表达能力，交替做借鉴性表达和创造性表达练习，采取写随笔的训练方式，侧重练习语感和章法。

它的训练原则是：（1）有本，强调要从培养适应新时代需要的人才出发，将提高学生的思想认识与表达能力统一起来。（2）有用，强调写作的过程，实际上也是在生活中发现问题、分析问题、解决问题的过程，将提高学生的写作水平与解决实际问题的能力统一起来。（3）有序，强调不断地探索学生写作的心理特点与发展规律，寻求训练的最佳方案，将循序渐进与因材施教统一起来。（4）有望，强调活跃学生的思维，发展学生的智力，调动学生学习写作的积极性，将写作训练的现实效益与长远效益统一起来。

该写作训练的课型有六种：讲练型、读议型、答疑型、评议型、示范型和交流型。写作处理采用"程序编码积分法"的办法，有利于达到训练目标，有利于调动学生积极性，有利于教师提高评改作业的效率。检验写作训练效果的标准有四项：（1）激发学生写作兴趣的状况；（2）学生思想感情的转变状况；（3）提高学生写作水平的状况；（4）促进学生各科学习的状况。

该项实验1985年开始向全国推广，至1986年6月，全国有2000多个班级参与实验。实践证明该写作训练对迅速提高学生的写作水平有很好的效果。

四、方仁工"每日写作900秒"实验

方仁工（1937—2016），语文特级教师。1937年7月出生于江苏江阴。1956年参加教育工作。1981年参与创办《语文报》，在该报长期开设"方老师信箱""方老师写作评话"专栏，深受全国中学生喜爱。1986年起担任上海市市北中学校长。1999年退休，被上海市教委任命为市北中学名誉校长。2000年11月21日，以个人冠名的"方仁工写作教学传习所"在市北中学成立，属全国首例。曾长期担任上海市中学语文教学与研究会会长，上海市作家协会会员，华东师范大学、上海师范大学兼职教授。

他在写作教学方面的著作颇丰，主要有《记叙文写作杂谈》（上海教

育出版社 1979 年出版）、《作文丛谈》（上海教育出版社 1995 年出版）、《高中语文阶梯训练——作文十五阶》（复旦大学出版社 1999 年出版）、《方老师教作文——作文不难》（上海交通大学出版社 2000 年出版）、《开启写作的成功窍门》（上海教育出版社 2005 年出版）、《作文就这样写（初中）》（上海交通大学出版社 2009 年出版）、《作文就这样写（高中）》（上海交通大学出版社 2009 年出版）、《方老师教作文·小学》（上海交通大学出版社 2012 年出版）、《方老师教写作·初中》（上海交通大学出版社 2012 年出版）、《方老师教作文·高中》（上海交通大学出版社 2012 年出版）、《中学生作文技巧大讲堂》（吉林出版集团有限责任公司 2015 年出版）、《特级教师告诉你写好作文的奥秘》（上海交通大学出版社 2016 年出版）等。此外还有《拾掇记忆的碎片》《追求阅读的精神高度》《与青少年朋友握手》《寻访历史人物的踪影》《走进斑斓的童话世界》《耕耘散记》《方老师信箱——写给中学生的心里话》《中学生语文学习错误辨析》等。

　　他的"每日写作 900 秒"实验影响广泛。"每日写作 900 秒"就是一天花 15 分钟用于写作。具体要求是：（1）学生每人准备一本较厚的日记簿之类的簿册，在簿册上题一个自己喜欢的名字，在扉页写上一段前言或自勉的话。（2）每天写一则文字，注明日期，更要为每一则文字起一个题目。训练学生自拟题目，是培养学生选择题材、选好角度的一种训练。（3）写作内容，就是平日所见所闻所感，要有趣、有味、有写头。

　　为了跟"每日写作 900 秒"配套，每周安排一节写作训练课。在写作之前讲明写作的道理，采取读写紧密结合的方式。按照语文课本要求，遵循写作规律，写作训练课形成一个系列：从观察到积累，从表达方式到文章体裁，从联想到想象，从分析到综合，从选材到组材，从立意到构思，从布局到谋篇，从遣词造句到修改润色，逐一进行。写作训练课不是写作知识讲座，而是一种以学生习得为主的练习。对于有关知识，着重引导学生在训练中由一般的要领转化为技能和技巧。他是这样做的：学生在课堂上朗读自己的习作，班级学生进行评论，再由教师按每节课教学的重点进行小结，然后按照每节课要求布置有关作业。学生训练成果在"每日写作 900 秒"的簿册中反映出来。到了下一次，再围绕要求进行训练。

写作训练课，还与文本学习紧密结合。关于语文教学，他提出了"三线并进、多向沟通"的改革措施。所谓"三线"，指的是现代文、文言文、写作，它们每周并列进行。"多向沟通"，则是在教学中注意读写沟通、师生沟通、生生沟通、本学科与其他学科沟通、课内外沟通、校内外沟通。就写作而言，则提出了"以读带写，以写促读"的要领。他的语文课呈现出立体态势，学生懂得左思右想，开阔了学生写作的思路、视野。

"每日写作900秒"经过两个学期实验，学生写作热情普遍高涨：学生的佳作在课堂上得到表彰，积极性大为提高；学生以写得好的同学为榜样，班级形成了你追我赶的写作氛围。学生写作水平普遍有大幅度提高，有的甚至写出了长篇连载。学生的优秀之作编成了《我最得意的作文》，由上海教育出版社2002年出版。

在长期的写作教学实践中，他提炼出一些有价值的观点。

他认为，学生要写好文章，至少应具备五个条件：（1）必要的文化修养。没有文化修养，客观事物写出来就会走样。（2）相应的思想基础。没有一定的思想水平，不具备相应的思想方法，写文章就易犯片面性、绝对化的毛病，就不容易看清事物的本质。（3）一定的写作技巧。恰当运用写作技巧，可以增添文章的艺术感染力。（4）相应的语言运用能力。有材料，有思想，不能用合适的语言来表达，文章也写不好。（5）相当的生活积累。写作教学，应从这五个方面做正确的引导，而且应同时着力，只重视某一个方面，学生文章不易写好。

他还提出写作教学应有三大突破。

一要突破常用文体的模式。常用文体指的是三大教学文体：记叙文、说明文和议论文。他认为，这样的文体分类，是比较粗线条的，与文学文体的分类常纠缠在一起。学生写文章，就是表情达意，应让学生在五种表达方式上多加训练，让学生用鲜活的思想，不拘一格地自然表达，不必在常用文体上多花功夫。

二要突破成篇写作的格局。写作，是学校语文课的一种练习，不必要求学生每次写作练习都写出一篇完整的文章。一要求成篇，学生就会过多地考虑结构的问题，如何开头、结尾等，一是需要足够的时间，二是在表达上会受到限制。放弃这种教学观念，至少有两点好处。一是从内容上，学生会及时写下生活中的点滴感受，思想上的瞬间闪光，对某个现象做三言两语的评论。学生日积月累，写作素材日渐丰富，易于形成勤于动笔的习惯。二是从形式上，可以多做一些写作的分解训练。写作是一种综合性很强的语言表达，它由许多要素构成，比如观察，积累、联想与想象、分析与综合、选材与组材、语言运用等，这些需要有计划的分解训练。采取分解训练的方法，容易操作。每次一个重点进行训练，循序渐进，螺旋上升，学生的写作水平才有可能获得扎实的提高。写作不强调成篇，正是为了更好的成篇。

　　三要突破读写分离的现状。他主张"读与写，应当紧密结合"，具体方式有两种：一是"以读带写"，二是"以写促读"。比如，在阅读时，写些眉批、总批，做读书笔记，制作卡片，写人物形象分析，写读后感，完成"思考与练习"，对课文进行扩写、改写，等等。读的时候不忘写，写的时候不忘读，吸收与运用相结合，就会收到良好效果。

第三节 四十年写作教学理论与实践的时代价值

一、写作教学理论的时代价值

改革开放以来，写作教学改革实验经历了勃兴期、繁荣期，至 20 世纪 90 年代末渐趋沉寂。这一阶段大量的教学实践和理论探索，为 21 世纪写作研究积累了丰厚、宝贵的资料。新世纪新课标，写作教学迎来了多元时代，写作教学理论研究深入发展。

"学生语文学习得怎样，写作可以作为衡量的重要尺度。"这句话被多次写进中学语文教学大纲。一篇作文成为衡量一个学生语文水平的重要尺度，甚至是衡量一个学生素养的重要尺度。20 世纪 90 年代末有人提议"高考语文就考一篇写作行不行？"。

2001 年，《全日制义务教育语文课程标准（实验稿）》颁布，标志着我国写作理念的变革："为自己而写作"，倡导"创意表达"。"写作时考虑不同的目的和对象"，蕴含着写作"是为了交流"的理念。这些理念，是适应社会发展需要的，也是符合学生写作能力发展规律的。语文教育家章熊说："中学生写作内容随着视野的拓展而变化，大体上遵循着这样的轨道：开始的时候是自己和周边生活所带来的喜怒哀乐；渐渐地，许多社会现实引起了他们的思索，这时候，他们的写作题材增多了，思考也更深入了；这种思考不是一成不变的，它随着学生对历史文化的积淀和理解而不断深化。"[1]"为自己而写作"和"为社会而写作"，如何交织而行，它们与"为考试而写作"的关系是新课改写作教学实施中的实际问题。

上海师范大学王荣生认为："到目前为止，我们对于写作能够说清楚是两句关键的话。第一句话：写作是特定语境中的书面表达。第二句话：写作活动是在特定语境中构造语篇。"[2]这段话意味着写作是特定语境下的交际行为。

---

［1］章熊. 关于中学写作教学的几点思考［J］. 中学语文教学，2006（10）：3-6.

［2］王荣生，邓彤. 写作教学教什么［M］. 上海：华东师范大学出版社，2014：11.

这一时期写作教材建设取得了重大进展。除了传统的"混合型"，还探索了"分编分册型"和"分编合册型"，以"分编分册型"写作教材最为突出，体现了我国写作教学科学化的探索成果。一套写作教材，就是建构一个写作教学体系。这个体系包括教学文体训练序列、学生思维发展序列、学生写作能力发展规律、知识序列（含汉语知识、文体知识、逻辑知识、写作知识），探索它们的合理配置。这是纵线，还有横线：阅读、听说体系。各体系互相配合、相互作用、相互促进。

关于构建写作教学科学化体系，也遭到质疑。一个基本的认识是，写作不是科学活动，而属于艺术活动范畴。写作课程，不是"反映型"学科，也不是"抽象型"学科，没有必然的逻辑关系。它是一个"应用型"学科，着眼于培养操作能力，特别是培养心智操作能力。技能训练是有序可循的，而能力是个综合体，没有明显的序列。写作教学，当然需要知识，不仅需要陈述性知识，更需要程序性知识和策略性知识。我国写作课程知识多以静态的陈述性知识为主。这些知识是培养写作能力的基础，但需要转化。章熊认为："知识只是一种辅助性手段，它有助于专门能力和技能技巧的培养，但学了知识并不能直接形成相应的能力。甚至可以说，系统的理论讲授并没有多大意义，课程的学习，关键在于有指导的反复实践。"[1]邓彤等人认为，按照七年级记叙文、八年级说明文、九年级议论文有序进行，看似符合学生心理发展规律。根据皮亚杰的发生认识论理论，11岁以上的儿童思维处于形式运算阶段，开始形成系统的抽象思维能力。这样的安排，其实大大落后于学生心智发展水平，与维果茨基的"最近发展区"理论形成直接冲突。[2]

"若以教学目标作为划分标准，国际作文教学发展主要经历了关注结果（product）—关注过程（process）—关注语境（context）这样一个发展过程。与之相应地形成了文章写作（articles writing）、过程写作（process writing）、交际语境写作（communicative context writing）三

---

［1］章熊. 关于中学写作教学的几点思考［J］. 中学语文教学，2006（10）：3-6.

［2］邓彤，王荣生. 微型化：写作课程范式的转型［J］. 课程·教材·教法，2013（9）：38-45.

大写作教学流派。"[1]改革开放后"大纲阶段",我国的写作教学主要是关注写作的结果,属于文章写作流派。而"课标阶段",我国普遍采取交际语境写作方式。新课标"主题组元"语文教材,不追求写作教学的逻辑序列,采取"活动写作"方式:将写作活动置于具体的生活情境之中,要求学生根据活动需要进行多种文体的写作。这种写作教学有利于学生自主写作、自由发挥,有利于增强学生写作的读者意识、交流意识。如此看来,我国这一时期的写作转型跨越了"关注过程"的过程写作方式,直接跳跃到交际语境写作。新课标语文教材,采取淡化知识的态度,学生写作过程中需要的写作知识,特别是关于如何写的程序性知识和策略性知识需要教师二次开发,这就大大增加了教师的写作教学任务,大大提高了对教师写作水平和指导能力的要求。

写作评价是重点,也是难点。它是写作教学科学化的一个不可缺乏的组成部分。章熊领衔研制的"高考作文能力要求及评分参照量表"以及评分细则等,为我国写作评价的客观性、公正性和科学性奠定了基础。此后各地高考写作评分标准皆在此基础上予以修改、补充。新课改以来,写作评价除了终结性评价、诊断性评价,还在探索发展性评价、过程性评价、多元化评价,这是我国写作评价方式的丰富和完善,能充分发挥评价的多样化作用,有利于客观、公正地评价写作,有利于学生写作的改进。

写作教学的评价,是这一时期写作教学研究的新领域。主要研究者是浙江师范大学的蔡伟、张先亮、童志斌。2008年他们发表了这方面的两项研究成果,研制了关于写作指导、写作评价的质量评价标准。写作教学的评价,试图对写作教学过程中每一个环节的质量进行实验研究,并研制相关的评价标准,开展对写作教学的质量评价,这有利于科学评价写作教学,有利于改进写作教学,提高写作教学的有效性。

二、写作教学典范人物的时代价值

于漪、章熊、蔡澄清等,是新中国成立以来语文教师的杰出代表。

---

[1]董蓓菲.从知识传授到行为实践的视点转移——我国作文教学转型的理论依据与实施路径[J].课程·教材·教法,2014(9):56-61.

他们以高尚的思想道德品质和职业精神，成为语文教育界的"火炬"。他们在语文教育领域进行了长期、多方面的实践和理论探索，为我国语文教育现代化、科学化做出了杰出贡献。在写作教学方面，他们各有丰硕而独特的成果。

写作过程指导模式，国外主要有四种亚模式：观察指导模式、认知指导模式、文学指导模式和日常生活指导模式。于漪的写作教学模式，属于认知指导模式。这一模式对教师写作素养要求很高，因为需要对写作过程中的每一个环节进行指导，要适度、有效，不仅需要陈述性的知识，更需要程序性知识和策略性知识。陈述性知识在教材中比较丰富，但需要转化才能有利于写作能力的培养。我国写作教材普遍缺乏程序性知识和策略性知识。但是于漪迎难而上，逐渐形成了中学语文界独树一帜的写作教学流派。关于写作讲评，她形成了比较系统而深刻的认识：写作讲评要系统化、序列化和科学化。

章熊对语言和思维及其二者关系进行了深入研究，提出语言围着思维转，思维围着思想转，而思维最为活跃。这一理论对写作教学有重要指导价值。20世纪80年代初他开展的简单论文写作，是二十年后我国开展研究性学习的先河，并于1984年形成著作《简单论文写作》。他同时开展的"语言训练"实验，对高中生语言能力发展规律有了清晰的认识，可以形象地称之为言语能力层级发展的"Y模型"。低层是规范阶段，中层是熟练阶段，此后分化，一极朝着实用化方向发展，相当于得体，一极朝着艺术化方向发展。他指出，中学语文教学，首先是语言规范训练，其次是训练学生言语熟练操作。至于得体和艺术化阶段，一方面靠适当训练，另一方面有赖于学生的天资。他的这一认识，对中学阶段语文教学包括写作训练有指导价值。他对言语技能的训练和写作教学的研究有两本著作：《中学生言语技能训练》和《和高中老师谈写作教学》。这两本著作对科学地开展言语技能训练、写作训练有指导、借鉴价值。他的《高考作文能力要求及评分参照量表》《中国当代写作与阅读测试》等著作，提高了我国写作评价的科学性，影响广泛而深远。

蔡澄清的写作教学改革实验有鲜明的特色：民族化、现代化和科学化。其民族化特色，体现于写作教学实验中，采用点拨教学法。点拨教学法继承了我国传统的启发式教学思想。在写作教改实验中，既狠抓重点积累阶段，又狠抓疑难点拨。学生写作困难有二：一是学生写作过程中存在的薄弱环节，二是思考阶段。思考阶段主要是审题、立意和构思这三个关键点。其现代化特色，体现在"积累—思考—表达"符合现代系统论和信息论原理。写作是一个信息输入、加工转化、输出的系统过程。积累是信息输入；思考是信息加工、转化，是关键；表达是信息输出。其科学性体现在多个方面：（1）将写作训练建立在学生能力发展的规律上。（2）写作训练与知识学习、语言训练、例文学习合理结合。（3）实验教材将阅读与写作灵活、合理结合。初一年级混编一册，阅读为重，阅读为写作积累知识，引导学生学习技能技巧和谋篇布局；初二年级，阅读与写作分编分册，以写作为重，进行系统的分项训练；初三年级，再次将阅读与写作合编一册，全面训练各种文体，略侧重于议论文写作训练。（4）对每一类文体多次分解，逐步细化，写作训练项目明确而完备。这一写作教学训练体系在我国当代可谓独树一帜。

刘朏朏、高原合编的"写作三级训练体系"明显区别于以文体为中心构成的写作训练体系，为我国写作教学科学化探索另辟蹊径。"写作三级训练体系"，摆脱了文体教学，着眼于写作能力培养训练体系的建构，采取的是写作过程指导模式。它有两点新颖之处：（1）着重培养学生的观察能力和分析能力，特别是观察能力培养。他们采用了观察指导模式，训练学生采用不同的观察方法，以写观察日记、观察笔记的方式，来积累日常生活素材，为写作准备鲜活的写作素材。（2）在初三年级，训练借鉴性表达和创造性表达，要求学生写随笔，将语感训练和章法学习结合起来，将借鉴性学习与创造性表达紧密结合，这与当前的新课改写作理念相呼应。章熊在肯定这一训练体系对传统写作训练体系有重大突破之外，"也批评其阶段划分的机械化，认为'观察'、'思考'和'表达'是不能划分为三个阶段的"[1]。

方仁工的写作教学思想，在继承中有创新。比如他发扬了古代的"读写结合"指导思想，不仅追求二者的紧密结合，还做到"三线并举"，即

[1] 叶黎明.写作教学内容新论 [M].上海：上海教育出版社，2012：91.

现代文、文言文、写作齐头并进，力求"以读带写，以写促读"，使语文课呈现立体态势。再比如，写作教学的序列化，他也遵循，但是他不以预设的写作知识、文体知识、写作能力等逻辑体系为自己的写作训练序列，而是着眼于学生写作过程，写作过程中的实际问题，比如写作能力、写作思维、写作技巧，择其要者，构成若干个写作小的序列，在写作训练课中逐步加以指导训练。他每周的写作课，类似于当今写作教学研究热点——"微型写作课"。他的写作教学思想，有的突破了当时的主流认识。比如，学生不一定按照常用的文体模式写作，不必强调文体，要在五种表达方式训练上多花一些工夫，学生写作不一定强调成篇。他认为，学生写作写得好，不是教师改出来的，而主要靠学生不断写出来的，教师的作用主要在于引导、鼓励。因此，他提出："写作写得好，靠的不是'学得'，而是'习得'。"[1]他的"每日写作 900 秒"实验卓有成效，就是有力的证明。这个写作"习得观"与当时写作"学得派"针锋相对。他的写作教学过程常态化、接地气，与新课改提倡的写作教学理念多有契合。

---

[1] 方仁工.作文教学断想［J］.中学语文教学参考，2000（4）：2-5.

第六章 | 四十年口语交际教学

　　语言分为书面语和口语。书面语用文字来表达，口语通过发音器官来表达。在生活中，人们为了表达自己的思想和情感，达到一定的交际目的，使用有声语言和体态语言，向交际对象传递信息、交流思想、表达情感，于是，口语交际便出现了。

　　我国古代比较重视口语交际。《论语》就是一部对话录，其中多次谈到"言"（即说话）的重要性。战国时期也曾出现一批著名的雄辩人士，如苏秦、张仪等。隋唐科举制度兴起后，统治者以文章取士，口头语言与书面语言逐渐脱节，这种现象一直延续到清末。五四运动以后，随着西方演讲学的引进，在一些有识之士的倡导下，有些学校开设了演讲、辩论等课程，口语教学成为语文教育领域的一项内容。20世纪初至中华人民共和国成立前，中学语文的口语教学经历了从无到有的发展过程。中华人民共和国成立之初，语文教学对口语教学未能给予足够的重视。

　　在四十年的语文教育发展中，口语教学在不同时期有不同的称谓：20世纪80年代称为"听说教学"；20世纪90年代称为"听话""说话"；进入21世纪到新课程标准制订称为"口语"，现在统称为"口语交际"。

第一节　四十年口语交际教学概说

一、口语教学在语文教学大纲中的变化

长期以来，我国中小学语文教学中的口语教学基本上处于自然状态，语文教学大纲没有明确的要求，课堂上也没有具体的实施。

1978年颁布的《全日制十年制学校小学语文教学大纲（试行草案）》中，只在其"基础训练"中要求："懂得说话、作文都要围绕中心，要突出重点；懂得说话、作文不仅要准确、通顺，还要生动、活泼。"这里，把"说话"单列出来，并且和"作文"并列，显示出对"说话"的重视。在同年颁布的《全日制十年制学校中学语文教学大纲（试行草案）》的"教学目的和要求"中，要求"从初中到高中，学生要逐步提高口头表达能力，学会说普通话"。同以前的语文教学大纲相比，该教学大纲强调了"说普通话"，突出了口语教学的具体内容。

1980年，语文教学进入了拨乱反正的恢复期。教育部重新颁布了《全日制十年制学校小学语文教学大纲（试行草案）》，大纲依然把语文教学的目标锁定在读写能力的培养上，但对听说教学有了一些不系统的表述，在"教学目的和要求"中规定："能听懂普通话，听人讲话能抓住主要意思；能说普通话，能当众说清楚自己的意思。"同时，对各年段普通话听说教学都有具体要求。该语文教学大纲对听说教学要求发生了积极的变化，强调能听、能说，在"阅读教学"中也明确要求："要重视复述。复述可以培养学生的口头表达能力和逻辑思维能力。要求学生用普通话复述课文的片段或全文，做到声音响亮，口齿清楚，语句通顺，有中心，有条理。要采取多种形式，循序渐进地进行复述练习。"在同年颁布的《全日制十年制学校中学语文教学大纲（试行草案）》的"教学目的和要求"中，依然要求"从初中到高中，学生要学会说普通话，进一步提高口头表达能力"。小学语文教学大纲，对课堂教学中的口语教学提出了具体要求。中学语文教学大纲虽然对听说教学关注不够，但仍重视普通话教学，同时关注初、高中学生口语表达能力的培养。

1981 年 5 月 11 日，上海市和江苏省同时举办初中语文听说读写邀请赛。上海市有 11 个区和 10 个县共 84 所中学初一、初二年级的 420 名学生参加比赛，赛场设在上海市淮海中路北侧的向明中学。江苏省有 14 个市的 14 所中学的初一、初二年级的共 140 名学生参赛，赛场设在长江大桥旁的南京铁路中学。这次比赛，听说也是其中的项目，学生为了准备听说项目比赛，利用收音机进行听说能力训练，回到家中对着镜子训练说话。听的比赛是要求听完一个故事录音，然后让学生在 25 分钟内完成一系列对思维能力要求很高的问题。说的比赛是口头写作，要求学生把自己生活中经历过的"他们和我们"的一类事情编成故事，加上题目，在 5~7 分钟内用普通话进行口述。这次比赛，由《语文学习》杂志组织，在全国产生了很大的影响，山东省教育厅派 6 人专程到南京观摩学习，可谓盛况空前[1]。

这一时期，叶圣陶关于"听、说、读、写四项应该同样看重，都要让学生受到最好的训练""语文学科不该只用心与眼来学习，需在心与眼之外加上口与耳才好""要多在口耳上下功夫"等论述，引起了人们的关注，人们认识到了听说教学对学生整体素质和能力的影响。[2] 为此，《语文学习》杂志特地邀请了陈钟梁、陈文高、于漪、陈英、陆继椿等编写了《初中语文听说训练教程》，结合初中语文几个单元的课文，设计听说训练和教学指导[3]。

1986 年颁布的《全日制小学语文教学大纲》第一次明确提出"培养学生的识字、听话、说话、阅读、作文的能力和良好的学习习惯，并在语言文字的训练过程中进行思想品德教育"。在"教学目的和要求"中，明确提出了"能听懂普通话。听人讲话时要注意力集中，能理解内容，抓住要点，要有礼貌。能说普通话。要口齿清楚，声音适度，态度自然；能当众说出要说的意思，做到清楚明白，有中心，有条理。说话要有礼貌"

［1］《语文学习》编辑部. 用美的语言反映美的心灵——上海市、江苏省初中语文听、说、读、写邀请赛侧记［J］. 语文学习，1981（6）：62-64.

［2］陈炳文. "要多在口耳上下功夫"——浅谈语文教学中的听、说训练［J］. 人民教育，1984（10）：42-43.

［3］陈钟梁，陈文高，于漪，等. 初中语文听说训练教程［J］. 语文学习，1984（8）：34-37.

的具体要求。在"阅读教学"中，提出"要重视复述。复述可以培养学生的口头表达能力和思维能力。要求学生用普通话复述课文，做到声音响亮，口齿清楚，语句通顺，前后连贯。要采取多种形式，循序渐进地进行复述练习"。在"努力改进小学语文教学"中，提出"要加强听话和说话训练。听说训练是语文教学的重要任务。培养听说能力既是日常生活的需要，又能促进读写能力的提高。因此，教师要加强听话和说话的指导，培养学生的听说能力"。这是关于口语教学表述最多、最全面的一次。

1986年颁布的《全日制中学语文教学大纲》，打破了原有的阅读、写作中心，使听说成为与阅读、写作同等重要的学科教学内容。在"教学目的"中，提出了"使学生热爱祖国语言，能够正确理解和运用祖国的语言文字，具有现代语文的阅读能力、写作能力和听说能力"。在"教学要求"中，要求初中阶段"能用较流利的普通话发言和交谈"，"高中阶段，在初中的基础上，进一步提高现代语文的阅读能力、写作能力和说话能力"。中学语文教学大纲不像小学语文教学大纲那样对口语教学提出更为明确的教学要求，但是口语教学进入高中语文教学目标和要求，这是第一次。

总体来看，与以前的语文教学大纲相比，这次大纲对听说教学的要求发生了积极的变化：听说教学的内涵更加丰富了，在继续强调听说技巧、技能要求的同时，提出听"要注意力集中，能理解内容，抓住要点，要有礼貌"，说要"能说普通话。要口齿清楚，声音适度，态度自然；能当众说出要说的意思，做到清楚明白，有中心，有条理。说话要有礼貌"等具体要求。但是，由于没有具体的实施内容和考查要求，在中小学语文教学实践中，教学依然是重读写、轻听说，听说教学并没有成为独立的学科教学内容，仍从属于阅读教学和写作教学。

大纲中的积极信号使得许多研究者开始研究口语教学。徐光兴把视野投向国外，在《安徽教育》发表《听说读写，综合发展——英国小学语文教学介绍》；《语文教学与研究》连续发表了赵正刚的《重视培养学生的听说能力》和胡卓学的《高三也应重视"说"的教学》等文章，对口语教学给予了更多的关注。

中等师范学校开始开设口语课，重视对学生进行听说能力的培养。

江津师范学校的夏菊阳认为："语言是思维的物质外壳，训练学生的语言就是训练学生的思维能力。这是发展学生智力的基本训练，教师应当重视。中小学生天天要说话，口头表达比书面表达的实践不知多多少倍，如果不重视口头表达能力的训练而片面地单纯搞写作训练，不免要事倍功半，有时还事与愿违。"[1] 上海第六师范学校的吴天锡从师范生培养的角度，提出"训练听知注意力""训练听知理解力""训练听知记忆力""训练听知辨析力""训练听知想象力""训练听知灵敏力"的口语教学主张。[2] 这一时期，中等师范学校教师对说话课的性质与任务、训练内容、教学结构、教学环节、练说形式等，进行了更为细致的研究。[3] 中等师范的口语教学研究远远领先于普通中学。

1988 年，《九年义务教育全日制小学语文教学大纲（初审稿）》颁布。在这个初审稿中，对听说教学给予了特别的关注。在"教学目的和教学要求"中，要求"听人说话，能理解内容，抓住主要意思；学会说普通话，做到意思明确，条理清楚"。尤为突出的是在"教学内容和教学提示"中，对"听话和说话"进行了较为详细的阐述：明确提出"听话、说话训练是语文教学的重要任务。培养学生的听说能力既是日常生活的需要，又能促进读写能力的提高和思维的发展"。然后分别对听话和说话的要求与训练方式进行了阐述。

这个大纲具有如下特点：（1）注重听说读写的相互联系和全面训练，纠正了以往忽视听说训练的偏向。（2）注意在听说能力训练中发展学生的智力，注重训练学生的思维，体现义务教育注重素质培养的精神。（3）听说教学的教学目标和教学内容比较具体、明确，便于教材编写者和一线教师的实际操作和效果检测。（4）重视听说教学的实践性，提出在语文课外活动中进行听说训练。

在中学语文教学研究中，研究者从理论和实践两个层面进行研究。钟和诚发表《中学语文的听说教学》一文，对"听话活动的特点及其能力培养""口头表达的特点及其能力培养"进行了阐述，对人民教育出版

[1] 夏菊阳. 语文教学中的口语训练 [J]. 四川教育，1981（1）：22-23.

[2] 吴天锡. 师范生听力训练初探 [J]. 课程·教材·教法，1986（3）：47-49.

[3] 陈一飞. 口语教学面面观 [J]. 课程·教材·教法，1987（4）：46-48.

社新编《全日制中学语文教学大纲》中关于听说训练的系统设计、人民教育出版社分科型教材的听说训练安排、北京师范大学"五四三"学制试验初中语文对听知能力训练的设计进行了系统详细的介绍。[1]鲁宝元开设系列听说训练讲座，对"语文教学大纲对听说能力培养的要求""听说能力培养的途径和听说教学的原则"等进行详细梳理和介绍。[2]刘化众提出了"一般性指导和特殊性指导相统一""随机性指导和专题性指导相统一""听说指导和读写指导相结合""听话指导和说话指导相结合""创设情境指导和模拟情境指导相结合""语言指导和思维指导相统一"的教学指导原则。[3]徐振维主张把阅读和听说结合起来，在阅读中训练学生的口语能力，这样才能顺应语文学习的规律，学生多动脑，多动口，语文课的效益才能得到保证，语文课的教学质量也将会全面提高。[4]

1990年，在"减负"的背景下，国家教委对1986年制订的《全日制中学语文教学大纲》做了修订。大纲除继续肯定听说的教学地位外，对听说能力训练的内容也做了适当的减负，教学目的、教学要求、教材内容的表述中对听说一语带过。只有"写作教学"提及"口头表达和书面表达在现代生活中具有同样重要的意义，指导学生口述见闻、说明事理、发表意见等，不仅可以提高口头表达能力，对提高书面表达能力也有促进作用"；"教学中应重视的问题"部分提出"课外听说指导，主要是指导学生举办故事会、演讲会、辩论会、朗诵会"。在"各年级语文基本能力和基础知识教学要求"中对听说能力训练的要求做了稍微详细的表述。修订的基本原则是降低难度，减轻学生负担。听说能力的要求，因考虑到南方地区学生普通话的熟练程度与北方地区学生有一定的差距，从实际出发，一方面要积极推广普通话，另一方面对普通话又不能要求过高，所以，原教学大纲中规定的"能用较流利的普通话发言和交谈"改为"能用普通话发言和交谈"，删去"较流利的"要求。

［1］钟和诚.中学语文的听说教学［J］.西南师范大学学报（社会科学版），1988（1）：122-127.

［2］鲁宝元.听说训练讲座［J］.语文教学通讯，1988（10）：43-50.

［3］刘化众.听说训练指导法则刍议［J］.安徽教育学院学报（社会科学版），1989（1）：94-96.

［4］徐振维.结合阅读教学 加强听说训练［J］.语文学习，1989（8）：8-9.

这一时期的口语教学研究，开始关注口语测试方法及口语教材建设。李志强撰文提出"字（词）量统计法""语速测定法""问题应答法""内容复述法""意义理解法""等级评定法""诊断检测法""习惯检查法""情境测验法"等九种听说测评的方式方法。[1]张润秀对听说教学的内涵及"语言链"的形成进行了理论分析，然后结合自己所在学校的教学实践，介绍了自编的《中学语文听说课教程》。[2]

1989年，上海师范语文教学研究会组织编写的《口语训练教程》经修订正式出版，全国有28个省、自治区、直辖的260所师范学校近3万名师生使用这套教材。编写者通过举办"中师口语训练讲习班"，初步培养了一支较有水平的口语教师队伍。[3]河北滦县师范学校董兆杰等人编写的《口语训练》等教材，也在中等师范学校广泛使用。安徽省芜湖师范学校的应天常对中师口语教学的理论与实践，也开展了较为深入的探索。

1992年，《九年义务教育全日制初级中学语文教学大纲（试用）》颁布，并于1993年秋在全国范围内正式实施。这次修订，体现了素质教育的宗旨、重点和特点，在结构上做了较大调整，把试行大纲中的"听话说话"改为"口语交际"，但仍然就听话、说话两个方面提要求，强调"口语交际要讲究文明和修养，态度自然，尊重对方，注意对象和场合"。明确提出初中语文教学的基本目的是"提高阅读、写作和口语交际能力，发展学生的语感和思维，养成学习语文的良好习惯"，把口语交际作为语文的基本能力与阅读和写作并列起来，使其受到了应有的重视，进一步明确读写听说之间的关系。这次修订，新大纲提出了"听"要"耐心专注地倾听，了解对方的意思，领会意图，抓住中心和要点"；"说"要"讲普通话，做到语言清晰，语句连贯，条理清楚，能准确表达自己的想法与心情，并努力使对方理解"等；同时还提到一些具体要求，"复述转述，力求完整准确；讨论发言，围绕话题，简洁明了；讲述见闻，内容具体，语言生动"等。

［1］李志强.听说测评的形式和方法［J］.教育研究与实验，1990（1）：52-56.

［2］张润秀.听说教材建设的构想和实践［J］.语文学习，1990（4）：20-23.

［3］吴天锡.《口语训练教程》编写过程和有关中师口语训练的几个问题［J］.渤海学刊，1989（1）：90-96.

　　将"听话说话"改为"口语交际"，与汉语言语交际学研究注重提高口语交际能力有很大关系，这是对口语本质与特征认识的加深。现代社会需要每个公民都具有较强的口语交际能力，这种能力比会听、会说要求更高，是一种在交往过程中表现出来的灵活、机智的听说能力和待人处事的能力。口语交际教学的任务是规范学生的口头语言，提高他们的口语交际能力，培养学生良好的听说态度和语言习惯。浙江省余杭县（今余杭区）临平镇第一中学的冯之铿，开展读、写、听、说整体教学改革，变"讲授型"课堂为"学习型"课堂，把一周六节语文课划分为学懂新教材的"导读课"和学会新教材的"演练课"。其中的"演练课"分为"听记训练""口头表达训练""书面表达训练"三种，通过几年的实践，取得了较好的成绩。[1]张锐在《语言文字应用》发表长文，对听话教学的重要作用、听话活动的特点和听话能力的培养与训练进行了系统的阐述，对当时的口语教学具有很好的指导作用。[2]一些学校开展系列活动，落实教学大纲提出的听话训练和说话训练的十五项要求。[3]

　　经过教学实践研究，人们总结出培养学生口语交际能力的三条途径：第一条是利用语文教学各个环节有意识地培养；第二条是给学生创设交际情境，让他们双向往复地进行口语交流；第三条是让学生在日常生活中积极主动地进行语言交际锻炼。总之，口语交际强调了说话是在双向互动的语言环境中进行，在动态的口语交流中培养学生的听说能力，让学生在交流的过程中进行归纳、分辨、评价，提高思维的敏捷性、条理性和深刻性。

　　1993 年，国家教委颁布了《师范院校教师口语课程标准》，正式确立了"教师口语"在师范类各专业课程设置中的必修课地位。在师范类院校中开设教师口语课程，经过了很长的一段探索。上海第六师范学校从 1980 年起在各年级试开口语训练课，河北沧州师专从 1985 年起在全校六个系开设口语训练课程。1988 年，全国汉语口语研究会在沧州成立，

---

［1］冯之铿. 读写听说教书育人　学而时习发展智能——大面积提高初中语文教学质量的一点尝试［J］. 课程·教材·教法，1993（3）：37-41.

［2］张锐. 听话教学和听话训练［J］. 语言文字应用，1993（3）：9-18.

［3］苏豫生. 组织听说比赛　促进听说训练［J］. 教育学报，1993（5）：42-46.

口语研究会联合全国汉语口语研究、口语教学的有志之士，广泛开展口语教学研究，在 6 年中召开了 4 次学术年会，并举办了 3 期口语教学培训班，对全国各大中学校的口语教学起到了推动作用。师范院校中开设教师口语课程的学校越来越多。经过多年努力，教师口语课终于被国家教委正式列入师范院校教学计划。尽管高等师范院校关注的是教师口语，但其对口语训练的方法于中学口语教学具有很大的启发作用。[1] 同时，高校教师对中学语文中的听说教学在理论上和方法上给予了关注，如刘正伟的《论中学语文听说教学的现状及改革趋势》和《再论中学语文听说教学的现状与改革》等。[2]

1996 年，国家教委颁布《全日制普通高级中学语文教学大纲（供试验用）》，依然把口语教学称作"听说教学"，在具体要求上也没有什么变化，高中的口语教学依然落后于初中。

从 1997 年开始，社会上对语文教学展开了一场声势浩大的讨论。这次讨论涉及了中小学语文教学的教育理念、教材、教学、考试等各个方面，对中小学语文教学造成一定的影响，使得语文教学成为一个受到社会关注的热点问题。虽然讨论中有"误尽苍生""祸国殃民"等过激甚至错误的言论，但也有一些好的意见和富有建设性的建议，比如语文教育必须加强学生的文学素养，要重视学生个体的差异，尊重学生个性的不同，要培养学生的创造力等。

这一时期，一些教师提出要在听说教学中培养学生的思维能力，教师必须形成培养学生思维能力的意识，要在教学中创设听说的环境，通过问题设计，引发学生进行深度思考，进而通过口语表达训练，培养学生的逻辑思维能力和创造能力。[3]

2000 年，为贯彻落实第三次全国教育工作会议的精神，总结吸收两年来社会上关于语文教学讨论的积极成果，教育部颁布了《全日制普通高级中学语文教学大纲（试验修订版）》。这次修订，在"教学目的"中

［1］邸文侠."教师口语"课程浅探［J］.安顺师专学报（社会科学版），1994（3）.

［2］分别发表在《淮阴师范学院学报（哲学社会科学版）》1994年第1期和1995年第2期。

［3］邹斌.听说教学与思维能力的培养［J］.镇江市高等专科学校学报，1999（2）：20-22.

提出"使他们具有适应实际需要的现代文阅读能力、写作能力和口语交际能力，具有初步的文学鉴赏能力和阅读浅易文言文的能力；掌握语文学习的基本方法，养成自学语文的习惯，培养发现、探究、解决问题的能力，为继续学习和终身发展打好基础"。在高中语文教学大纲中第一次出现了"口语交际"一词，并把"口语交际能力"与其他的几种语文重要能力同等并列。"口语交际"的教学内容和要求，共有两条：第一条是"养成说普通话的习惯"，第二条是"根据不同场合的需要，恰当机敏地进行口语交际（包括交谈、发言、演讲、讨论、辩论等）"。和初中阶段相比，要求相对简单，但这标志着口语教学开始全面地延伸到高中阶段。

2001年颁布实施的《全日制义务教育语文课程标准（征求意见稿）》具有重要的里程碑意义。它表现出全新的语文教育观，体现了当代教育以"学会认知、学会做事、学会合作、学会生存"为特征的时代精神，与以往的语文教学大纲存在着本质性差别。在"课程性质与地位"中，对语文学科的性质表述为："语文是最重要的交际工具，是人类文化的重要组成部分。工具性与人文性的统一，是语文课程的基本特点。"第一次提出"课程目标根据知识和能力、过程和方法、情感态度和价值观三个维度设计"。在"学生的语文素养"中，提出"识字写字能力、阅读能力、写作能力、口语交际能力"，把"口语交际能力"与其他几种能力并列。在阐述"语文教育的特点"时，提出"语文课程还应考虑汉语言文字的特点对识字写字、阅读、写作、口语交际和学生思维发展等方面的影响"。"阶段目标"分别从"识字与写字""阅读""写作""口语交际"等方面提出要求。"课程总目标"中对口语交际的论述是："具有日常口语交际的基本能力，在各种交际活动中，学会倾听，表达与交流，初步学会文明地进行人际沟通和社会交往，发展合作精神。"关于口语交际的教学建议是："口语交际能力是现代公民的必备能力。应培养学生倾听、表达和应对的能力，使学生具有文明和谐地进行人际交流的素养。口语交际是听与说双方的互动过程。教学活动主要应在具体的交际情境中进行。重视口语交际的文明态度和语言修养。努力选择贴近生活的话题，采用灵活的形式组织教学，不必过多传授口语交际知识。鼓励学生在各科教学活动以及日常生活中锻炼口语交际能力。"课程标准还提出了口语交际的评价建议，即"评价学生的口语交际能力，应重视考查学生的参与意识和情意态度。评价必须在具体的交际情境中进行，让学生承担有实际意义的交际任务，以反映学生真实的口语交际水平"。

2003年，教育部颁布了《普通高中语文课程标准（实验）》，在"表达与交流"中，对"口语交际"提出了具体的要求："增强人际交往能力，在口语交际中树立自信，尊重他人，说话文明，仪态大方，善于倾听，敏捷应对；注意口语的特点，能根据不同的交际场合和交际目的，恰当地进行表达。借助语调、语气、表情和手势，增强口语交际的效果；学会演讲，做到观点鲜明，材料充分、生动，有说服力和感染力，力求有个性和风度。在讨论或辩论中积极主动地发言，恰当地应对和辩驳。朗诵文学作品，能准确把握作品内容，传达作品的思想内涵和感情倾向，具有一定的感染力。"在"教学建议"中对"口语交际"的教学提出了教学策略："口语交际教学应注重培养人际交往的文明态度和语言修养，如有自信心、有独立见解、相互尊重和理解、谈吐文雅等。应重视指导学生在各种交际实践中提高口语交际能力，选择他们感兴趣的、贴近生活的交际话题，采用灵活的形式组织口语交际教学，而不必过多传授口语交际知识。还应鼓励学生在各科教学活动以及日常生活中锻炼口语交际能力。"在"必修课程的评价"中，对"口语交际"的评价也提出了具体要求："口语交际的评价，应考查学生参与口语交际实践活动的态度，能否把握口语交际的基本要求，善于倾听，在交流中捕捉重要的信息，清楚、准确、自信地表达自己的思想和感情。"这标志着"口语交际"全面进入高中语文教学，并成为高中语文教学的重要内容。

经过二十多年的探索和研究，口语教学完成了从"听说教学"到"口语交际"的质变，标志着人们对语文学科性质认识的加深和完善。

二、口语教学观念的变化与发展

中华人民共和国成立以后，语文教学长期受"重文轻语"观念的影响，口语教学在实践中一直没有得到应有的重视。口语教学，既缺少教学目标，又缺少教学内容，也缺少训练的方法。

20世纪80年代初，语文教育的观念不断更新，口语教学在当时被称为听说教学，也开始被纳入语文课程的教学内容，并被看成学生语文能力的重要组成部分。

1.学生的主体地位得到认可，使口语教学成为可能

1979年，吕叔湘在《关于中学语文教学的种种问题》的讲话中指出："教师培养学生，主要是教会他动脑筋，这是根本。"[1]1980年，他在《叶圣陶语文教育论集》序言中说："教学就是'教'学生'学'。"[2]叶圣陶也认为："语文教学的最终目的：学生自能读书，不待老师讲；自能写作，不待老师改。老师之训练必须做到此两点，乃为教学之成功。"[3]这些观点的提出，强调了语文教育中学生的主体地位，于是，很多一线教师开始打破"满堂灌"的教学传统，让学生成为学习的主体，在课堂教学中给学生更多合作交流、自由表达的机会。从某种意义上说，课堂上师生交流的增多，拓宽了口语教学的渠道，给学生提供了更多的口头表达机会，口语教学的面貌有所改善。

2."大语文教育观"拓展了听说教学的空间

1981年，刘国正提出生活是发展语文能力的基础的观点。1993年，他再次强调"语文教学与生活结合有两个方面：一方面，语文教学固然应以课堂为主要场所，立足课堂，但还要看到其他各科、校园、家庭、社会，充分调动并利用广阔天地中有利于语文教学的因素。另一方面，语文教学不能脱离生活，脱离生活就会变得枯燥乏味和空洞无物；而结合了生活，就有丰富的内容，就会牵动学生的心灵，就注进了充实的活力"[4]。"凡是有人的地方，都要应用语言，只要应用语言，就会给青少年以影响"[5]，突出了语言与生活的密切关系，提出语文学习的外延拓展与生活的外延相等。这些语文教学观念的提出，为打破课堂中封闭性的口语教学提供了理论基础，人们开始思考把口语教学从语文课堂教学引向生活，开拓和延展口语教学的空间，把口语训练同学校生活、家庭生活、社会生活有机结合起来，突出了口语在生活中的交际作用，从而使口语

［1］吕叔湘：关于中学语文教学的种种问题［J］.语文学习，1980（1）：5-12.

［2］叶圣陶.叶圣陶语文教育论集［M］.北京：教育科学出版社，1980：序.

［3］叶圣陶.叶圣陶语文教育论集［M］.北京：教育科学出版社，1980：17.

［4］高群，王家伦.现代语文教育名家评传［M］.南京：东南大学出版社，2014：228.

［5］韩世姣.中国语文教育思想简史［M］.上海：复旦大学出版社，2015：252.

教学的内容、方法和途径大为改观。

3.其他学科的渗透，改变了人们对口语教学的认识

20世纪八九十年代，其他学科的研究方法向语文教学渗透，人们对语文教学研究的视点和研究方法走向宏观，产生了诸如语文教学系统论、语文教学控制论、语文教学测量学、语文教学思维论、语文教学心理学等新的研究领域。这些研究视角更加细致，也更加科学，口语表达作为学生语文能力和素养的重要部分，自然也受到人们的重视。

20世纪70年代末80年代初，语言学研究成果和思维科学研究进入语文学科，引起了人们对语言和思维的重视。北京大学附属中学的章熊开始注重对学生进行语言训练[1]；在口语教学方面，蒋仲仁认为社会的现代化要求重视口头语言，要"出口成章"[2]；宁鸿彬在口头写作中对学生进行语言和思维的训练。

4.对语言特性的认识，强化了人们对口语教学的认识

20世纪80年代，语言学研究成果进入语文教学，人们认识到了语言的交际功能，这直接影响了语文的口语教学。刘焕辉的《言语交际学》对言语交际的基本规律和语言组合手段进行了研究，标志着我国对语言的研究进入新的境界。语言的社会交际功能、语言的文化内涵引起了语文界的关注和思考，为20世纪90年代提出语文是交际工具的定性做了理论准备。同时，教育测量学、教育统计学也受到语文研究者的重视，尽管它们主要作用于语文的笔试，但也为口语表达的评价提供了理论上的参考，为以后口语评价体系的建立提供了理论依据。

随着研究的深入，研究成果逐渐丰富，口语教学开始进入语文教材，口语训练开始进入课堂，口语教学成为语文教学内容的一部分。改变了过去听说教学主要集中在小学阶段的局面，口语教学开始向初中年段和高中年段延伸；口语教学逐渐受到语文教育界学者的重视，理论研究成果增多。

5."口语交际"的提出

经过20世纪80年代的研究，人们普遍认识到语言训练对思维能力

---

［1］章熊.中学生的语言连贯性问题［J］.语文教学通讯，1981（4）：38-45.

［2］蒋仲仁.语文教学要适应语言的发展［J］.课程·教材·教法，1983（3）：3-7.

发展的作用，强调语言训练和思维训练相辅相成，开始自觉地把口语和思维训练联系起来。

1992年，国家教委颁布了《九年义务教育全日制初级中学语文教学大纲（试用）》，第一次把语文定性为"交际工具"，第一次出现了"口语交际"一词，口语教学从过去的"听话说话""听说教学""口语"最终改为"口语交际"。同时，在"教学内容和要求"中对口语交际教学提出了明确要求。但是，当时的口语教学还处在探索的进程中，人们对口语教学如何评价，还没有找到具体的措施和手段。

6."口语交际"教学进入中学语文教材

20世纪80年代末90年代初，人民教育出版社依照新大纲编写了义务教育小学、初中语文课本，口语教学进入了教材。1992年出版的小学语文和初中语文课本，都安排了相应的口语训练。根据1996年高中语文教学大纲编写的高中语文实验教材，也改变了以往把阅读、写作和口语表达混合编排的做法，采取阅读、写作、口语交际三条线并行的编排结构。教材把高中口语训练分为两个阶段：第一阶段主要培养学生的听说表达能力；第二阶段主要培养学生的听说交际能力。为了适应现代生活人际交往的需要，教材还注重对学生的听说能力进行系统严格的训练，努力使学生口语表达规范、简明、连贯、得体。至此，口语交际教学成为各学段语文教学内容的组成部分。

但是，口语教学一直处于从属地位。具体表现为：（1）重读写，轻听说。长期以来，我国教育注重笔试，轻视口试，甚至无口试。尽管教学大纲、教材和考试说明都对口语教学有一定的文字表述，在评价中也主张将口试与笔试相结合，但在实际考查中，并没有对口语表达的考查进行落实。教学中，师生围绕考试"指挥棒"，把大量时间和精力都放在阅读和写作教学中，口语教学停留在教材中和文字层面，口语训练也往往流于形式，读写中心主义成为课堂教学主流。（2）重说话，轻听话。这一时期的口语教学，人们片面强调学生的表达能力，轻视学生的倾听、应对能力。口语表达有"对话"与"独白"两种形式，口语交际是对话双方的直接交流，说者和听者的角色在交际中不断转换，双方根据对表达者话语的正确理解，不断做出恰当反应，使对话延续下去，这是最基本的言语交际方式。独白是表达者独自进行的连贯言语，听者和说者没有直接的言语交流，一般通过体态语和现场气氛做出回应。独白的方式，由于缺少听者的反馈而导致只顾说，不顾表达技巧，不顾听者是否听明白。有些学生表达不清，语序混乱，自说自话，都是独白表达的结果。同时，独白忽视听的能力的训练，导致学生听话不得要领，信息交流单向化。（3）重知识，轻训练。很多教师受"知识中心说"的影响，对听说训练也采取知识化和量化的教学方式，把口语教学分解为听和说两部分，把听和说割裂。听就是听音、辨音、聆听句子或短文，说就是说话、说事、复述等。部分教师在教学中只重视静态的知识和技术要领，忽视动态的言语表达实践，错误地理解口语交际的本质和特征，脱离听说教学的本质和规律。

三、口语交际教学研究专著举隅

与语文阅读教学和写作教学研究相比，虽然对口语教学的研究相对比较薄弱，但也涌现出一批研究口语教学的学者专家，他们从语言学理论和教学实践等方面编写了口语教学的专著。1984年，北京出版社出版了陈建民的《汉语口语》。1993年，西南师范大学出版社出版钟文佳的《汉语口语学》。该书作者从事语文教学工作多年，长期潜心研究汉语口语表达艺术，荟萃了大量口语语料。该书提及的诸多论点是作者长期研究的成果，这是一本对提高口语表达能力有指导意义的好教材。1994年，国家教育委员会师范教育司组织编写了《教师口语训练手册》，作为中等师范专业的学生教材。2000年，广东高等教育出版社出版张振昂的《口语交际教程》（中等职业学校通用语文系列教材）。2002年，南海出版公司出版刘伯奎的《高中生口语交际训练》一书。2003年，高等教育出版社出版了刘晓明等著的《口语交际的理论与技巧》，该书以口才学与交际学为基础，吸取语言学、演讲学、体语学、谈判学、辩论学、心理学等相关学科的知识，结合口语交际过程的实际，就口语交际中的语言使用、语境、幽默、问答、体态语言等方面做出全面的分析说明，并对演讲、会话、论辩、谈判等口语交际的实际应用进行了研究。2007年，中国轻工业出版社出版了孙汝建的《口语交际理论与技巧》，该书从相关交叉学科吸取理论和方法，对口语交际进行多维探索，建立汉语口语交际的理论体系，揭示汉语口语交际的规律和特点。这些著作对语文教育中口语交际能力的培养，对指导社会生活中的口语交际，对语言学的发展都具有一定的探索意义。

1986年，刘焕辉的《言语交际学》出版。1997年，江西教育出版社出版了刘焕辉的《言语交际学基本原理》，该书为"口语交际"概念提供了语言学理论阐释。

2000年，四川教育出版社出版了张鸿苓研究中学语文口语教学的专著《中国当代听说理论与听说教学》，这本书是刘国正、顾黄初、章熊主编的"中国语文教育丛书"中的一本，分上、中、下三编。上编：第一章，听和说的功能；第二章，听和说的生理学理论；第三章，听和说的心理学理论；第四章，汉语的口头语言；第五章，口头语言的运用。中编：第一章，听话教学的地位和作用；第二章，学生听话能力现状和听话教学原则；第三章，听话教学的要求与内容；第四章，听话训练的程序；第五章，听话训练的方式、方法；第六章，听话训练指导。下编：第一章，说话教学的地位与作用；第二章，学生说话能力现状和说话教学原则；第三章，说话教学的要求与内容；第四章，说话训练的方式、方法——结合阅读、写作、听话教学的说话训练；第五章，说话训练的方式、方法——专门的说话训练；第六章，课外说话训练。该书结合中学语文教学实际，对听说教学进行了理论的、实践的归纳和梳理，尤其是论述了"专门的说话训练"和"课外说话训练"，对口语教学成为独立的能力训练和口语交际化，做出了有益的探索。

2004年，广西教育出版社出版了王志凯、王荣生的《口语交际教例剖析与教案研制》一书，该书是"新课程教例与教案研究丛书"中的一本。全书分为四个部分：绪论；上编，理论概述；中编，案例分析；下编，国外借鉴。作者从课程取向的高度分析了我国听说教学的误区，并介绍了口语交际教学的主要课程内容。

2009年，华东师范大学出版社出版了李明洁的《口语交际新视点》，该书是"新专题教程"丛书中的一本。在该书中，李明洁从口语交际课程学的角度对口语交际教学的目标进行了研究。该书提出口语交际是一门独立的课程，是致力于学生个体发展的基本技能；口语交际是基础训练，而不是专业训练；是训练学生在现实生活中使用的基本技能，而不是培养演说家和辩论大师。该书把口语表达能力分成了几个实用技能部分，如倾听、访谈、戏剧、演说、讨论、辩论，并提出创设口语交际环境，组织口语交际共同体，创建口语实习场，坚持口语交际教学形式的多样化等教学形式。

第二节 四十年口语交际教学代表人物举例

与 20 世纪八九十年代对于阅读教学和写作教学研究与实践的盛况相比，口语教学的实践探索相对要沉寂许多。但仍有很多老师把口语教学融入阅读教学和写作教学之中，在自己的课堂教学中对学生进行口语交际能力的培养，如陈日亮、陈钟梁、宁鸿彬等。

一、陈日亮的口语教学

陈日亮在《我即语文》一书中指出，语文教学是"一个语言和语言学习的生成、掌握和运用"的行为过程，语文教学就是要引导学生"了解语言的生成规律"，进而掌握、运用语言，同时养成良好的语言习惯。而语言学习，要以"语言的学习、训练和运用"为重点，通过训练，养成习惯。所以语文课是一门"重在语文行为（听、说、读、写），重在技能经验和心智体验的学科"。

陈日亮培养学生学习语言的方法很多，注重运用口述、复述的方法训练学生的口头表达能力。他通常采用口述的方式来检查学生课前预习情况，如让学生口述课文大意，检查学生对文章的理解程度，这样使学生既了解了课文，又锻炼了口头表达能力。

陈日亮的教学方法有"以文解文"和"以言传言"两种。所谓的"以言传言"，第一个"言"是指学生自己的语言，第二个"言"是指文章的语言。就是让学生通过转述、复述或评述的形式来表达对课文思想情感的理解。课堂上，一位学生表达了自己对课文的理解，全班同学一起进行讨论，每一位学生都参与口语表达的训练中，有效地发挥了每一位学生的主体性。学生在口述时，要求用词恰当准确，表达清晰，让学生学会口语表达中语言的组织与内容的组合。

这种"以言传言"的教学方法，能让学生在充分感知和理解课文的基础上学会用自己的语言进行复述、转述、概述、评述，这样，老师通过学生口述判断其理解掌握课文内容的程度，从而有效把握学生的学习情况。当然，复述、转述、概述、评述等形式，也增强了学生的语感。

陈日亮"我的叔叔于勒"这堂课中，体现了他把口语训练与阅读教学有效地结合起来的实际做法。[1]

陈日亮在执教《我的叔叔于勒》这堂课时，把重点放在"作品表现人物的方法和语言运用"上，然后逐段提出问题，通过发现、筛选、组织这些问题，形成实现教学目标与教学重点的全过程。他要求学生在预习课文一两遍之后，除了常规要做的注释、生难字词外，还需要用三四百字来口述全文大意，要求在叙述中把时间、地点、人物、事件等要素交代清楚，事件的因果（故事发展的层次）要讲述明白。

他指定两个学生口述课文大意，然后全班同学补充修正。如发现有详略处理不当或要素交代不够清晰时，教师立即进行指导。他还给学生进行示范：

19世纪法国西北部一个叫哈佛尔的海港（时间、地点），有一户人家，哥哥叫菲利普，是个小职员，一家五口，生活拮据。弟弟于勒（人物），原是个浪荡子。他把自己的家产挥霍光了，又花了哥哥的一大笔钱，终于被送到美洲去冒险。后来，于勒来信说他在外面发了财，愿意偿还哥哥的损失，还要回家同哥哥一起过日子，这消息使菲利普一家大为感动（事件起因）。曾经是全家的"噩梦"的于勒，如今变成了全家的希望。他的来信被看作是"福音书"，菲利普夫妇一有机会就拿出来看，见到人就拿给人家瞧。他们称于勒是"正直的""有良心的""有办法的""好人"。每逢星期日，一家人都要衣冠整齐地到海边去盼望于勒归来，并且还拟订了上千种的花钱计划，连许久嫁不出的二姑娘也因此找到了对象。二姑娘结婚以后，全家便前往哲尔赛岛进行了一次快活而骄傲的旅行（情节发展）。可万万没有想到他们竟在这只船上遇见了于勒，这时于勒已经沦落为一个卖牡蛎的流浪汉了。菲利普夫妇大为惊慌，做嫂子的还咒骂于勒是"贼"，是"流氓"。他们生怕被于勒认出来，连累了自己，便像躲瘟疫似的躲开了他（故事高潮）。在返回哈佛尔时，为避免碰见这个倒霉的兄弟，他们赶忙改乘了另一艘船（故事结局）。

---

[1]陈日亮.我即语文[M].福州：福建教育出版社，2014：399-409.

在第二课时中，他的教学重点是：（1）分析人物性格，领会课文中人物描写的特点。认真揣摩小说的语言，并根据要求口头评述故事和人物。（2）指定学生根据上一节课布置的作业进行口述。口述时要讲得有头有尾，成为一段完整的话。可以边述边评，也可以述完了再评，但不可只述不评，也不可只评不述。在课堂上，学生尽情交流，学生讲了很多例子，基本都能一例一评，观点也基本正确，教师不时地对学生进行必要的启发和指导。

由此可以看出，陈日亮"以言传言"的方法，不是让学生随意说，而是给学生提供表达的支点，让学生在表达时，言之有物，言之有据，言之有理，言之有序。

二、陈钟梁的口语教学设计

陈钟梁也非常关注对学生口语表达能力的培养，他曾参加编写《初中语文听说训练教程》，从他的《第比利斯的地下印刷所》和《人民英雄永垂不朽》两篇课文的教学设计中，我们可以看出他的口语训练教学实践。

第一册　第五单元
《第比利斯的地下印刷所》和《人民英雄永垂不朽》

一、要求

1. 能按照适当的顺序，口述一个建筑物的结构情况，做到方位交代清楚明白。

2. 能听清对方关于一个简单的建筑物的介绍，辨明方向与位置，听后画出示意图。

二、题目

1. 阅读《第比利斯的地下印刷所》第二段时，要求学生根据课文内容画出简单示意图。然后，再请学生按自己的示意图口述小院子的结构，其他学生认真听辨口述者讲述的方向与位置是否交代清楚。

2. 口述第比利斯地下印刷所的建筑经过。

3. 请学生仔细听下面一段话，然后做后边习题：

人民英雄纪念碑建筑在首都天安门广场上。碑的正面朝北，和天安门城楼遥遥相对。它的右前方是历史博物馆，左前方是人民大会堂。背面正对正阳门。

（1）画出以上各个建筑物相对位置的示意图。

（2）分别改变为以历史博物馆与人民大会堂为基点，口述以上各个建筑物的相对位置。

4.请学生用简明的语言口述，假使老师从学校出发到你家访问该怎样走。

5.口述一段话，介绍你所在学校的布局，口述时要注意合适的顺序，讲得清楚、准确。

三、提示

第1题可在分析课文过程中使用。

第2题可在阅读分析以后使用，既复习了课文内容，又培养了实际能力。口述建筑过程时，其顺序恰好与参观顺序相反，要讲清这个过程，必须准确掌握好一系列动词，如买、雇、招、拆、运、凿、封、铺、盖、开等。

第3题可在阅读分析前使用，让学生对人民英雄纪念碑先有个空间观念。

第4、5两题可做单元综合练习用。第4题表述时要注意讲明学校到你家行进的方向、路线、距离，尤其要讲明变换方向或换乘车辆时的地理环境特征。[1]

这篇教学设计写于20世纪80年代初，在那个重文轻语的年代，陈钟梁能如此关注听说教学，是非常难得的。首先，他要求学生在说时要"按照适当的顺序"，其内容是"一个建筑物的结构"，效果要达到"方位交代清楚明白"。然后，提出具体的听的要求，即"能听清对方关于一个简单的建筑物的介绍，辨明方向与位置，听后画出示意图"。这里，对听和说双方都提出了具体和明确的要求，并且要求学生在听的同时还要动手画，增强学生听的时候的专注力。

在接下来的具体训练中，他把阅读和听说结合起来，通过阅读《第比利斯的地下印刷所》的第二段，"要求学生根据课文内容画出简单示意

---

[1]陈钟梁，陈文高，于漪，等.初中语文听说训练教程［J］.语文学习，1984（8）：34-37.

图"，然后"按自己的示意图口述小院子的结构"，而其他学生则"认真听辨口述者讲述的方向与位置是否交代清楚"。

在《人民英雄永垂不朽》一课中，他要求学生"画出以上各个建筑物相对位置的示意图"，再"分别改变为以历史博物馆与人民大会堂为基点，口述以上各个建筑物的相对位置"，然后引导学生从课本拓展到生活，口述"假使老师从学校出发到你家访问该怎样走""介绍你所在学校的布局"，问题来自生活，学生自然感兴趣。在训练的过程中，教师有明确的"点"的要求，如顺序、讲清这个过程、准确掌握好一系列动词等。

当然，受到时代的局限，陈钟梁的口语训练还只能与阅读教学结合起来，其中"在分析课文过程中使用""在阅读分析以后使用""做单元综合练习用"等提示，说明他把口语表达看成是阅读教学的一部分，而不是一种独立的能力。

三、宁鸿彬的口语教学

宁鸿彬的突出特点是把口语教学与口头写作结合起来。他认为，口头作文是进行语文基本技能训练，既能培养学生的口头表达能力，又有利于学生的书面表达。他说："说话训练也是写作训练的重要组成部分。如果学生经过严格的说话训练，那么他们的口头表达能力和书面表达能力都将逐步得到提高。"[1]他认为："学生在课堂上即兴口述一个完整的意思，这里就包含了多种训练因素。从确定中心思想到选择取舍材料，从安排结构，到遣词造句，都能得到训练。由于口头作文是当众述说，这又使学生在讲话的仪表、声音、节奏、语气、感情等方面得到了锻炼。还有，口头作文练习一般都是即兴发言，教师出题以后，给三两分钟的准备时间，就要请同学作答。因此，对于学生来说，没有充分的时间供他们深思熟虑、反复推敲；既要想得快，又要想得好，这对思维能力是一种很有意义的锻炼。经常进行口头作文练习，无疑对于学生思维的敏捷、思路的开阔、思维的条理化和周密化，都会起到良好的作用。"[2]

宁鸿彬的口头作文表达训练具有以下特征：（1）以听促说，以读促

---

[1]［2］宁鸿彬.宁鸿彬文选［M］.桂林：漓江出版社，1996：333.

说,以说促写,听说读写相互促进。(2)在口头表达训练中加强思维训练,注重培养学生良好的思维品质。(3)表达训练的方式多样化,有片段模仿、扩展描述、接续补充、讲述梗概、变角度陈述等,训练的内容涉及课堂内外。(4)及时给予评价与指导。

宁鸿彬认为,语音的辨别能力就是倾听者通过听觉器官来接收、梳理说话者所发出的语言信息的能力;语意的理解能力就是倾听者在准确接收语音信息的基础上,通过思考、领悟等对说话者发出的字、词、句乃至段、篇内容的分析理解能力,这是倾听能力的核心;语言的感受能力就是倾听者对说话者言语个性和言语行为的感受能力。学生的表达能力,包括他们内部言语生成能力、外部言语组织能力和对语言表达行为的驾控能力。内部言语就是人的思维内容,是在交际情境中同步快速生成的。外部言语则是将思维内容按照语法规则编成有序、达意的词汇系列,然后再通过语音、语速、节奏等形式把它呈现出来。从口语交际动态过程来看,口语交际的过程就是人的思维对流过程,需要交际双方具有良好的思维素养。

宁鸿彬对学生的口语表达训练,还体现在他的阅读教学课堂中。下面是他《变色龙》课堂教学实录的一部分,我们可以看到他在阅读教学中非常注重学生的口语表达训练。

师:下面给大家两分钟准备时间,重新给课文拟个标题。发言时,先说出你拟的标题是什么,然后稍做解释。

(生翻书思考,片刻举手)

生(31):我拟的标题是"奉承多变的奥楚蔑洛夫"。理由是奥楚蔑洛夫警官在处理狗咬人的事件时,他的言行举止变来变去。在不断变化之中,奉承那些有钱有势的人。

生(32):我拟的标题是"两面人"。所谓"两面人"是指,奥楚蔑洛夫有对穷苦、没有地位的人凶狠的一面,还有对有权力有威望的人一味顺从的一面。

师:你的意思是说一个人有两副面孔,对没钱没势的人一副面孔,对有钱有势的人一副面孔。

……

师：大家的发言不约而同地提到了警官，可见奥楚蔑洛夫警官是这篇文章的主人公。大家拟的标题都对，那么作者为什么要以"变色龙"为题呢？

生（36）：变色龙是爬行动物蜥蜴的一种。这种动物皮肤的颜色可以随着四周的物体颜色而改变。本文的主人公奥楚蔑洛夫也是随着环境、事态发展的变化而变化。警官的做法就好比是变色龙，所以作者用变色龙为题目。

师：很好！刚才大家发言用词虽然不同，但都抓住了警官奥楚蔑洛夫的一个显著特点——变（板书：变），下面请大家迅速浏览一下课文，看看奥楚蔑洛夫一共变了几次，并且用简要的话概括一下这几次变化。

生（37）：我认为奥楚蔑洛夫一共变了六次。第一次事件开始，奥楚蔑洛夫不知狗的主人是谁时，说它是"野畜生""疯狗""把它弄死好了"，肯定赫留金是受害者。第二次有人说好像是将军家的狗时，奥楚蔑洛夫却说道："它那么小，怎么会咬着你的？"对赫留金却说"鬼东西，手指头一定是给小钉子弄破的"。第三次巡警说不是将军家的狗时，奥楚蔑洛夫对狗的态度发生了骤变，"什么玩意儿！毛色不好，模样不中看，下贱胚子"，而对赫留金却说："你呢，受了害，绝不能不管。"第四次，当有人说"没错儿，将军家的"时，奥楚蔑洛夫却说它是"名贵的狗，娇贵的动物"，对赫留金说："混蛋，不用把蠢手指头伸出来，怪你自己不好。"第五次，当厨师说不是将军家的狗时，奥楚蔑洛夫又说它是"野狗，弄死它算了"。第六次，当厨师说是将军哥哥的狗时，奥楚蔑洛夫又说这小狗"不赖，怪伶俐的，一口就咬破了这家伙的手指头！……这坏蛋生气……好一条小狗……"，而对赫留金却说："我早晚要收拾你！"

师：对！同是一条狗，三次说是野狗，三次却说是名贵的狗。课文就是在警官奥楚蔑洛夫对狗的态度变化中，展现了主人公的一大特点——变。这种变来变去的作风叫什么？

（生思考，片刻举手）

生（38）：奉承。

生（39）：随机应变。

生（40）：欺软怕硬。

生（41）：顺其自然。

生（42）：看风使舵。

师：大家的发言可以概括为三种情况：第一种是用褒义词概括，第二种是用中性词概括，第三种是用贬义词来概括。对奥楚蔑洛夫这样的人物应该使用哪种感情色彩的词语呢？

生（齐）：贬义词。

师：那么用哪个词语来概括最为恰当呢？

生（齐）：看风使舵。

师（板书）：看风使舵。

（响铃）

师：下节课继续学习这篇课文。

下课！[1]

在这段课堂实录中，与其说是师生在课堂中对课文的内容展开讨论，不如说是在课堂情境下的口语交际的过程，宁鸿彬把口语教学有效地融入阅读教学之中。

---

[1]宁鸿彬.《变色龙》教学实录[J].中学语文教学，1998（8）：23-27.

第三节 四十年口语交际教学理论和实践的意义

四十年口语教学的理论和实践探索，取得了长足的进步，其探索的过程，理论的完善和实践经验的积累，都对语文教学的整体发展起到了推动作用。通过四十年探索与实践，人们关于口语教学的经验和智慧，对今天的语文教学和口语教学仍将产生深远的影响。

一、对口语交际教学的性质认识更深

四十年来，从听说教学到口语交际教学，名称的改变，标志着人们对口语教学认识的加深，更加接近其学科的本质。

在以往的听说教学中，把口语教学分为听话和说话两部分。实际上两者各有分工，对各自能力的要求也不尽相同：（1）听话强调听者接受有声语言信息的过程，关注学生对有声语言的感知和理解能力，包括对语音的辨识能力，对语义的理解能力和对言语行为的品评能力等。听话教学的训练，要求学生能听清讲话者表达的意思，能记住对方讲话的要点，能对讲话的内容进行评价。（2）说话强调以有声的语言来实现人际间的思想交流，要把内部的言语转化成声音，要求学生具有组织内部言语的能力、快速言语编码能力、表情达意的能力和调节控制能力。但是，在现实生活中，人们的听与说是在特定情境中往复交际完成的，而不是单纯地听与说。教学中，如果把听与说分开，两者就变成了各自单向的接受与表达，不能交还往复，就无法实现交际，对学生语言能力的形成和发展具有局限性。

口语交际教学强调了语言的交际功能，口语教学以交际为核心，把听、说二者放在特定的语境中形成一个融通的整体，而不是听与说的简单相加。口语交际教学打破了听说教学那种封闭静态的语言训练系统，通过人际交往实践培养学生的听说能力，使学生的语言学习更具有现实性和动态性，并且把语言学习的着力点扩大到社会生活中，更贴近现代社会生活的实际需要。

从听说教学到口语交际教学的变化，反映了改革开放四十年来语文教育理念的进步和对口语教学认识的深入。口语教学的方法更为多样，口语教学的内容更加贴近生活，口语教学的效果也得到了很大的提高。教学中，人们更加关注以下几个方面。

1. 口语交际教学更重视学生语文素养的养成

口语交际是以口语为载体的人际交流，交流中注重对学生交际能力的培养，而这种能力是现代公民必备的语言素养。口语交际教学在动态的交际中规范学生的口头语言，引导学生掌握口语交际的基本方法，提高他们的思维能力、认识能力、分析能力、表达能力和解决问题的能力，使学生养成良好的交际习惯。

2. 口语交际教学更强调交流主体的双向互动

口语交际教学重在交际过程，强调在交流中调动学生的生活经验和知识积累，让学生在有一定实践意义的交际活动中学会交往，学会与他人沟通。学生在面对面的往复信息交流活动中，交际双方不断地发出信息、接受信息，听者和说者的角色不断转换，说者根据听者的反馈及时调整自己的语气、语调和说话内容，听者又得根据说者的表述及时做出应答。这样，双方信息交流的渠道是畅通的，表达是相互促进的，从而形成互为主客体的对话关系，教学更有实效性。

3. 口语交际对学生的综合素养要求更全面

口语交际中，说者在表达的过程中需要根据听者的身份遣词造句，同时还伴随着音量、音调、语气、面部表情、手势、姿势等变化，准确表达词语的意义和蕴含的情感。可见，口语交际涵盖面更广，它不仅有听和说的要求，还对学生在交际中的表达能力、应对能力、情意态度、文明礼貌、交际修养等都提出了要求。

二、口语交际教学对学生发展的意义

在语文学科中设置口语交际这一教学内容，对学生综合能力的形成和发展具有重要意义。在现代社会中，人与人相互依存、相互协作，人际交往越来越密切，提出口语交际，符合素质教育理念，不仅使学生的听、说能力全面发展，同时对培养学生健康的情感，养成良好的表达行为，使他们能够更好地适应社会等，都具有积极的意义。

1. 学会表达是现代社会发展的需要

语言是人类的思维工具和社会交际工具，语言随着社会的发展而发展，其表达形式也随着社会的发展而变化。人类的生活离不开口语交际，良好的口语交际能力是学生未来进入社会的重要能力。戴尔·卡耐基在《语言的突破》中指出："一个人的成功，只有百分之十五是由于他的专业技术，而百分之八十五要靠人际关系。"国际 21 世纪教育委员会将"学会合作"作为教育的四大支柱之一来指导人才的培养，而合作的实现离不开口语交际，良好的口语交际能力可以有效促进人与人之间的合作和交流。所以，开展口语交际教学是时代进步和社会发展的要求。

2. 口语教学能增强学生的思维能力和表达能力

现代教育需要培养学生的思维能力。学生在口语交际训练过程中，理智、情感、道德和社交等方面都能够得到训练和提高。教师在口语交际教学过程中，提高学生思维的敏捷性、灵活性和逻辑性，有助于培养学生传递信息、交流思想、沟通情感、增进合作的能力，从而增强学生在现代社会中的生存能力。

3. 口语交际课程是学生自身发展的需求

口语交际是主体才能的体现，也是了解人的重要途径。在口语交际中，个人的胆识、修养、作风、品行等都能表现出来，所以，口语表达能力是学生的一种重要素养。在口语交际中，学生的言语交流、思想碰撞有利于他们开阔视野、提高认识，丰富他们对社会、对人生更深层次的理解和感知。在口语交际课程中，学生有机会与他人交流经验和情感，有利于他们走出狭隘、自我的小圈子，从而促进健全人格的发展，加深他们对自身价值的认同，积极投入学习和生活中，更好地适应社会。因此，口语交际能力，能够让生活变得美丽，让学生在意志、性格、情操等方面得到健康发展。口语交际训练有助于培养学生勇于表达、善于交流的自信乐观性格，也有助于他们养成积极开放的健康心态，从而更好地与他人进行交流和合作，实现人生理想。

第七章　四十年语文教学艺术

　　语文教学既是一门科学，也是一门艺术。纵观四十年的语文教学舞台，诸多语文名家凭借他们对学生的挚爱、对语文的热情以及自身的睿智，展现了各自高超的教学艺术，创造了中国当代语文教育史的一个个奇迹。

第一节 四十年语文教学艺术概述

人们对教学艺术的含义有着不同的观点，谭惟瀚认为它是教师根据学科的特点、教学的目的要求、教材内容和学生身心特征，掌握和运用教学中的辩证法，机巧地达到最佳教学效果的知识、方法、技巧和创造能力的综合表现。韦志成认为，教学艺术的基本特征包括科学性、创造性、情感性、灵活性与魅力性等几个方面。[1]具体到语文教学艺术，它必须与语文学科的特点（对祖国语言文字的深切情感，对课文的准确理解，对教学语言的灵活运用）紧密联系在一起，最终达到审美的最高境界。当然，语文教学艺术，科学与有效是前提，符合语文学科的内在规律性与教学的有效性是语文教学方法走向艺术高度的基础。

概而言之，四十年来语文教学艺术呈现以下几个突出的特点。

一、教学艺术风格多样

教学思想在教师教学工作中起到非常重要的作用，它指引着教师进行日常的教学工作，标志着教师教学的鲜明特色。是否形成完整的教学思想，可视作一个教师能否称为典范的重要标准。四十年中的语文典范人物基本都有自成体系的语文教学思想，并且用简洁、明快的语言表达出来。这促进了典范教师个体影响力的发挥与辐射，也有助于其他教师学习、研究与推广。

教学体系是教学内容的确定、教学过程的设计、教学方法的使用、教学结果评价的实施等要素组成的统一整体，教学体系的完善，有利于教学活动的顺利实施。四十年中的语文典范人物在教学体系的建设上大都取得了卓越的成就，建立起了完备的教学体系，如于漪以情感的熏陶感染为中心的教学体系，钱梦龙的"三主四式"教学体系，魏书生的"育人、管理、教书"教学体系，等等。

不同的教学思想，形成了风格各异的语文教学流派，体现了不同的

---

[1] 韦志成.语文教学艺术论［M］.南宁：广西教育出版社，1996：7-15.

艺术风格。大体能称为流派者，必须在理念、风格、方法、手法等方面有突出表现，教学流派则须在教学理念、教学风格、教学方法、教学效果、影响区域等方面有突出表现。四十年中,语文教育界涌现了大批优秀教师，被公认能称得上流派且已获得正式定名的，至少有情感派、导读派、管理派、思维派、语感派、大语文派、高效阅读派、快速写作派、目标教学派等，每一个流派均有相应的代表者与追随者，他们在四十年中为丰富我国语文教育理念及教学方法，提高语文教学质量，做出了卓越的贡献。此外，还有不少虽无明确流派名称却成果卓著的语文名家，如刘国正、顾黄初、章熊、陈钟梁、洪宗礼、顾德希、沈蘅仲、徐振维、陈日亮、金平等，他们在语文教学或语文教育理论研究的园地里辛勤耕耘，也取得了令人瞩目的成果。

二、教学方法体现艺术性

教学风格的形成标志着一名教师的成熟，教学风格是教学思想的外化，教学思想与教学风格是一种互为表里的关系。四十年中语文典范人物的教学风格突出，每一位语文教学名家均有各自的教学风格，这种风格表征着他们深邃的语文思想，贯穿于他们的课堂教学中。在四十年语文典范人物群中，我们可以领略到异彩纷呈的教学风格：有的以情感熏陶促进学生精神与心灵的成长，如于漪；有的以巧妙的点拨引导引领学生走进美妙的语文世界，如钱梦龙;有的则以思维训练帮助学生放飞思想，如宁鸿彬……风格各异却又始终走在语文教学的轨道上。

教学方法是落实教学思想、体现教学风格的具体手段，科学性是教学方法的基本要求，优秀的教师则在科学性的基础上向艺术性迈进。四十年中的语文典范人物，都拥有成熟而稳定的教学方法，都将教学方法提高到了艺术化的高度。"教学有法，教无定法"，典范人物们的教学方法既有成熟稳定的一面，又有灵活多变的一面，他们能够根据具体的教学内容与教学对象，采取最适合的教学方法，从而达到最好的教学效果。如同教学流派有名称一样，语文典范人物的教学方法也都提炼成了具体、明确、简洁的名称，如蔡澄清的"三阶"（输入—转化—输出)"五步"（自读—自思—自述—自结—自用)教学法,欧阳代娜的"因文解道,因文悟道"

语言教学方法，等等。

课堂是体现教学思想、展现教学风格与艺术的大舞台，也是检验教师教学主张有效性的主阵地，更应该是教学思想的最佳发源地。每一位语文典范人物，都是从课堂教学中走出来的行家里手，他们紧紧扎根于课堂，他们的教学思想都来源于丰富的课堂教学实践，成熟后的教学思想又"反哺"着课堂教学实践。他们主要用课堂教学"说话"，四十年中，语文典范人物精彩的课堂教学熏陶着一批批的学生，也吸引着越来越多的教师观摩学习，经常出现名师授课、观者甚众的局面，如于漪授课以电视直播的方式面向社会大众，几近万人空巷，成为语文教育史上的佳话。

三、教学艺术体现审美特质

四十年来，教学艺术关注提问的艺术、教学设计的艺术、课堂结构的艺术、收课的艺术、板书的艺术、语言的艺术等。为了增强课堂教学的吸引力，语文教师讲究语文教学的艺术，让课堂给人以美的享受。

如在课堂上表现为注重调控课堂，把握课堂教学的节奏。教学节奏分明，学生思维活跃，兴趣盎然，则注意力集中；反之，学生则思维呆滞，兴味索然，注意力分散。调控课堂就教学内容而言，讲究难易相间，深浅适度，快慢得当；就教学情感而言，有浓有淡，有起有伏，讲课时要调控情感节奏，或热烈，或冷静，或愉悦，或悲愤，或悠闲，或紧张；就课堂结构而言，学生主体，教师主导，双边活动调控时间有长有短，程序有先有后，节奏有松有紧。教师授课会精心设计导语，导语设计既新颖，又简练生动，有文采、有感情，富于变化，能够吸引学生。教师在结课时，总结概括一节课的主要内容，言简意赅，关注目标的达成，又能引发学生的深入思考。教师为了控制好节奏，会故意留白，使课堂节奏有张有弛。注重板书设计，板书设计既显示主要学习内容，又非常讲究艺术性，给学生留下审美的感受。教师课堂教学语言同样是艺术，忌平铺直叙，平淡无奇，应抑扬顿挫，声情并茂，使学生听起来精神饱满，兴趣盎然，这既显示出教师高超的教学水平，又能真正提升课堂教学的品质。于漪从事语文教学数十年，十分讲究语言艺术，善于在每堂课的导语上下功夫，花力气。她说："阅读课文的起始阶段犹如一篇文章的开头，须反复斟酌，让学生的思维兴奋起来，迅速进入学习的轨道。"她每教一篇新课文，总是根据不同类型的文体，不同风格的文章，针对不同的教育对象精心设计导语，从而为整堂课的教学打下良好的基础。于漪通过解析课题、激发兴趣、创设情境、巧设悬念、联系旧知、展开回忆，引用名言、引入材料等方法设计导语，让学生迅速进入课堂学习状态。学生不仅受到思想教育和感情熏陶，还获得思维训练和美的享受。注重教学艺术，会关注教学机智。教学机智是教师在长期的教学实践中，悉心磨炼，结合教育科学理论的学习逐步形成的，是教师的经验、才识、智慧的结晶。

语文典范人物以他们科学、高超的教学艺术，将教学质量提高到一个个新高度。许多语文典范人物的教学方法得到了广泛的推广，在更大范围内提高了语文教学的质量。

第二节 四十年语文教学艺术举例

四十年的语文教学改革与实践中，产生了一大批语文教育大家，他们的语文教育思想先进，教学体系完备，教学方法达到了艺术化的高度。这里，我们选择部分语文教育名家，精选他们有代表性的教学案例，感受他们高超的语文教学艺术。

一、促进学习的艺术：关注学生，焕发活力

课堂教学是教师的教与学生的学互相促进的动态过程，我们多强调教师的教要符合语文学科的要求，这固然是必要的，但学生的学仍然是提高课堂教学效率的重要条件。语文教育名家在激发学生的学习热情，充分发挥学生的学在课堂教学的作用方面，善于与学生对话，在师生对话中显示出高超的艺术，让学生在课堂中焕发出生命的活力，这其中有许多值得我们研究与学习的地方。这里，我们以欧阳代娜"《我为改革者塑像》作文讲评"一课为例[1]，感受其高超的教学艺术。

首先请看相关教学片段：

首先由老师介绍本次讲评课的目的要求：

1. 通过写作这篇抒情散文，来培养我们的联想能力与想象能力。

2. 通过讲评，培养评论文章的能力。

3. 我们在政治课上曾学习过辩证唯物主义观点，现在要运用这些原理来把我们在写作中的感性认识上升到理性认识上来，总结出几点经验。

师：大家回忆一下自己在写作实践过程中出现过什么困难，希望老师在讲评中和大家研究哪些方面的问题，请大家提出自己的看法。在大家提问时，你们可以摘要地记下你认为提得有价值、有启发性的问题。

生：通过昨天的互相批改与评议后，我还有以下几个问题：1. 这次

---

［1］欧阳代娜.《我为改革者塑像》作文讲评［M］// 刘国正. 中国著名特级教师教学思想录（中学语文卷）. 南京：江苏教育出版社，1996：454-465.

作文的副标题是"我为改革者塑像","我"字比较限制人，如何通过自己的讲演来鼓动别人？ 2.这个作文题的范围是不是还应有个限制？ 3.改革者的塑像应具有形象性与真实性，使人通过你塑造的雕像，就能立刻联想起改革者的真面貌，这两者应如何统一起来？

生：我有两个问题：1.如果我用象征手法来塑造他们（改革者）的形象时，可不可以就某些动物的某一方面相似之处加以构思，如把"骆驼""千里马""雄鹰"等形象来代表改革者可不可以？ 2.为改革者塑像，是塑造个体为好？还是塑造群像为好？这样可以表现一个英雄的集体，但从塑造艺术上来看会不会太分散？

生：像这样的文章，它的语言应如何来驾驭，才能具有鼓动性和吸引力。

师：我把大家在小组讨论中提出的问题，加以归纳介绍，供大家来做对比思考。大家提出的问题很多，归纳起来有三个方面：第一，像这样的文章，立意如何确定才能显得深刻？改革者的特征应如何选定？第二，有了好的构思设想之后，还需要有一个生动的形象表达，这应怎么写？第三，这篇文章的语言既要优美，又要有鼓动性，还要有吸引力，这应该怎么写？讲演稿的语言是否允许用抒情议论的方法来写？能不能有描写性的语言？

师：现在根据大家提出的问题来确定我们今天讲评的重点：如何培养联想能力与发展想象能力的问题。首先是联想能力，涉及立意与选材问题。其次，是想象力，它涉及组材与表达问题。

……

师：大家可以结合自己的作文，对照这两篇文章，评议出它们的优点、成功之处和指出不足，如果能提出具体的修改意见就更好了。还可以"毛遂自荐"地介绍自己所写文章的优点与体会，也可以谈谈自己的不足与困难，或者谈谈有了什么收获，可以个人发言，也可以代表小组发言，大家畅所欲言就行。

（学生具体评价过程略）

生4：我来补充一下昨天小组讨论时大家的意见。我们共同认为，这两种能力的培养必须建筑在对生活的深刻的洞察基础之上，只有对生活有深刻的观察，才能逐步培养起这两种能力。第一是要扩大知识面，就是说我们在平时阅读时要多看、多读、多想，这就是给自己头脑仓库积累资料，待到用时，就可以随意地取用。第二，当拿到题目时要抓住题目的特点。第三，想象，多运用在对人物语言与行动上……值得我们注意的是，我们所联想的事物要明确。

……

师：下面根据大家的写作情况与讨论意见，我们从中总结一下带规律性的认识。第一，要写好这样的文章，必须要关心社会生活，关心我们国家的政治。第二点，关于联想，怎样才能把联想力培养起来？应养成这样一种好的思想方法，就是要善于把事物作普遍的联想。第三个问题，如何培养想象能力，就是把抽象的事物使它具体化，把抽象的东西运用具体化形象化的语言把它表达出来。正如我们学立体几何时，也要用想象力把空间立体想象出来一样，所以想象力不论在自然科学或社会科学领域中都是很需要的。如何把抽象的东西变成具体的形象呢？关键是把感性认识与理性认识结合起来。

教的目的是促进学生的学，这个基本的教学常识，教师们应该能够知晓，关键的问题是如何促进学生的学。欧阳代娜上述作文教学片段，体现了促进学生学的智慧和艺术。

首先，遵循学生的认知规律，科学确定教学内容。探讨学生的学，一个重要的前提是研究学生的认知接受规律。在具体的课堂教学中，学习目标越明确，学习的效果就越强。欧阳代娜上课伊始，将课堂教学目的介绍给学生，让学生明确目标，此其一；其二，"培养我们的联想能力与想象能力"与"评论文章的能力"，"把我们在写作中的感性认识上升到理性认识上来，总结出几点经验"，三个目的，指向性明晰、具体，可实践并可实现，实现的途径是具体的写作实践与评议实践。在科学的理论指引下的实践，才真正可能转化为能力。运用政治课上学习到的辩证唯物主义观点，把感性认识上升到理性认识，所总结出的经验将更具科学性。科学的课堂教学目标指引下的教学内容，为课堂教学效率提供了强有力的保证。

其次，让学生充分表达，以全面了解学生的学习情况。教学内容有效性的基本前提是符合学生学习的需要，教师需要充分了解并掌握学生的学习情况。欧阳代娜让学生将自身写作实践过程中存在的困难表达出来，并希望其他同学"摘要地记下你认为提得有价值、有启发性的问题"，这样的教学安排，有利于教师掌握真实的学生学习情况，也有利于全体学生更全面地认识写作实践中存在的困难。在学生充分表达的基础上，欧阳代娜将学生写作实践中的困难进行分类，所归纳出来的三个方面的问题，更为简练集中，更易于学生理解。

最后，充分发挥学生的智慧，让学生更多地参与到课堂知识教学中。写作中的联想能力与想象能力的培养，需要相应的、具体的写作知识。写作知识若由老师直接教给学生，学生仅是知识的接受者，教学效果将大打折扣。欧阳代娜组织学生对学生作文进行评议，在具体的评议实践中，学生结合习作，先行总结出写作中联想能力与想象能力培养所需的知识与方法，虽然这样的知识与方法可能存在这样或那样的不足，但学生参与到知识与方法总结的实践活动中，因而对知识与方法的理解便更为深刻而具体。这体现了欧阳代娜对学生学习能力的信任。事实证明，学生所总结出来的写作知识与方法，确实有可取的地方。在学生总结的基础上，欧阳代娜以更为科学、准确、简练的语言，将相应的写作知识与方法教给学生，其教学效果因而更为理想。

二、构思设计的艺术：目标清晰，系统缜密

教学设计主要包含目标定位、内容组织、过程步骤、活动设计、问题设计、评价设计（作业设计）等方面。四十年来语文教育在教学设计方面关注比较多的是教学目标定位、教学过程设计和课堂问题设计。

语文教学设计的嬗变包括：（1）从知识传授的教学设计到能力素养培养的教学设计。在20世纪整个80年代，中学语文教师在语文课堂上除了依据教材安排专题化的语文知识讲授外，更在阅读教学中有意识地强化和落实语文知识。因此这个时期语文教师教学设计的最大特点就是依据文本特点按八大知识板块编组教学内容，比如阅读课上最常见的教学内容有生字难字、重点词语积累、作者介绍、写作背景、句子理解、段落分析、结构层次、主题归纳、写作特点……此种教学设计的集大成

者应是黄岳洲，他根据当时通行的人教版教材系统地主持编写了《新编中学语文教案》初高中丛书。该丛书所收入的各地教师设计的阅读教学格式基本上都是基于八大知识板块构建而成，有的还有意识地与课后作业关联起来。此种设计方式因简便易学在当时被广大中学语文老师竞相效仿，甚至今天还被不少教师沿用。基于这样的教学设计，教师在课堂的板书设计也比较原始，主要是完整呈现知识，呈现的内容量往往很大。从1984年以后，语文教育界开始热议"能力培养"——听说读写能力的培养。人们起初是强调语文知识的运用能力，如何让语文知识转化为语文能力更是人们着重关注的问题。特级教师蔡澄清在这方面有深入研究，其成果也广为人们肯定。蔡澄清认为，学习语文就是要在学习语文知识的同时，培养和发展语文能力。语文能力当然主要是听说读写的能力，其中也包括思维的能力。通过研究学生的认知规律，蔡澄清发现，在语文教学中，语文能力的发展与形成大致要经历"领会知识—练习、实践—行为动作或智力活动自动化（能力）"的过程。这是一个由学习到发展到形成能力的循环往复的提高过程。从学习知识到操作训练，到发展迁移，到能力提高，这是一个不断前进的能力培养过程。据此，蔡澄清着力于能力转化的途径与方法研究。他提出了读写结合与讲练结合两个思路。

（2）从以教师为中心的教学设计到以学生为中心的教学设计。为了有效发动和组织学生的认知活动，人们越来越重视课堂教学的过程设计，并且在教学实践中逐渐总结出一些易于通行的教学过程设计模式，比如宁鸿彬的"通读—质疑—理解—概括—实践"五步程序教学模式，颜振遥的"启—读—练—知—练"自学辅导教学模式，张富的"自学—精读—布置—读写—评讲"所谓"四分四改四坚持"教学模式。比较有意思的是，人们在探索教学过程设计模式的过程中，又尝试基于教材的单元建构特点设计单元教学，蔡澄清和胡明道应该是最早尝试者，而最终总结形成较为成熟的单元教学设计模式的有两位。一位是黎世法，他提出了"自学课—启发课—复习课—作业课—改错课—小结课"六课型单元教学模式；另一位是钟德赣，他提出了"自练—自改—自结"五步三课型反刍式单元教学模式。后来教学设计从知识、能力两个维度到知识与能力、过程与方法、情感态度与价值观，围绕三个目标设计教的活动与学的活动，并写出教学过程中教的过程与学的过程，以及教学设计的意图。这些设计同样蕴含了艺术性。如余映潮的板块式教学结构与教学思路设计，也可叫作分步组合式教学设计，就是将一节课或一篇课文的教学内容及教学过程分为几个明显的、彼此之间又有密切关联的教学板块，即教学的过程、教学的内容呈板块状并列且一步一步地逐层深入。板块式结构有助于实现教学思路的逻辑关联。此外，板块式教学结构呈板块状，其组合方式丰富，灵活多姿，可以充分地表现教师设计教学的技艺、创新意识与审美意识——教师可以根据不同的课文特点或教师个人的教学特长灵活编组板块。当然，板块式教学结构运用的领域也很灵活，用于一节课的教学，它可以使这节课布局完美、内容厚实；用于一个教学步骤之中，也可以使这个教学步骤显得丰满细腻；如果用到单元的综合学习活动之中，更可以使这种活动的教学层次清楚、内涵丰富。下面介绍钟德赣的反刍式语文单元教学设计案例，并分析其中的价值。

【初中小说单元教学设计案例】

一、单元教学目标

1. 认知目标：初步理解小说的特点。

2. 技能目标：初步掌握精读、略读、默读等阅读小说的基本方法，养成课外阅读小说的习惯，并逐步提高阅读速度。

3. 情感目标：激发学生热爱祖国的感情，提高对封建社会和资本主义社会本质的认识。

二、单元教学重点

以小说知识为指导，结合课文，初步理解小说的特点，学习富有讽刺意味的精练的语言和一些修辞手法。

三、单元教学难点

理解本单元小说主人公的深刻的社会意义。

四、单元教学构想

本单元六篇文章虽都具有小说的共性，但个性明显，所以宜采用"短文引路式"和"求同比异式"相结合的单元教学形式进行教学，以知识短文《谈谈小说》引路，指导阅读课文训练，本单元有《在烈日和暴雨下》《变色龙》《杨修之死》《小小说三篇》等六篇文章和一个写作训练点，采取导读为主，自读为辅的教学方法。《变色龙》以导读为主，《在烈日和暴雨下》以仿读为主，《杨修之死》以课内自读为主，《小小说三篇》以课外自读为主。

五、单元教学课时安排

总览：1课时

导读：《变色龙》（2课时）

仿读：《在烈日和暴雨下》（1课时）

自读：《杨修之死》（1课时）

单元总结：1课时

写评：2课时

评价：单元检测（1课时）

查缺补漏：1课时

共计10课时

【案例评说】

总体来看，该设计完整体现了反刍式单元教学的基本特点。针对整个单元的文体特点，策划小说专题学习，单元学习的总体目标包含认知目标、技能目标和情感目标三个方面，关注了语文学习的综合能力发展，可以看作是20世纪90年代设计三维目标的萌芽，很值得肯定。整个单元教学的流程是按照"导读—仿读—自读"步骤来设计的，彰显了"由扶到放"的语文教育理念，支持了学生主体作用的有效发挥。最重要的是，单元学习的过程中始终有教师的问题引领和学习任务跟进，并且基于阅读形式的变化设计了形式多样、内容丰富的学习活动（其中就有真正意义的合作学习活动），这有益于学生保持良好的学习动力。同时，根据反刍式教学的原理，单元学习的不同阶段都有设计相应的学习评价——知识点检测和阅读能力反刍式检测，还有适当的课外拓展阅读引领，确实能够推动学生逐渐清晰地了解小说的有关知识，逐渐习得分析小说的人物特点和归纳小说主旨的技能。该单元设计确实在关注学生的思维训练，从导读到自读，都有问题的引领和方法的指导，特别是单元总结阶段实施的"求同比异"方法，直接让学生在全面的"求同"中发现了小说的共同规律，也在"比异"的过程中关注到每一篇小说的个性，这其实已经在培育学生的阅读的综合分析能力和初步的赏析能力。该单元设计体现了读写结合的教学理念。在充分阅读和关注小说叙述技巧的基础上，教师策划了两次写作教学。这两次写作教学，都是实实在在的教学。第一次教学是基于小说阅读的感悟，指导学生借用小说的写人技法，要求学生选择最贴切的词语表现自己熟悉的那个人，突出他的性格特征和某方面的优秀品质，写作方法的迁移性运用对于学生写作有很好的支持。第二次教学是指导学生以合作学习的方式，交流先前的优秀习作，互相点评作文优缺点，以此指导学生对先前的习作再做修改。这样的写作教学，无疑让学生写作得法，修改得法，因而训练的效果是很值得期待的。整个设计富有系统性、层次性和逻辑性，整体感强，既体现科学性，又有艺术性，这样的探索很有价值。

三、质疑提问的艺术：发展思维，理性之美

课堂教学离不开提问，科学地提出有质量的问题，有利于促进学生的思考与思维能力的发展。当然，重视课堂提问，并非"满堂问"，而是要求教师合理设置问题，从问题设计中可以看到教学的艺术。

张富的课堂教学注重多题连问连答，讲问结合，课堂教学效果突出。张富提出"让学生跳起来摘果实"的教育理论，对学生进行分级评价，确定基础线，指导学生制订"跳摘"目标。在"跳摘"理论的指导下，经过多年的实践，张富建立了"四分三度"教学模式。在具体的课堂教学中，张富善于采取多题连问连答的教学方法，充分发展学生的思维。张富说："一问一答即将一课书切割为一份份学生便于接受的内容，这是必要的。但是，长期坚持一问一答，必然出现重部分轻整体的倾向。""多题连问连答弥补了上述缺欠，'多题'是'化整为零'，'连问'与'连答'是'串零为整'，使分解与综合、部分与整体统一起来。"[1]多题连问连答教学方法的另一个优点是"寓讲于问"，如小说教学中一般性的提问是"这篇小说刻画了谁"，张富则这样提问："这是一篇小说，小说是以刻画人物形象为中心，通过完整的故事情节和具体环境描写来反映社会生活。

---

[1]张富，叶武.张富中学语文教学法新探［M］.济南：山东教育出版社，1997：39-40.

本文刻画了谁？"这样的提问，就将小说教学中的知识教学寓于提问之中，达到了"一箭双雕"的教学效果，充满教学的智慧和艺术。

这里，我们以张富的《松鼠》教学为例[1]，赏析其多题连问连答的教学艺术。

师：这节学课，继续学习说明文单元第 19 课《松鼠》，[板书课题] 学习重点有三条：（一）通过仔细观察抓住事物的特点；（二）用拟人的方法说明事物；（三）先总写，后分写。

师：所谓先总后分，就是文章开头概括介绍，然后分点进行具体说明。

[老师边讲边问，边问边讲，问在讲中。学生不看书，不做笔记，耳听脑记。]

师：读书必须从题目开始，因为文章题目是文章的有机组成部分，好的题目能引起读者阅读正文的愿望，同时能加深理解文章的内容。本文题目有何特点？

说明文要把说明的事物说明白，而要说明白就必须抓住事物的特征。本文抓住松鼠什么特征去写？

说明事物的特征不能只停留在表面上，应反映事物的内在联系。有的事物内部构造比较复杂，要从多方面去说明。这就需要找出事物本身的条理，从各个部分之间的相互联系中找出一个合理的顺序，或自上而下，或由主到次，或由前到后，或按东南西北方位等。本文是按什么顺序写的？

为了更好地把事物说清楚，本文采用了先总后分的写法，哪些是总？哪些是分？请指出。

先总写，后分写，这种方法有什么优点？

要把事物说明白，三言两语不行，课文写了 6 节，这 6 节可以合为几段？并说出段意。

现在报纸上有一句话新闻，原稿不一定只是一句话，由于篇幅限制，编者把一篇压缩为一句，如果要把这篇课文压缩为一句话应该是哪句？

[这样引进教材题，主要从体裁特点、作者思路、文章结构等大的方

[1] 刘国正. 中国著名特级教师教学思想录（中学语文卷）[M]. 南京：江苏教育出版社，1996：330-332.

面去设计，目的在于帮助学生掌握课文主要精神。随着训练的深入，问题还要逐渐增加。]

师：请同学们把老师提的 7 个教材题重复一遍，预备——开始！

[学生坐在座位上各自放声复述]

师：请同学们带着问题快速阅读课文，做书间笔记。

[学生自读课文，思考问题，用铅笔做书间笔记。进行时一般不发问，养成独立钻研习惯，同时要求快速，不拖沓。]

师：自读就到这里，下面进行小组交流讨论，请组长掌握好。

[学生每组前面两人转过身来，以 4 人组为单位进行。先互相检查书间笔记完成情况，接着讨论难回答的问题。]

师：小组讨论就到这里，[学生面对讲台坐好]大家把书合上，回答问题。预备——开始！

[学生各自放声回答，出现困难时，可"偷看"一下课文。]

师：停！哪位同学单独回答？

……

这种"多题连问连答"要求高，难度大。首先要提高耳听脑记题目的能力，只有记住了题，才能作答。通过两三年训练记住十几个问题的能力。问题的顺序也很重要，各个问题之间都有着内在联系，多题连问连答的训练，也就是言之有物、有序的训练。

从教学方法目的论角度上来说，提问的目的是促进学生的学习，学生学习的内容包括具体的知识、对文章内容的理解等，知识与文章内容的学习不能割裂开来。上述张富的教学，充分体现了将知识融入提问中，充分发挥知识帮助理解课文的教学艺术。上课伊始，张富连续提出了七个问题：本文题目有何特点，本文抓住松鼠什么特征去写，本文是按什么顺序写的，本文总与分的内容分别是哪些，先总后分写法有什么优点，划分六节的段落层次并概括段意，把这篇课文压缩为一句话应该是哪句。单纯从问题提出的时间来说，短时间内连续提出七个问题自然是很多的，但实际的情形是，这七个问题是学习《松鼠》一课的重点问题，换言之，这七个问题可以发挥串起课文学习的作用，这七个问题得到有效解决，课文学习的效果才能得到保证。若把这七个问题分散在课堂教学的过程中，其教学效果显然不如集中呈现。在接下来的课堂教学中，张富紧紧围绕着七个问题展开教学并逐步解答。与之相反的情形常常是，课堂提问分散在各个时间点，数量远远不止七个，表现为"满堂问"的局面。此外，张富在每个问题之前，均对解答问题所需的相关知识做了简洁介绍，帮助学生更好地理解问题的内涵，运用知识思考问题进而更为有效地解决问题。同时，多题连问连答，训练了学生的多种能力。张富在陈述问题时，学生不做笔记，只是"耳听脑记"；老师讲述结束后，"学生坐在座位上各自放声复述"；学生复述结束后，"带着问题快速阅读课文，做书间笔记"；自读完成后，小组讨论交流；交流结束后，"学生各自放声回答"；最后是学生单独回答。上述教学环节，环环相扣，层层递进，有效训练了学生集中思维、认真记忆、独立思考、合作交流等能力，可谓"一箭多雕"。

多题连问连答教学艺术比传统提问方式在许多方面具有优势，下表呈现了二者之间的对比[1]。

讲课方式	传输方式	传输示意图	能力训练	课堂效果	结构特点
讲授式	单向单线	师 → 生	听讲能力	冷冷清清	线形
单问式	双向单线	师 ↔ 生	单答能力	少数热情	平面型
多题连问连答式	多向多线	教师 同桌 组际 → 组内	自学能力 听记能力 思维能力 评析能力	人人参与 大家热闹	立体性

多题连问连答教学艺术的关键有三个方面：一是问题设计要科学，要紧扣学生的学习需要；二是问题呈现的先后顺序要合理；三是要持之以恒，坚持训练。张富经过多年的实践，取得了丰硕的教学改革成果。

顾德希认为："能够把学生的质疑和教师的预想和谐地统一起来而形成攀登的理想轨道，这是一种高明的教学艺术。但说到底，教师必须对怎样的阶梯切合学生加工课文信息的需要有明确认识。"顾德希的这个

---

[1] 张正君.当代语文教学流派概观［M］.北京：中国社会科学出版社，2000：16.

观点，科学地回答了教师的教与学生的学之间的内在关联。如何让阶梯更科学？顾德希认为，梯度要恰当，教师所确定的问题要有弹性。例如，在《雷雨》一文的教学中，顾德希提出的问题是：周朴园保留侍萍喜欢的家具，柜上放着她的相片，连她生周萍时关窗户的习惯都不改变，这是为什么？这个问题的弹性在于，并未简单地对周朴园贴上"资本家的虚伪"这样的标签，而是引导学生结合周朴园的行为做具体的分析。顾德希还主张及时总结经验，这里的总结是指在教师的指点下，学生进行阅读经验总结，以加深体会。

四、应变生成的艺术：充满机智，灵活无恒

语文课堂教学是一个复杂的动态生成过程。在这样一个过程当中，往往会出现一些教师意想不到的教学情景。面对并处理这些课堂偶发事件，及时调控课堂教学进程，是语文教师必备的一种教学素质。这种教师个体的应变行为上升到理论层次就是教学应变艺术。

教学应变艺术是教师必备的基本能力，是教师教学机智和教学经验的有机结合和灵活运用。在教学应变艺术的形成和实施过程当中，教学机智又处于核心地位。教学机智是教师在教学过程中面对各种随机事件，迅速而有效地做出判断，并随机应变地采取恰当有效的措施，有效完成教学任务的一种艺术。教学应变艺术具有偶发性、创造性、准确性、巧妙性，常用的教学应变艺术的技巧有悬挂调整、无言控制、抓住契机、因势利导、即兴幽默等。掌握教学中的应变艺术，并非朝夕之功，它是以教师高度的修养、深厚的功力、广博的知识、熟练的技巧为基础的。四十年来的语文教育有丰富的课堂教学经验，其中体现的教学机智充满艺术性。请看于漪的课堂应变艺术。

《白杨礼赞》课堂教学片段

生1：白杨树是不成材的，而楠木是贵重木材，为什么作者贬楠木，说白杨树怎么好怎么好？我是学生，人微言轻，说了也无用。屠格涅夫是大田园作家，他的《猎人笔记》中也写了白杨树。请听，他是怎样写的。（从课桌里拿出《猎人笔记》朗读有关段落）请问老师，是不是作者言过其实了？

师：（肯定学生课外阅读好，并表扬学习能注意课内外联系，积极思考）本文用象征手法写，景随情移。读下去就明白。

生2：这一点我能理解，但有个句子看不懂。"如果美是专指'婆娑'或'旁逸斜出'之类而言，那么，白杨树算不得树中的好女子，但是它伟岸，正直，朴质，严肃，也不缺乏温和，更不用提它的坚强不屈与挺拔，它是树中的伟丈夫。"根据我的生活经验，温和的人使人容易接近，严肃的人使人敬而远之。在一个形象身上又严肃又温和，是不是茅盾先生疏忽，用词用矛盾了？

师：这个问题问得好，我没有想到，你读书很仔细。请大家思考，作者用词是不是矛盾了？

生：（七嘴八舌）

师：（引用《论语·述而》"子何人也？子温而厉，威而不猛，恭而安"来进行解答）

【案例评说】

于漪因其深厚的学识、机变的睿智创造着"灵活无恒"的课堂之美。在这里，语文已不仅仅是一门学科，更像是一座宫殿，我们漫步其中，感受学生们的活学乐学，于漪的乐教善教，品味、体验着课堂教学的艺术和于漪灵动丰富的生命境界。在《白杨礼赞》教学实录中。面对生1的质疑，于漪举重若轻，"本文用象征手法写，景随情移"一句话揭示了教材的文体特征，隐藏的教学信息是此乃托物言志的抒情散文，具体的事物（白杨树）中饱含着写作者对像白杨树一样的人和精神的崇高敬意和赞美之情。文体不同、写作意图不同，当然写作内容和情感也迥然有异。如果于漪没有把握《白杨礼赞》的文本特征，只在教材的表面内容和文字上做文章，恐怕要随着这名学生"旁逸斜出"了。

在这个案例中，我们可以看到于漪面对突发事件时的高超教学技术，一位名师应有的文化底蕴，还有一颗包容学生的大爱之心，一个小小的细节体现出了名师风范、学者气度、师德高标。再看教学实录片段，更令人叫绝的是面对第二个学生的质疑。生2是一个善于发现、善于思考的学生。相信每一个语文教师对这样的学生都是既爱又"恨"的，爱这类学生的敏捷的思维能力，让课堂教学的预设生成得精彩，"恨"这类学生总是古灵精怪地提出让教师词穷的问题，留下教学的遗憾。而正是有了这样的学生才更让语文课堂教学成为艺术。这个学生问道："在一个形象身上又严肃又温和，是不是茅盾先生疏忽，用词用矛盾了？"是啊，在一个事物身上出现矛盾对立的概念，这简直就是一个哲学命题，怎么才能向这些初中生讲清楚讲明白？按照寻常思路，教师通常会回到词句中帮助学生分析理解关键词句的含义，甚至再联系课文的中心思想、写作意图，其实还在原地打转。仔细品读于漪的处理，真是精彩至极。于漪抓住世界万物的对立统一的特征——相反相成、相依相济、合二而一，从抽象中来到形象中去，把复杂难懂的哲理化为具体可感的人物形象，深入浅出。于漪在学生七嘴八舌后引用《论语》中的话来解决生2的质疑，真是令人拍案的解答。作为一名学者，只有具备哲学视野，才能站高望远，化复杂为简单。再仔细推敲"子何人也？子温而厉，威而不猛，恭而安"，于漪的深意不仅仅是借助同类事物帮助学生解决思维问题，更是用语言文字材料丰富学生的语言积累和思想积累，充分体现语文素养，让学生沉醉于经典的精妙深邃，浸润于母语的熏陶滋养。如果没有深厚的哲学素养和丰富的文学积淀，怎会有这一刻令人肃然起敬的创造？课堂的容量、思维的容量、文化的容量在这个有限的时空被拓展延伸。

五、唤醒学生的艺术：以情激情，情理相宜

激发学生学习热情是确保课堂教学质量的重要条件，如何促进学生始终保持积极的学习状态，是教师课堂教学艺术的一个关键点。此外，指导学生掌握学习方法，也是极为重要的，光有热情还不够，还需科学有效的学习方法的指引，这样的学习才是真正有效甚至高效的。这里，我们以徐振维的《给我一片绿》作文指导课为例，赏析徐振维激发学生学习热情，指导科学有效的写作方法，最终达到情与理相得益彰的教学艺术。

请看相关教学实录[1]（有删减）。

---

[1] 褚树荣. 是训练，还是唤醒 [J]. 中学语文教学，2015（2）：31-37.

师：今天我们一起来进行口头作文训练……题目嘛，很有意思，保证每个同学有话可讲，五个字——给我一片绿（板书）……现在我们一起先来把题目的意思弄清楚（板书：审题），请问这个题目最关键的是哪个词？

……

师：说了两点，贡献很大了。（众笑）他说的都是象征意义，想一想，绿还可以象征什么？

生：由绿可以想到生命、希望、军营、艺术、宁静、和平……

师：太好了，你的发言让我想到你是一位爱写诗的姑娘，你的话怎么那样有诗意呢？（一时间，学生们十几只手都举起来了。）

生（纷纷说）：绿象征希望，象征事业，象征未来，象征万古长青的友谊……

……

师：……我们要做"给我一片绿"的口头作文，需要选择哪些材料呢？这是我们要讨论的第二个问题。（板书：选材）刚才有位同学已经提醒我们，作这篇文章时一定要把自己摆进去，才能有感而发。

……

师：……下面请同学们用五分钟的时间，采取互相讨论的方式进一步探讨选材的问题，并且同时考虑如何组织材料（板书：构思），这就涉及构思了。文章好看不喜平，写文章要讲究起伏照应，说话也得有层次，有详略。（学生讨论，教师巡视并不时地与学生交流）

……

师：上节课我们合作得很好，我很高兴。但我的课有欠缺，我在引导同学们审题选材的时候出了一点毛病，毛病在哪儿呢？

生：我们忽视了题目中的"给我"两个字。

师：对，上节课，"绿"字已发出最强音，"给我"却没有得到相应的重视。"给"在题目中的具体含义是什么呢？

生（七嘴八舌）：有祈求、渴望、希冀……

……

师：既然有祈求、有渴望、有希冀，那就说明我们的生活中还有——

生：欠缺，还有不满意的地方。

师：所以，我们不妨从反面也想想，生活中我们还有哪些欠缺？我们最希望得到什么？

生：课业负担压得我喘不过气来，我感到压抑……我渴望有自己的天空。

……

生：我希望能得到父母的理解，希望生活中有歌唱、有欢乐，而不仅仅是读书。

……

师：我们进行口头作文，要落落大方，有条不紊地叙述你的绿色梦想。一个同学讲，其他同学从（指黑板）审题、选材、构思、（板书）中心、语言五个方面来评论。

写作指导课需要处理好学生写作热情激发与具体写作知识教学两个方面的问题，前者是学生写作动力的源泉，后者是有效写作的保证。上述教学片段中，徐振维采用多种教学语言鼓励学生大胆表达，对学生合乎要求的回答予以及时的、恰到好处的表扬，让学生感受到及时的、真实的成功喜悦，如"说了两点，贡献很大了"让学生感到轻松、有成就感，"你的发言让我想到你是一位爱写诗的姑娘，你的话怎么那样有诗意呢"，既让发言者得到积极的肯定，又有效激发了其他学生的表达热情，于是"一时间，学生们十几只手都举起来了"。此外，徐振维在第二节课开始时说："上节课我们合作得很好，我很高兴。但我的课有欠缺，我在引导同学们审题选材的时候出了一点毛病，毛病在哪儿呢？"这样的语言让学生充分感受到老师的坦诚，再次有效拉近了师生间的心理距离，同时激发了学生积极思考的热情。徐振维还将具体的写作知识融入课堂教学中，如在审题环节中，徐振维指导学生从题目关键词入手，一步步深入理解"绿"的象征含义及"给我"的具体含义，这是作文审题中的关键词审题法，这种将具体的写作知识融入具体的作文题审题中的教学方法，有助于学生真正理解并掌握写作知识。

六、拓展融合的艺术：纵横开阖，收放自如

语文学习的外延与生活的外延相等，四十年来的语文教育，立足课堂教学，将课内与课外相结合，教材阅读与课外阅读相结合，阅读与写作相结合，将生活中发生的事情引入课堂等，内引外联，深入开掘，自由开阖，体现了高超的教学艺术。如阅读与写作是语文教学的主要任务，相对独立又有着内在密切的联系，如何发挥二者之间互相促进的作用？沈蘅仲指导学生通过读写结合来分析课文，既促进了学生对课文的理解，也训练了学生的写作能力。沈蘅仲在教学实践中，指导学生动手动脑，在反复的实践中，不断熟练掌握阅读与写作的技巧。沈蘅仲说："读写知识的规律，治学的方法，一定要通过反复实践才能掌握。因此，我在指导方法以后，常继之以一系列的严格训练，特别是启发学生自觉地多练，通过'多'以达到'能'。"[1]这里，我们选取沈蘅仲《林黛玉进贾府》的教学设计，赏析他以写促读、深化课文理解的教学艺术。

首先请看相关教学设计的内容（有删减）[2]：

在了解了课文中所写的贾府概况后，可以引导学生进一步研究课文内容，从认识现象进一步理解其本质。分析时由教师先拟若干题目，要求学生利用课文中的材料写成短文。

试拟题目及要求如下：

（一）林黛玉的"步步留心，时时在意"

这一题要求分析林黛玉的性格。

……

作这道题，可以根据课文中描写黛玉的材料来写。

文中对黛玉的描写，有的是通过别人对她的观察所得到的印象……很形象地从外貌特点反映了黛玉的性格。再有，就是通过她和别人的应对谈话来写。

［1］《语文教学通讯》编辑部．红烛集［M］．太原：山西希望出版社．1986：35.

［2］《语文教学通讯》编辑部．红烛集［M］．太原：山西希望出版社．1986：39-44.

（二）"劳什子"和"命根子"

这一题要求分析贾宝玉的性格。

……渴求"个性解放"的性格，被认为是"不通世务""行为偏僻""性情乖张"。于是他成为"于国于家无望"的"无能""不肖"之子。而在《红楼梦》中，这种叛逆性格，正是作者所要歌颂的对象。

（三）王熙凤在贾母面前的哭和笑

这一题要求分析王熙凤的性格。

……引导学生抓住王熙凤在贾母面前的哭和笑来分析她的性格，那么她和贾母之间的关系及其性质，也就可以清楚了。

（四）心有灵犀一点通——谈宝黛的初次相会

这一题要求从课文对宝黛相会的着意描写中来分析他们两人在感情上的共鸣。

课文中对黛玉和宝玉两人的第一次见面，描写得特别生动……在封建礼教的繁文缛节的包围中，黛玉与宝玉相见，作者用神话式的富有诗意的笔调来写两人的第一次会见，是后来两人爱情发展的伏笔。

（五）从贾府一顿便饭的排场谈起

这一题要求分析"贵族之家"的一个侧面，从而看到封建剥削阶级的奢侈生活。

（六）从贾府的府第规模看封建社会的一角

这个题目要求通过对贾府府第规模的分析，来看封建统治阶级的豪华生活及其社会基础。

……"贾府"虽只是一个家族，实际上是一个封建社会的缩影。课文把封建统治阶级的奢侈生活形象图画般地再现出来，学生分析了这个"贾府"以后，对封建社会的情况，也就可以有所了解。

上述六个写作题目，紧扣《林黛玉进贾府》一文的主要内容，是对课文的深入研究，发挥了引导学生从认识现象进一步理解本质的作用。为提高以写促读的效果，沈蘅仲提出了三个方面的注意点：（1）有启发性；（2）从课文中出发而不拘泥于课文；（3）学生经过钻研课文和独立思考后，是能够做得出的。这三个方面的注意点，是以写促读教学艺术的关键点。上述六个写作题目，由点到面，前四题分别抓住《林黛玉进贾府》

的三个主要人物性格进行分析，旨在落实小说教学的重点；后两题则从总体上分析贾府所代表的封建社会奢侈的本质。通过六个题目的写作训练，一方面，学生能够在点面结合中对全文有更加完整的印象，另一方面，通过紧扣课文内容展开分析，有效地训练了学生驾驭材料的能力。学生独立完成写作任务后，还可以相互交流，相互启发，以打开思路，深化训练效果。

第三节　四十年语文教学艺术的影响与传承

1978 年至 2018 年，语文教学走过了非凡的历程，四十年中涌现出了一大批语文教育家，深入研究这四十年语文教学艺术，对当代语文教学具有深远的意义。本着研究历史、启迪当下的原则，笔者认为，对四十年语文教学艺术的传承，应该重在对这四十年中的语文典范人物的改革精神与探索实践的学习上。

在这四十年中，那些语文典范人物建立起了清晰、科学、扎实有效的语文教育思想与教学体系，以各自鲜明、独特的语文课堂教学风格，树立起了一面面旗帜。在这四十年中，中华大地上，语文教学流派不断涌现，流派代表人物掀起了语文教学研究与改革的大潮，并拥有一批批追随者，在他们的共同努力下，语文教育教学面貌发生了翻天覆地的变化。在这四十年中，一批批学生因为受到这些优秀语文教师的教育，语文素养得到全面提升，语文教学质量得到大幅度提高。在这四十年中，语文教育教学研究得到了前所未有的深化，一部部展现语文典范人物的语文教育专著面世，带给语文教师思想与观念上的震撼与启迪，一篇篇高质量的语文学术论文发表，让越来越多的语文教师从中找到提高自身专业素养与教学水平的方向。在这四十年中，语文教学界虽然也有过一些观念碰撞，走过一点弯路，但四十年中语文典范人物所进行的改革，他们所取得的卓越成就，将随着岁月的流转而愈发显出光芒。

如今，要提升语文教师的教学艺术，尤其需要在以下几个方面传承四十年中语文典范人物的精神。

一、提升教学艺术需要有教育的情怀和创造的毅力

四十年中的语文典范人物对教育事业无限忠诚，他们将青春、智慧、岁月献给了教育事业，成为热爱教育事业的典范。他们对母语更是一片痴情，深爱着祖国的语言文字，触摸着汉语的灵魂，传承着汉语的无限魅力。这种挚爱与痴情，给他们提供了探索、改革的不竭动力。在当下

的社会大语境中，传承他们对教育事业与母语的挚爱，显得尤为重要。语文教师承载着育人教书之重任，还承载着传承民族文化、培养学生世界视野的重任。育人，首先在于爱人，在于对学生生命的热爱与尊重；其次，在于了解人，在于把握学生生命成长与发展的特点、规律及要求；最后，育人还在于恒心与耐心。同样的，传承民族文化，首先需要有对祖国语言文字的热爱，唯有热爱，才能感受到汉字的温度，才能贴近汉字的灵魂；其次，需要对祖国语言文字有科学正确的认识，汉字的含意、汉字表情达意的效果、汉字连缀成篇的方法，都有着丰富的奥妙，不能简单地说热爱，而是要深入这些奥妙的内部，了解它们，驾驭它们；最后，传承民族文化，还需要有世界视野，不持井蛙之见，放眼全人类的优秀文化，才有可能让民族文化的传承更适应新的时代，从而赋予传统文化新的活力与魅力。

四十年中的语文典范人物有不少人经历了20世纪的诸多风雨，历史让他们内心产生锐意改革的紧迫感与使命感。他们无比珍惜改革开放的大好时光，加紧研究语文教学的内在规律性，加快语文教学改革的步伐，可以说，正是迫切希望提高语文教学质量以回报社会，不辱教师使命的责任感与使命感，让他们在各自的岗位上取得了令人瞩目的成就。如今改革开放的巨大成果让教师们拥有更丰裕的物质条件，无论教学的硬件设施还是教育教学知识的丰富度，无论是国家、社会对教育的支持程度还是教学改革的外部条件，与过去相比，已不可同日而语，身处当今时代的语文教师，更需奋起直追。

语文具有学科的独特性，这就给语文教学带来了不少困惑与实际困难，在教学过程中，难免出现许多难题，学生语文能力的培养无法"毕其功于一役"，甚至可能出现教学的"负效应"。四十年中语文典范人物面临着对语文学科性质认识不清、语文教与学内在规律性的探寻遇阻、教学条件与设施落后等诸多困难，他们一心朝着语文教学改革的方向，十几年甚至数十年如一日，进行了一轮轮的改革探索。正是这种不断创造的毅力与恒心，让他们对语文学科的认识渐趋科学，语文教学改革成效显著。"板凳要坐十年冷，文章不写一句空。"他们以实际的行动启迪我们，语文学科的独特性尤其需要语文教师们静下心来，细加求索，方能得语文教学之堂奥，那种稍做研究便以为得语文之真谛或者稍遇困难便放弃求索的做法，最终是影响了语文教师自身，也将贻害学生。

二、提升教学艺术要努力提高专业素养和对话能力

教师的专业素养是实现教育目标的重要基础，专业素养是一个动态提升的过程，将随着教师自身的不断学习而逐步提高。四十年中的语文典范人物，他们有的并非汉语言文学专业科班出身，有的甚至没有接受过高等师范教育，但他们凭着满腔的热情，不断加强学习、研究，努力提高自身的专业素养，成了名动一时的语文教学名家。目前，教师的专业成长得到了越来越多的重视，但怎么做才能真正提高教师的专业素养？纵观语文典范人物的专业素养提升历程，我们可以获得许多的启示。首先，需要有强烈的责任心，有为教育事业不断奉献的担当意识。其次，要在专业阅读与专业研究的引领下，走专业发展的道路。语文教师的专业素养由多方面的要素构成，如专业理论素养、文本解读的能力、写作能力、对语言文字的敏感、教学设计与评价能力，等等。其中，专业理论素养应该是最核心的要素。这是因为，语文教学活动首先要符合教学科学性的要求，要遵循学科规律性的要求，教师在专业理论的指导下实施教学活动，才能确保教学始终走在科学化的正道上。只有在确保科学性的前提下，才有可能朝着教育艺术化的更高层次发展。纵观当前语文教学中种种非语文化的倾向，究其根本，正是在于专业理论的缺乏。缺乏专业理论指引的教学行为，极易违背学科教学的科学性要求。语文教师的专业素养发展直接影响着语文教师的教学水平，从而直接影响着语文教学效率。从完成语文教学任务的底线做起，直至不断成为语文教学的名家名师，站在理论的制高点上进行语文教学理念的探讨，是发展专业素养的不二法门。近年来入职的语文教师基本都接受过系统的高等教育，但在专业素养方面绝不能止步于眼前，我们还有许多书要读，有许多的专业问题需要静下心来思考并在实践中解决。

教师自身知识储备丰富并不一定能够上好语文课，要学会与学生对话，掌握与学生对话的艺术。教师要关注学生的学习经历，开动脑筋，善于从学生学习的经历设计和实施语文教学。教师确定了学生的学习目

标，确定了学生的学习内容，并不意味着学生就可以据此自主学习了。因为学习目标的达成总是具有一定的挑战性，学生作为学习者，依然需要在教师的精心指导下才能有效展开学习。换句话说，教师必须从学生学习经历的角度去设计和实施语文教学，学生才有可能主体性地去展开语文学习并顺利达成目标。传统的语文教学设计基本上是按照教学内容的先后编写教案，比较容易忽略学生的学习经历，所以教师的主导作用常表现为消极性。关注学生的学习经历，针对学生学习中遇到的难点、障碍点和发展点组织教学，师生就会享受教学的过程，让教学成为一门艺术。

三、提升教学艺术要有科学理性的精神和艺术审美的表达

语文作为一门学科，自然有其科学性，语文学科的独特性是必然存在的。四十年中，语文典范人物始终坚守语文是一门学科的最基本理念，始终走在语文研究的科学之路上。承认语文是一门学科，是所有语文问题研究的基本起点，也体现了一种科学理性的精神。典范人物们以执着的科学理性精神，在语文教学科学化与民族化融合的道路上，孜孜以求，不断探索，取得了诸如加强学生思想道德教育、传承中华优秀文化、强调"双基"教学、加强学生思维训练、提高课堂教学效率等诸多共识。典范人物的研究、探索、改革始终没有偏离语文这条轨道，在科学理性、求真务实理念的引领下，将母语教育向前推进了一大步。在《义务教育语文课程标准（2011 年版）》和修订版《普通高中语文课程标准（2017年版）》已经颁布的背景下，深入反思总结中小学语文教学的得与失，显得非常有必要。评判得失，标准自然不止一条，但科学性始终是最根本的一条。所谓科学性，就是站在现代理论的制高点上，不断探寻语文教学的内在规律性，探讨语文教学理念，在理论的反思与总结中，提高语文教师的专业理论水平与实践教学水平，从而更好地完成语文教学的任务。

四十年中，语文典范人物建立起了各自的教学思想与教学体系，在语文学科性质、特征、教学方法等重大问题上均有各自的思考与主张，有的甚至观点针锋相对，但这并不影响他们的改革以及他们之间的研讨。

四十年中出现了百家争鸣的局面，这在一定程度上标志着语文教学改革正处于最佳时期。能有此可喜局面出现，首先得益于他们拥有为真理而争鸣的信念，他们目标一致，都朝着改革语文教学、提高语文教学质量这个大目标前行。其次，他们有着包容异见的胸怀，面对不同的语文教育思想与语文教学方法，能够摒除己见，坦诚争论。在争鸣与争论中，他们加深了对语文教学诸多问题的认识，在不断的相互了解中取长补短，推动语文教学改革向纵深发展。当下许多语文教师也在不断实践中逐步改革语文教学，有的还取得了不错的成绩。当然，也出现了一些讨论或者争鸣，比如，在将语文课堂艺术化的过程中，过分追求课堂结构的完整性、课堂推进的流畅性，让语文课堂如行云流水，如艺术表演，对于学生语文素养的提升效果究竟如何，值得探讨。我们需要艺术的审美的表达，但是我们要避免机械化、匀称化和过分的结构化。我们相信，只要我们朝着使母语教育变得更好的目标，不抱成见，坦诚探讨，把语文课堂的遗憾也作为语文教学的艺术，语文教学一定能取得更大的进步，语文教学在艺术化的进程中同样可以发展学生的语文学科核心素养。

第八章 | 四十年语文考试

"文革"之后，我国于 1977 年恢复高考。高考制度的恢复是我国教育史上的重大教育事件，具有特殊的意义。这一重大举措使我国人才培养制度重新走上了健康的轨道，确立了社会发展的知识价值导向，开启了以知识为发展核心动力的现代化进程。[1] 然而，由于准备工作不充分，1977 年的高考，暂由各省、自治区、直辖市自行命题，举办考试。在各地高考中，语文均被列入文、理两科的必考科目。1978 年，教育部颁布了高考复习大纲，并于同年恢复了全国普通高等学校统一招生考试，语文仍是文、理两科的必考科目之一。到 1980 年，语文高考基本完成了拨乱反正，从此进入一个新的历史时期。

[1] 许纪霖. 知识导向与社会公正——高考恢复三十年的省思 [J]. 招生考试研究，2007（2）：12-17.

第一节　四十年语文考试概说

回顾近四十年我国语文考试的历史，可以说改革贯穿始终。语文考试的改革是在考试类型从"一考独行"到"两考衔接"中开始的，其间经历过考试命题方式从统一命题到自主命题的变迁，也经历了考试题型标准化的探索，更经历过考试内容从二维模式转化为三维模式。下面分述之。

一、考试类型改革：从"一考独行"到"两考衔接"

由于恢复高考之初招生体制与教育体制改革的要求在某些方面并不吻合，存在"统得太多、管得太死"的问题；人才选拔制度虽然走向正轨，但中学生学业负担过重和片面追求升学率的现象也顺势抬头，并呈现愈演愈烈之势。为克服这一弊端，教育部于 1983 年在《关于进一步提高普通中学教育质量的几点意见》中提出"毕业考试和升学考试要分开进行"，并号召有条件的地方实行毕业会考制度。上海积极响应号召，在实行单独命题的基础上开始了会考制度的探索。1985 年 6 月，上海第一次成功地举办了全市历史科统一会考，这是会考制度的最早试点。1987 年，本着会考与高考分开的原则，语文、数学、外语三门学科不举行全市统一会考，这三科毕业考试由各区、县统一命题或由中学自行组织。而且，在政治、物理、化学、生物、历史和地理六科实行会考的基础上，高考科目减少为语文、数学、外语三门，并将高考与会考成绩大致按 1：1 计入总分，会考成绩与高考进行"硬挂钩"。这一方案将高考与会考结合起来，试图通过减少考试科目来减轻学生的负担，但在实际操作过程中，部分学生在会考成绩上弄虚作假，致使会考功能得不到有效发挥。为改变这一情况，1988 年以后，上海市教委规定会考科目为高中阶段九门必考课程，成绩全部合格的学生可获得"上海市普通高级中学会考合格证书"，会考与高考进行"软挂钩"；高考必考科目为语文、数学、外语三科，剩余六科分别与必考科目配成六个科目组合，学生可根据自身特点选择不同的科目组合。

毋庸置疑，会考与高考最大的区别在于两者性质的不同，前者是水平性考试，后者是选拔性考试。将会考和高考这两种不同性质的考试区分开来，使其各司其职、合理分工，有利于中学教学改革和学生个性特长的发挥。同时，高中会考的实施逐步扭转了高考是衡量高中教育质量的唯一依据，升学率是实现中等教育价值唯一途径的反常局面，使"高考失败者多年学习的价值也能得到社会的认可"。更重要的是，会考作为劳动就业、工作待遇等方面的测评要素，与人事制度相衔接，体现了会考的社会功能。总之，上海创造性地探索出了会考与高考相结合的崭新模式，为克服片面追求升学率开辟了一条新路，在建立和健全我国考试制度体系道路上迈出了重要一步。

上海市从 1985 年开始进行五年多试验形成的"上海方案"，因效果良好，得到国家教委认可。[1]国家教委于是正式下发文件，从 1990 年起，用三年左右时间有计划地在全国逐步实行普通高中毕业会考制度。到 1992 年，全国已有 29 个省、自治区、直辖市实行普通高中毕业会考制度。从此，"两考衔接"的格局一直在全国推行。

对于语文学科而言，处在"一考独行"格局中的语文考试和处于"两考衔接"格局中的语文高考、会考，其命题层级、试题的难度、考查范围甚至评分标准等自然都有很大区别。[2]语文会考试题由省、自治区和直辖市负责，依据国家审批的教学大纲命题，可以根据当地的实际教学情况予以调整。试题分客观性试题与主观性试题，前者占较高权重（50%以上）。一般采用正、副两份题本，万一正卷泄露，副卷可以取代之。为防止考生作弊，通常制作 A、B 卷，两卷的试题相同，但编排次序经过调换。考试成绩以百分制计算原始得分，然后折算为若干等级。多数省份分为 4 个等级，即优、良、合格和不合格。也有部分省份把成绩分为 5 等：优、良、中等、合格和不合格。会考合格率一般达 95%。高考作为常模参照性考试，它的主要任务是在众多的高中毕业生或同等学力者中选拔那些更适合进

［1］李立峰.上海高考改革三十年述论［J］.教育测量与评价（理论版），2009（5）：48-52.

［2］刘清华.高考与会考的关系［J］.教育发展研究，2002（6）：39-42.

入普通高等学校学习的合格新生。对于高考，高校有选拔要求，因此高考试卷要维持一个必要难度。教育统计学原理证明，没有一定的相对难度，就没有必要的区分度。高考是为了达到必要的区分度，才要求必须有一定的相对难度。高考语文试题由统一组织的人员依据专门颁布的语文高考大纲命题，多年来客观题占30分，主观题为90分，考查内容多为课外的，试卷难度值偏高。考试成绩以120分为总分（后来总分提高到150分）来计算考生得分，72分以上为及格（总分为150分时，90分为及格），计入高考总成绩，作为高等院校选拔入学新生的依据。

二、考试命题方式改革：从统一命题到自主命题

从1952年正式进行高考命题开始至2004年，我国一直采取统一命题的形式。高考统一命题在公平性、高效性和权威性方面能够予以保证，避免了大量的人力、物力的浪费，为我国高等院校选拔了一批批优秀的学生，促进了我国高等教育事业的发展和社会的全面进步。语文高考统一命题也在全国统一命题制度的引导下，举全国优秀语文教育研究者及教师之力，编制出高质量的高考语文试题，公平、公正地测验和衡量学生的语文能力与水平。但是，辩证地看，高考语文统一命题也有其局限和弊端。[1]

第一，高考语文统一命题安全保密风险较大。比如，2003年四川省南充市南部县发生了高考文科试卷失窃事件。这起事关全国高考安全的事件给国家及民众带来了较大的震动。

第二，高考语文统一命题难以兼顾全国范围内所有考生的风俗习惯、生活经验、认知能力水平的差异。各省份因经济、文化和教育发展水平不同，考生的观点与能力或多或少也会呈现出地域特征与差异。比如，1991年的高考语文漫画写作题"妈妈喜欢吃鱼头"，命题者的意图在于讽刺孩子不懂得体会母亲的良苦用心，而对于南方某些地方来说，给长辈吃鱼头表达的是尊重之情。因地域生活经验、习惯的差异，这道题给

---

[1]卢燕玲.新课改背景下的高考语文自主命题研究［D］.南昌：江西师范大学，2015：11-12.

部分考生造成了一定的审题困扰。再如，统一命制的语文试卷中出现与高科技、流行文化等相关的试题，需要学生运用较为开阔的视野和综合素质辅助进行答题，这对于经济文化发展水平较低的省份的考生来说是有失公允，有欠公平的，这些外在的理解性障碍因素对于单纯考查学生的语文素养会造成一定的影响。

第三，高考语文统一命题不利于我国推行基础教育课程改革。考试招生制度改革是我国基础教育课程改革的突破口。我国是以省为单位不断推进素质教育的实施。从 2004 年起，我国各省份进入新课程改革的时间有所差异，全国考生都使用统一的高考语文卷不合逻辑，也不利于体现教育公平。再者，在实施新课程改革的过程中，各省份都积极开发课程资源，融会地方特色，我国的语文教材呈现出"一纲多本"的局面。而教材是语文高考命题的依据之一，若还是采用全国统一卷，则会造成考试与语文教材脱离，难以适应各地教学和课程改革的需求，也不利于体现区域间的教育公平。

正因为上述这些局限和弊端，我国高考结束了长达四十多年的高考统一命题制度，于 2004 年在全国范围内正式实施自主命题。1985 年，伴随着上海市高中毕业会考与高考科目设置改革实验的开始，上海市获得自主命题权，但这只是个例。2002 年，北京市也取得了高考命题自主权。2004 年，辽宁、天津、重庆、湖北、湖南、江苏、浙江、福建、广东等加入自主命题的行列，分省命题的省份增加到 11 个。2005 年，增加了江西、安徽、山东。2006 年，增加了陕西、四川。2007 年，宁夏、海南、广东、山东实施了新课程改革方案，宁夏、海南虽然有高考自主命题之名，实际还是用全国统一卷。至此，我国共有 16 个省份真正实行了高考自主命题。2014 年，新一轮高考改革启动，浙江、上海率先试点，从 2014 年至 2017 年，完整地走完了第一轮高考改革的实践。继 2017 年北京等地启动高考改革后，2018 年高考改革进入全面推进阶段，多个省份宣布启动新高考改革。到 2018 年秋季高考，全国范围内共有全国卷Ⅰ、全国卷Ⅱ、全国卷Ⅲ、北京卷、上海卷、天津卷、浙江卷、江苏卷等 8 套高考语文试卷。

语文高考自主命题的优势是显而易见的：

第一，高考语文自主命题有利于促进高考语文命题形式与内容的多样化。各省份根据本地的基础教育发展水平和区域经济发展水平，因地制宜地命制高考语文试题。目前，我国有多套各具特色的高考语文试题，命题的形式与立意多种多样，各种新题型的出现，改变了原有的"大一统"模式，丰富了我国高考语文的内容与形式。

第二，这样的命题方式一定程度上避免了因为地域差异造成的理解障碍等问题，也能够较为客观、实际地反映当地的语文教学水平和考生群体的语文素养实力。同时，在试卷中融入一些体现地域特色的考题，如选取本地作家的作品，或命制有关本地经济、社会、政治、文化等方面内容的考题，既可以拉近考生与试题的距离，缓解学生考试压力，也有利于地域文化的传承，实现语文课程的文化功能。

第三，高考语文自主命题有利于推进我国高中语文新课程改革的深入。自主命题除了能够促进我国高等教育考试招生制度和高中语文新课程改革评价的改革，还可以促进国家、地方、学校三级课程管理制度的完善。高考语文自主命题赋予了地方更为宽松的环境进行语文新课程改革，让地方能将本地的地域特色吸收到课程建设中来，有效调动地方课程开发的积极性，从而帮助学生拓宽视野，提升语文素养。

除此之外，高考语文自主命题还有降低统一命题泄题的风险与压力，促进各地语文教学研究等优势。不过，强调高考语文自主命题优势的同时，我们也不能回避其可能带来的问题与缺陷。高考语文自主命题让人们最担心的是命题质量与水平，由于各地命题经验不足、命题观念不同等因素的影响，有些地方的高考语文自主命题的质量遭到质疑。随着 2014 年新一轮高考改革开始，统一命题的试卷增加了，分省命题大大缩减了。以 2018 年秋季高考为例，语文全国卷有 3 套，分省命题有 5 套，共 8 套。随着全国统编语文教材的使用，又将推进新的高考命题改革。

三、考试题型变迁：标准化题型的探索

几乎在上海市高考与会考两考衔接试验的同时，1985 年初，教育部决定成立"标准化考试"课题组，在广东省进行标准化改革试验。在调查了中学语文教学情况，又广泛听取教育界，尤其是中学语文教师的意见之后，1986 年 11 月，课题组制订了语文标准化考试大纲初稿，1987

年1月定稿。同年，语文学科也加入了试验。试验之初，有人根据国外标准化考试的模式（如美国教育考试服务中心举办的各种考试），主张试卷全部采用选择题，但是，课题组专家经过研究、分析，认为不同题型具有不同的考核能力，各有长短，全部采用任何一种题型都不全面，都存在难以克服的弊端。像语文这样的学科，应根据其特点，保留写作等主观性试题，使其在整张试卷中占有一定的比重。1987年广东省语文高考试卷中，写作占分40%左右。广东省语文高考改革的试验，标志着我国语文高考在探索现代考试制度方面迈出了重要的一步，为我国语文考试的科学化做出了有益的探索。

进入20世纪90年代之后，语文高考的标准化程度有了提高，然而，标准化考试引起的争议也日益增多，主要是标准化考试中的"选择题"问题。[1]客观来看，这种题型的缺点和局限是比较明显的：

其一，只能测试思维的结果，不能测试思维的过程。比如说，一名考生对所提问题基本上能够解答，但由于思考过程中某一环节出现了失误，其结果是错误的；另一名考生则全然不会，其结果也是错误的。从测试的角度说，这两名考生的水平是不同的，然而编制成选择题后，从考试的结果看，成绩却是相同的。由此可见，重点考查思维过程的试题，就最好选用主观题型。

其二，只能测试求同思维，无法测试求异思维。世界上的许多事物不能简单用"是"或"非"来回答，因此这类问题就最好不要采用选择题的形式。例如语文中的修辞、语法，高考在考查这些内容时，就没有采用标准化题型，而是要求学生自己改错，这样就可以看出学生对同一问题的不同理解。

其三，即使答案是唯一的，选择题有时也不是最佳的测试手段。例如认知和记忆是两种不同的心理过程，因此默写性的试题就不宜采用选择的形式。语文高考第二卷中出现了名句默写题，默写兼考汉字字形，难度高于选择题。由于选择题的答题范围有很强的限制性，所以有些内容适于填空。如果说选择题适于考查思维的严密性，那么让考生自己填

---

[1]罗晓红.高考语文标准化试题分析[D].呼和浩特：内蒙古师范大学，2002：30-31.

空有利于考查思维的广阔性和深刻性。

其四，单项选择题只能做一次性选择，无法显示考生思维的层次性。例如同样一篇文章，有的考生理解到了很深的层次，有的考生则停留在浅层，如果都选用标准化试题，就很难检测出学生的理解程度。

总之，对语文而言，选择题无法真正考查言语操作能力，而且在教学中容易造成抽去内容光讲技巧，捆绑学生思维能力的情况。选择题比较适合于考查识记部分的知识，对于语文能力特别是高级的语文能力，它就显得无能为力。因此语文考试是否应该采用，或主要采用选择题这种题型，成了人们争论的焦点。同时，由于语文高考的巨大影响，语文高考中大量采用的选择题，会很快在中学语文教学和考试中蔓延开来，对语文教育中业已存在的"人文精神淡化，阅读教学烦琐化"倾向起了推波助澜的作用，这成为选择题遭人们诟病的另一主要原因。

由于当时国外标准化考试自身处于不断完善阶段，我国引进标准化考试时间很短，标准化考试如何与学科结合，尤其是和作为母语教学的语文学科结合，从理论到实践，都有大量的工作要做。因此，语文高考即使进入相对稳定的时期，改革也从未停止。

一是理论的探讨从未间断。我国专家结合标准化考试的实践，进行了不懈的理论探讨，其间代表性的论文论著有桂诗春的《关于题型的若干问题》（1991年），国家教委考试中心组织编写的《题库建设理论与实践》（1991年），郑日昌的《再论标准化考试》（1993年），郑日昌等的《高考语文综合评分与分解评分的比较研究》（1993年），桂诗春的《对标准化考试的一些反思》（1994年）。其中，题库理论是标准化考试的理论核心。

二是语文高考实践中的改革也一直没有停止。在语文高考命题上，国家教委加紧了题库建设。就命题而言，国家教委考试中心在专家命题的同时，广泛向社会征集试题，明确指出在征集综合性试题的同时，"征集语文、数学、外语等单科试题"，使临时性命题向常规性命题过渡，经验型命题向规范化命题转移。

与标准化考试相联系，语文考试改革的另一项探索也十分值得注意，即写作评分研究。这项研究始于1983年教育部学生司主持的一项"对高考试卷的评分调查"。该项调查发现，"无论文科或理科，在不同地区及同一地区的不同阅卷者之间存在较大评分误差，其中尤以写作为烈"。根据我国江西省对高考写作评分连续三年的大规模调查，评分摆动的幅度达平均分的 60%；另据广东省连续三年的调查，平均误差分为满分的 40%。1987 年，根据全国教育科学"七五"规划的要求，国家教委考试中心组建了"大规模考试作文评分误差控制"课题组，经过几年研究，制订了一套操作性较强的分解评分参照量表，并在北京、广东、河南、浙江等地进行了试验，取得了一些有价值的成果。

四、考试内容组成：从二维模式到三维模式

1984 年，经语文教育界前辈叶圣陶、吕叔湘倡导，朱德熙推动，当年全国高考语文卷增添了现代文阅读的考查。自此，高考语文突破传统语文考试由"语文知识和写作"构成的二维模式，形成了"语文知识＋阅读＋写作"的三维模式。

现代文阅读试题的出现，影响是深远的。一方面，打破了旧的格局，建立了新的规范。在此之前的语文测试基本上是语文基础知识和写作两大块，由于现代文阅读试题的出现，又带出文言文阅读，旧的模式被打破了，出现了基础知识、阅读、写作三个板块，从而使语文高考试题的布局更趋于科学合理。模块的变化，并不仅仅是结构的调整，更重要的是反映了人们对语文能力的构成有了更新、更准确的认识。另一方面，这也是社会变革的需要。现代人首先要读懂现代文，从中筛选、吸收大量有用、必要的信息，这是现代社会对语文教学的基本要求。在此之前，人们往往自觉或不自觉地轻视现代文的教学和测试，基本沿着"思想内容、艺术特色"的路径组织教学，而考试中现代文则是作为语法、修辞的附庸，作为语文基础知识及其运用的检测的例子出现。高考中现代文阅读的出现，让人们认识到快速、准确、高效的现代文阅读是当今信息时代的要求，于是开始对现代文做信息搜寻式的阅读理解，在鉴赏性阅读中，又增添了实用性文本阅读，例如"社科文"与"自科文"的阅读，甚至在试卷上出现"非连续性文本"。

受高考影响，语文中考也很早就进入这种三维模式。具体到语文知

识、阅读和写作题型，都有一个变化过程：

1. 语文知识考试改革

语文知识，就中学教育而言，主要是指语言知识和文化常识两大类。中学语文教学向学生传授一些简单的语言知识、文化常识，一方面是为了提高学生的人文素养，更主要的还是为了让学生更好地理解、分析和欣赏文章，提高正确、生动地运用语言文字的能力，而不是要学生系统地掌握语文知识本身。语文知识教学的要求是"精要、好懂、有用"，字词的积累，标点、语法、修辞等的分析，文学及文化常识等，虽然烦琐、细碎，但由于多年来语文中考一直把它们列为考试重要内容，因此中学语文教学花费大量时间进行有关训练，而属于文章整体阅读、整体理解、整体分析、整体表达的教学活动，必然受到很大限制。

然而，有研究表明，汉语学习的特殊之处主要不是"知"的积累，而是"感"的积淀。这些年来，中学语文教学的一个突出症结就在于不恰当地强调了语文知识，又在各种考试中予以强化，由此给语文教学带来一个严重的后果：语文教学知识化，知识教学考点化。一篇鲜活的语文课文，完全按知识点、考点来组织教学，一堂课被搞得支离破碎，完全失去了语文教学的特点，偏离了其宗旨。针对这一问题，多数试验地区将一些繁难艰深、实用价值不大又容易导致学生死记硬背的部分，不再列为考试内容，如词类分析、字的结构、戏剧常识、语法中的部分内容、应用文体知识等。1998年中考，苏州等地对语文知识部分进行删减处理，注重考查实际应用能力，强调名篇名句的记诵，强调汉字的书写规范和工整。湖北荆门的中考淡化烦琐的知识考题，即使有少量的知识考题也以应用、综合为主，放在一定的语言环境中考查。更有一些地区，如上海闵行区，已不再将语文知识列为单独考查项目。2000年，更多地区把语文知识放到阅读题中去考查。从全国很多地区的中考试卷看，语文知识考试已更多地着眼于实际运用，贴近学校生活和社会生活，越来越多的中考试题放弃了面面俱到的命题思路，而采用选项考查、突出重点的命题思路，在一定的语境中考查学生运用知识解决实际问题的能力。

2. 阅读考试改革

1984年后，受高考语文增加阅读项目考查的影响，中学语文对阅读教学逐渐重视。重视学生阅读能力的培养，是当代语文教育的进步。我们知道，在"八股取士"的年代，写作能力培养是传统语文教育的中心和唯一价值取向。现当代语文教育中虽然提出过读写结合，但是究其实质，也是读为写服务，读是写的附庸。现在，我们清楚地认识到，语文能力就是理解和运用祖国语言文字的能力，要求理解所呈现的口头语与书面语的内容，并用口头语与书面语表情达意。可见，读不仅要和写结合，同时，它也是语文能力的一个重要方面，是语文教育所要关注的对象之一。事实上，读和写各有自己的规律，各有自己的作用，相互不可替代。读的教学和写的教学也各有自己的特点。在当今瞬息万变的信息化社会里，获取信息的能力，对每一个人的意义，比以前任何时候都更为重要。阅读就是通过视觉从文字之中获取信息，且这又是人们获取信息的最为重要的方式之一。所以，中学语文教育重视对学生阅读能力的培养，反映了时代的要求。但是，由于在试卷阅读试题编制中，普遍存在人为地肢解一篇完整的文章去迎合知识点的现象，阅读教学很快陷入烦琐化的窘境。因此，1998 年中考语文阅读部分改革的方向就是摆脱烦琐化的束缚，以期对阅读教学产生良好的影响。如有的地区就力求"淡化知识考题，强化整体阅读能力的考查"，整体阅读理解题占所有阅读理解题的 70%。在试题设计上，他们的具体做法如下：一是注重考查照应能力，即上下文前后呼应；二是注重考查比较阅读能力；三是注重考查概括能力；四是课内外互相渗透，由课内延伸到课外；五是重视发挥学生的创造能力。如苏州市的中考语文阅读题目侧重学生对文章的整体把握能力以及结合具体语言环境对语言的理解、比较、揣摩的能力。有的试题引导学生学会用比较的方法阅读文章。

近年来，在核心素养引导下，各地的中考命题体现出整合性和情境性，试题又呈现出新的面貌。

3. 写作考试改革

写作考试改革是语文中考改革的重点，甚至是语文考试改革成败的关键。写作命题改革的方向是不设置审题障碍，淡化文体限制，强调写出真情实感，让学生有话可说，想象力可以得到充分发挥。如 1999 年苏州的"说句心里话"，北京市朝阳区的"初三生活真⋯⋯"，北京市崇文区的"生活是……的"等，这些命题有意贴近学生生活，突出考生的主体性，有利于学生写真话、记真事、抒真情，发挥想象力，进而对语文教学产生良好的影响。

但是，由此引发的另一个问题应该引起重视，即写作命题缺乏创新，众多写作题有雷同之嫌。这要求命题者在追求写作改革的目标时，要力求创新、开拓，才不至于使写作题陈陈相因，缺乏新意。2000年上海中考写作试题"我也衔过一枚青橄榄"，江西南昌的"_____的力量"，江苏南京的"做人要_____"（在"诚实"等八个词中选一个填入横线上），应该说，这些努力确有创新，较好地实现了让考生"有话可说有内容可写"，又能遏制学生写作说假话的倾向，避免了写作命题呆板、陈俗落套。虽然，这种探索难免时有偏颇，如上海的命题就有文学意味过浓之嫌，但是，其方向是值得肯定的。

写作考试改革看似是卷面上的事，其实阅卷往往更为重要。因为随着试题要求的放宽，学生固然会有话可说，有事可记，有情可抒，创造性可以长足的发挥，但阅卷的困难也会接踵而来。如何在试题改革之后，仍然能保持阅卷的信度，可以说是写作考试改革成败的关键。没有信度或是信度很低的阅卷，再好的改革方案也只能是空中楼阁。虽然，各地区对此已有深刻认识，并采取各种措施以确保阅卷的信度，但是，从全国中考改革的实践看，各地评分标准并不十分统一。以1999年中考为例，"北京、顺义区按'书写、内容、表达'；泰安、山东按'内容、表达、文面'；四川、河南按'内容、语言、条理'；天津按'内容、语言、篇章'。宁夏按'内容、表达'。把'思想健康'明确作为评分标准的有朝阳区、崇文区、咸阳、海淀区、黑龙江、青岛等地。把'符合题意'作为评分标准的有朝阳区、崇文区、北京、咸阳、海淀区、四川、天津等地"[1]。还有一些地区，"书写卷面分"占写作分的比重超过百分之十。个别地区还规定，有一个错别字、一个病句就将写作降级给分。笔者以为，把书写美观等作为写作评分的标准偏离了写作考核学生语言文字运用能力的目的，不利于发挥考试的正确导向作用。考生在答题中为了求稳很可能

---

[1] 鲍道宏.新时期中学语文考试改革研究［D］.上海：华东师范大学，2001：16-17.

编造假话，捏造事实，抒发一些"豪情壮志"，影响写作对学生语言运用能力的测试信度。虽然如此，从各地的评分标准中还是不难看出，把语言、内容、结构作为写作评分的主要考查方面是多数地区的共同认识，因为表达可以近似地看作语言，条理、篇章可近似地看作结构。

1998 年 11 月，教育部基础教育司在苏州召开的当年中考语文考试改革试点地区工作总结会，把"写作不设置审题障碍，让学生人人有话可说，鼓励学生写真情实感，反对说假话、套话"[1]作为写作改革成功的措施之一加以肯定，对写作评分中的严密措施和有益探索加以肯定。而且，上述经验，在之后的初中毕业、升学考试改革的指导意见中都作为成功的经验加以推广。

---

［1］鲍道宏.新时期中学语文考试改革研究［D］.上海：华东师范大学，2001：18.

第二节　四十年语文考试研究代表性论著

一、四十年语文考试研究概述

纵观四十年语文考试研究，尤其高考这种大规模测试研究，呈现出三大特点：研究人员少，但关注度高；成果数量少，但权威性强；研究进展慢，但突破性大。下面简述之。

（一）研究人员少，但关注度高

要说高考的关注度，那是多年持续高温。每年高考都是社会热点，尤其是语文的写作。但是，这些关注与评说很少有专业的成分，大多是一些基于个人感受，充其量是从各自专业如社会学、经济学等学科视角出发所做出的评判，并不能解决测量与评价所面临的问题与困惑。

正如潘新和在《语文高考：反思与重构》一书中所批评的那样：

首先要询问的是：我们有语文高考研究吗？相信绝大部分的语文老师都会说"有"。——我们不研究什么，也不能不研究高考啊！不研究高考怎么组织全世界最大规模的高考呢？这回答似乎很有道理。但如果进一步问"你们究竟研究语文高考的什么？"情况就清楚了：99%的老师和教研员研究的是如何对付高考，就是研究如何"应试"。研究高考虽然也涉及研究"应试"，但是显然二者的基本指向是不同的：前者主要是评价研究，属于教育评价研究中的一种；后者主要是解题、训练研究，属于教学内容、方法研究的一部分。

……

语文教师没有精力投入到高考研究中，这是情有可原的。然而，高考既然这么重要，是亿万人瞩目的国家考试，偌大一个国家，总应该有一大批人专门研究高考吧——我指的是做基础性、理论性的研究工作。我国每年制订"考试大纲"，组织庞大的高考命题工作，肯定是要有相当数量的专业研究者的；现在各省市自己制订"考试说明"，各省市也应该要有的。然而，据我所知，大部分省市却是没有的，即便有的省市有一小批研究者，大多也是非专业的。省市自行命题迄今已经第五年了，有的省市居然还没有专业的命题研究专家，这是不可思议的。[1]

（二）成果数量少，但权威性强

正如潘新和所言，近四十年来，高考命题研究的成果的确屈指可数。除章熊的《中国当代写作与阅读测试》（四川教育出版社，1995 年版）、倪文锦的《语文考试论》（广西教育出版社，1996 年版）外，还有潘新和的《语文高考：反思与重构》（福建人民出版社，2009 年版），以及南京大学何永康教授主编的《高考语文试题研究》（江苏人民出版社，2010 年版）等寥寥数部。客观地说，虽然数量不多，各自的观点也不尽一致，甚至相互冲突，但是却都产生了广泛的影响，起着开拓和引领的作用。

由于后文要对章熊的《中国当代写作与阅读测试》做专门分析，这里重点介绍《语文考试论》《高考语文试题研究》《语文高考:反思与重构》三本专著。

倪文锦的《语文考试论》是从考试角度所作的专论。这是新时期以来语文考试方面的第一部专论，对于建立系统的语文学科考试论，也是具有拓荒作用的。全书共分十章，第十章为"中学生语文能力的自我测试"，是一套测试题，除此之外，其他九章构成了完整的语文学科考试理论体系。该书总论中，从古代语文考试谈起，说明语文考试的历史沿革；讲现代语文考试，则是从恢复高考制度的语文考试谈到语文改革，意在明了语文考试的历史发展线索。该书的基本框架，主要采用了纵、横交织的方法。在纵向上，突出整个语文考试过程，从考试蓝图的设计、题型、试题编制、试卷合成到考试实施、阅卷评分和考试结果的分析与评价等，客观反映考试全过程，做到环环相扣。在横向上，突出考试的不同类型和功能，不同性质的语文考试的比较，高考全国卷、上海卷与广东卷的比较，以及语文知识试题、现代文阅读试题、文言文阅读试题与写作试题的分项研究等，尽量使语文考试的各个侧面都有所涉猎。

何永康的《高考语文试题研究》一书的定位是[2]：

我们的研究主要是"事实"的判断，在客观描述、分析的基础上，让问题显现出来。所以，既有历时的探讨，又有共时的解剖。力图把高

---

[1] 潘新和.语文高考：反思与重构 [M].福州：福建人民出版社，2009：2-3.
[2] 何永康.高考语文试题研究 [M].南京：江苏人民出版社，2010：1.

考语文试题的实事还原出来，以求其"是"。这既是我们不自"是"而唯"是"的态度的表现，也是为将来进一步的探索打下根基。

可见，《高考语文试题研究》的关键词是"试题"，更准确的说法是"试卷"，有较高的史料价值。该书聚焦高考语文历年试题，爬梳剔抉，让我们对近三十年的高考语文试题的面貌有个整体印象。

潘新和的《语文高考：反思与重构》一书最大的贡献在于反思与重构。这种反思与重构更多的是基于学理而不是经验，所以许多观点令人耳目一新，弥补了高考命题与评分的民间研究这一空白。全书包括八章，分为两个层面：价值层面与操作层面。价值层面包括语文高考命题的十大关系，语文高考的"三利"原则，语文高考的"四化"理念。在操作层面，作者分"考什么""怎么考""怎么评"三章具体阐述。在"考什么"这一部分，作者主张考查的内容为言语性、话语性题目，认为语文基本能力包括文体感、语境感、语感，主张以考"语篇"为主。这是作者的重要观点，在学界产生很大影响。在"怎么考"这一部分，作者主张以开放性、交互性题型为主，提出了语文试题结构与题型的初步构想。

（三）研究进展慢，但突破性大

受到万人瞩目的高考语文试卷每一点的变化都是那么"惊心动魄"，所以，四十多年来，高考的变化并不是很大。变的大多是命题情境，命题的思想并没有太大的变化。为什么变化少？主要是因为研究的人员少，成果数量少，研究的进展慢。为什么关于高考的研究处于这种进展缓慢的状态呢？笔者认为这与高考牵动千家万户的心有关。人们对待高考试卷及其考试大纲如同对待红头文件，更多的是一种学习、执行的心理，很少有研究、质疑的态度，而任何学问一旦失去质疑和对话，便很难再有更多的理论、实践上的突破了。

从历史发展的角度来看，四十年高考命题实践，具有重大变革意义的举措是现代文阅读、标准化试题、语言基础知识及其运用题、写作题型及评分方式等。前面三点上文论述中都已有涉及，对于高考写作题型这里做点补充说明。

高考写作走过了"标题写作—材料写作—话题写作—标题写作—新材料写作—任务驱动写作"的螺旋上升之路，实际上高考写作试题类型不外乎四种：标题写作、材料写作、话题写作和任务驱动写作。从 20 世纪 80 年代开始，高考标题写作多了一些说明的文字，这些说明文字往往对写作的字数、选材、文体做出限制。21 世纪初，写作标题的出现方式又发生了变化，虽然有些省份命题方式仍以"标题 + 要求"为主，但江苏等省份的命题出现了新的尝试，即在标题前面加上材料说明，变成"材料（引导语）+ 标题 + 要求"的形式（有时还对材料进行解读）。话题写作，是一种新颖的写作题型。自 1999 年全国高考采用话题写作形式以来，话题写作使人眼前一亮，成为一段时间写作考查的主要形式，影响所及，全国不少地方的中考、小考均采用这种新型的话题写作形式。话题写作，是规定了一个相对广泛的写作范围，以启迪学生思考，激发考生的联想力和创造力，不限文体（或尽量减少文体的限制），给学生更多选择自由的一种写作命题形式。不过，给学生的思维空间大了，一些学生反而难以把握。进入 21 世纪，命题者又开发出新材料写作。新旧材料写作的不同主要在于立意的开放性上：旧的材料写作，大多数情况下立意是材料隐含与给定的，而新材料写作是诞生于话题写作的基础上的，立意更多了自主与开放。2015 年，全国卷Ⅱ出现了任务驱动写作，让高考成为教与学的重要导向。标题写作、材料写作、话题写作、新材料写作、任务驱动写作，从表达角度看，是越来越自由了，但从评价角度看，哪种写作形式更具选拔功能，目前似乎还没有相关的研究给出明确的结论，但有一点，如果不强调写作对象的统一性和相对确定性来看待思想立意、写作手法的多样性，写作考试的可比性就大大削弱了。

二、章熊和《中国当代写作与阅读测试》

关于章熊的生平和语文教育核心理念，本书已介绍得比较详细，此处不再赘述。这里重点介绍一下他在语文考试方面的重要研究成果。

章熊是我国研究语文考试的权威专家，他负责高考语文命题长达 10 年，主持了"汉语书面语言测试""大规模考试作文评分误差控制""中学生言语技能与写作的相关性"等几个和考试有关的国家大型研究课题，有《高考作文能力要求及评分参照量表》以及这里要介绍的《中国当代写作与阅读测试》等重要著述。

《中国当代写作与阅读测试》是章熊关于语文考试研究方面的代表作，也是我国语文教育界关于考试研究里程碑式的重要学术专著。该书曾于1995年由四川教育出版社初次出版，2000年再版。1995年，我国整个基础教育界对教育评价，尤其考试评价的研究才刚刚起步，尚停留在引进和介绍海外评价理论成果的阶段，章熊依托自己多年负责全国高考语文命题的经历和承担"大规模考试作文评分误差控制"课题任务的契机，广泛搜集数据，潜心研究，形成了这部学术力著。

（一）主要内容

全书总共三章，第一章介绍了"语文测试的一般概念"，第二章与第三章分别讨论了"写作能力的测试"以及"阅读能力的测试"。

第一章中介绍的语文测试概念有测试的分类：根据测试目的和用途，分学业考试、水平考试、学能考试和诊断性考试；从解释分数方法分，有标准参照考试和常模参照考试；根据考试要求，分难度考试和速度考试；根据规模大小，分个别考试、小规模考试和大规模考试等。试卷、试题质量分析的概念有效度、信度和区分度。其中效度还可分内容效度、校标效度、结构效度；信度分稳定系数（再测信度）、等值系数（等值复本信度）和内部一致性系数、评分一致性系数；区分度的计算方法有极端分组法和相关法。常用的试题定量分析方法有难度、均值、全距、均差、标准差、变异系数、相关系数等。该章还介绍了语文测试的特点以及语文测试的基本间架；分析了语文测试的题型，包括客观题型——判断题、选择题、配伍题、图表题和填空题，主观题型——填空题、简答题、论述题、写作题；分析了阅读和写作的区别以及由此带来的阅读测试和写作测试的区别。

第二章讨论写作能力的测试。首先，作者讨论了测定写作水平的复杂性，这种复杂性主要体现在衡量学生写作水平有着极大的主观随意性，尤其在大规模考试中，这种随意性几乎难以控制。作者的分析基于各种案例，有国外的，但主要是国内的，如20世纪80年代的大规模调查，郑日昌等人的调查，广东省关于教师间评分差异的调查，江西师范大学关于教师评分群体差异的调查，广东省教科所关于教师评分群体差异的调查等。作者还分析了影响写作评估的教师思维定式和心理因素。其次，作者讨论了写作能力的层次性和题型。作者对比分析了不同国家和地区的写作教学目标，以及我国学者对写作能力的结构要素分析，提出写作能力具有层次性。与之对应，作者讨论了不同层次的写作题型，如客观性试题、操作性试题、短文性试题、长文性试题和综合性试题，宽题、窄题和选作题等，通过研究发现，写作题长文测试具有不可取代性。再次，作者研究了写作评分标准和量表的编制。对于评分标准，作者通过定性和量化研究，分析了写作测评的因素分析，讨论了审题问题的处理，内容水平的测定，语言水平测定，结构水平的测定以及写作评分中的加分办法。对于量表的编制，作者先分析了写作成绩评定的常用方法，如常换参照和标准参照、等级评定和分数评定、综合评分和分解评分；然后介绍了几种写作量表的研制思路，如分项测量表、描述式评定标准量表、样本式参照量表。最后，作者讨论了评分方法和考务管理。评分方法分综合评定和分解评定两种，它们在功能方面，如跨时间稳定性、评分一致性、区分能力等有很大差别。为了使写作测评更科学准确，作者对大规模写作考试管理的三个子系统，即阅卷系统、复查系统和行政管理系统的工作运转情况进行了研究。

第三章讨论阅读能力测试。首先，作者比较了日本、苏联、加拿大、美国、德国和我国的阅读教学目标的区别，然后对阅读能力做了因素分析，提出阅读能力的构成，包括认识能力、筛选能力、解释能力、组合能力、鉴赏能力和创造能力。讨论了阅读理解的测试指标，如理解效率和速度的关系，理解水平的不同层次划分等问题。其次，作者介绍了阅读测试的类型，如"默读＋朗读"，听读测试，默读速度测试，默读理解测试——完型测试、答题测试。对于默读测试的题型，有短文测试、"短文＋短文"测试和长文测试。通过大量的案例，对这些测试类型和方法做了细致分析。再次，作者研究了阅读试卷的编制、分析与量表。作者分析了汉字阅读的特点，如构词能力强、识别率高、容易引起思维的连带反应，也分析了汉字对阅读的不利影响。阅读试卷编制部分，作者分别分析了文言文阅读试卷和现代文阅读试卷的编制。作者还讨论了试卷分析，包括质量分析和考生状况分析。最后，作者介绍阅读量表的案例和编制过程。

（二）研究成果

章熊在《中国当代写作与阅读测试》一书的序言中如是说道："这是一项艰巨的任务，显然不是我所能完全承担的。可以说，中国的语文测试学的研究刚刚起步，而我，也只能起到开拓道路的作用。"诚哉斯言，该书在诸多方面为语文考试研究开了先河，取得的成果至今依然熠熠生辉。

其一，在"考什么"方面，第一次明确了语文测试的总体性间架。

该书讨论了语文考试的一般问题。首先，作者认为，语文考试属于异质性测试，所要测试的各种知识和能力之间相关性很弱。这样，语文考试就有一个照顾全面和突出重点的关系。但无论怎样，根据语文课程的特点，语文考试都应该体现能力为主的精神。其次，就语文测试如何处理知识、技能、能力、智力关系的问题，章熊认为，任何一份语文试卷，都包含有智力的因素，但智力并不应成为语文试卷的一个独立部分，它体现于语文试题之中。最后，语文考试不同于语文教学。章熊认为区分这两个概念的目的在于防止平时教学中简单、机械地套用测试的形式。这种区分，对于避免应试教育有着极为重要的现实意义。

这里重点说说该书对语文考试"考什么"问题的回答。语文考试考什么，这是一个不容易回答的问题。作者在该书中从教育测量学角度对这个问题做了透彻分析。作者认为，人类智能结构分三个层次：智力、能力和技能。其中智力的测量因素，包括跨文化测验、非言语测验和言语智力测验；能力测量因素，包括能力倾向测验和专门能力测验；技能测量因素，包括一般技能测验和专门技能测验。对于语文考试而言，智力因素体现于语文试题之中，而不是游离于试题之外。构成语文测试核心的是语文读写听说的专门能力；语文技能技巧的操作性测试构成语文测试的另一个环节，如标点、书写、在一定语境下词语的运用、句式的修辞性变化等；知识性测试构成语文测试的第三个环节，这些知识包括文化常识和文学知识。

也就是说，专门能力的测试、技能技巧性操作、知识的检测，这三者构成了语文测试的总体间架。明确这点，意味着明确语文测试最重要的方面：语文考试考什么。接下去要考虑的无非是内部比例和难度的调整，考核内容和题型如何按考试性质、目的和要求做出适度变化罢了。

其二，在"怎么考"方面，对于写作和阅读测试的题型做了深入研究。

对于写作测试，作者讨论了不同层次的写作题型，如客观性试题、操作性试题、短文性试题、长文性试题和综合性试题，认为对命题人员和考生而言，重要的不是了解题型，而是设计和辨析试题的"宽"和"窄"。其中，宽题允许学生自由发挥，着眼于学生的知识和才华，而窄题限制性强，着眼于语言运用的基本技能技巧。作者分析，对于窄题，学生处于平等的竞争地位，对于宽题，学生则由于生活经验、兴趣爱好的区别而存在不同程度的适应问题。另外，通过研究，作者还发现，写作题长文测试具有不可取代性，其他反映基本技能技巧和基本思维能力的试题和写作有一定程度的相关性，但都不足以作为裁断写作水平的依据。这些研究结论对于当前高考写作测试很有启发性。

对于阅读测试，作者介绍了默读测试的题型，如短文测试、"短文＋短文"测试和长文测试，对每一种题型的测试与命题难易度都做了分析，主要集中在三个方面。一是阅读测试的能力指标研究。通过研究，作者分别从阅读理解的四个层次提出了相应的测试指标：复述性理解层次，包括 3 个指标；解释性理解层次，包括 5 个指标；评价性理解层次，包括 6 个指标；创造性理解层次，包括 4 个指标。二是阅读测试的方法研究。用现代观念指导的现代文阅读测试，在我国是从 1984 年开始的，作者是最主要的开创者，可以说是他开创了现代文阅读能力测试的新题型。三是关于阅读试卷的编制、分析与量表的研究。在这方面，作者和他的合作者都做了大量艰苦细致的工作。

这些研究，都有定性和定量分析，还有心理学、测量学理论作为依据，可信度较高，讨论也比较有深度。

其三，在"怎么评"方面，对于如何控制评分误差做了深入调查研究。

在语文考试中，写作的评分历来误差很大，这是不争的事实。在该书中，作者讨论了测定写作水平的复杂性，认为学生写作成绩飘忽不定，有学生方面的原因，也有教师方面的原因。教师方面的原因主要有思维定式、风格偏爱、第一印象、位置效应、趋中倾向、光环效应等。要想比较客观且相对准确地评估学生的写作能力，就应该把测评的重点放在写作因素中相对稳定的一面，即语言基本功方面。因为一般阅卷人员的评分重点是在内容方面，评分误差最大的也在内容方面。内容在高考写作里是个不稳定的因素，它随着写作时的各种因素而随机变化，阅卷人员也见仁见智，看法各异。考生的语言水平则是相对稳定的。至于考生在内容方面见解深刻和有独创性的试卷，则应采取加分的办法来解决。关于语言水平的测定，章熊认为不能简单地以语病多少为准。他分析了语言水平与内容难度的关系，认为可以从三个方面进行考查：语言层次的多和少；所传递信息量的大和小；抽象程度的高和低。至于语言水平测定的操作性目标，是章熊一贯主张的简明、连贯和得体。

为了把问题说透，他举了各种案例，有国外的，但主要是国内的，如 20 世纪 80 年代的大规模调查，郑日昌等人的调查，广东省关于教师间评分差异的调查，江西师范大学关于教师评分群体差异的调查，广东省教科所关于教师评分群体差异的调查等。他专门分析了 1991 年河南省对高考阅卷人员的一次大规模调查，对调查结果做了深入分析。

章熊最后得出的三个结论是：第一，中学写作教学有自己的目标，学生写作成绩评定要依据这个目标；第二，大规模写作考试必须要有统一的标准，不管对评分有什么个人意见和观点，都必须按统一标准行事；第三，写作评分必须适应学生思路的变化。[1]这三个结论似乎没有什么新鲜之处，却成为后来大规模写作考试中阅卷老师进行写作评定的最基本原则。

[1]武玉鹏.章熊：语文教学科学化的坚定探索者［J］.烟台师范学院学报（哲学社会科学版），2005（4）：107-110.

第三节　四十年语文考试理论和实践的时代价值

四十年语文考试理论和实践对于当代语文考试的启示是多方面的，笔者看来主要集中在四个方面：语文考试理念上，要从"评价学习"向"为学习的评价"发展；语文考试目标追求上，要从"知识立意"向"能力立意"转变；语文考试题型的演进上，要强化语文能力考查；语文考试研究的推进上，要重视科学化探索。

一、考试理念从"评价学习"向"为学习的评价"发展

四十年语文考试理论与实践表明，语文教育评价不能简单等同于语文考试。它们之间有区别，又有联系（见下表），可以认为考试是教育评价的一种形式。

考试与教育评价比较

	考试	教育评价
目的	注重测量技术的运用，侧重于对个体或某个群体的结论性评价	更多反映教育的价值取向和社会的评价标准
内容	比较偏重于智育的评价，更多地实现对学生学科知识和能力的考查	着眼于学生的全面发展，除了对学生知识和能力的评价之外，还关注学生的思想品德、兴趣爱好、身体健康状况，以及心理品质等
意义	一般直接对考试量化结果进行统计分析并做出描述，以区分和选拔学生	不仅对阶段性结果做出描述，还要考量发展过程，并根据症结诊断提出改进或补救措施
功能	及时性	过程性
方法	定量分析	定量与定性分析

邓小平同志 1978 年 4 月 22 日在全国教育工作会议上，形象地将考试比作工厂产品质量的检验，将考试认定为一种有效检查学生学习情况和学科教学效果的重要方法，并且还明确指出"改革考试的内容和形式"

应为考试改革的方向。[1]考试除了为考生提供分数之外，还应能够对学生的学习潜质等进行定性描述，并为学生提出引导其继续学习和个性发展的建议，这是未来对考试的要求。从这个意义上讲，在评价方面的强化是考试发展的方向。

考试其实在诞生之初便承担了检查和评价的双重任务，评价的操作包含在了考试的行为之中。为了满足社会分工细化对多样化人才的需求，考试需要构建不同领域的评价机制，单一考试开始向多元评价转变。2002 年，教育部发布《教育部关于积极推进中小学评价与考试制度改革的通知》，要求考试要更多地关注学生的发展过程，考试要向评价转化，要将形成性评价和终结性评价结合起来，要重视过程性评价。以考试测量的方式检验和评价基础教育质量是一个世界性趋势。

语文考试，尤其是高考、中考这种大规模考试，都属于常模参照考试，具有较强的操作性，也有较好的区分度，能够通过语文高考试题从小的认知水平或者具体能力的测量目标，与教学和选拔目标构成高度的关联性，受考试条件限制在无法实现评价主体多元性的前提下，通过严谨而具体的试题结构和有意义问题的设置，跳出学问逻辑的条形分割范围，以能力立意，综合考查学生的素质。受多元智能理论和人本主义学习理论的影响，与素质教育的目标保持一致，从促进学生发展的基本立场出发，语文考试理念正从"评价学习"向"为学习的评价"发展转变。

二、考试目标从"知识立意"向"能力立意"转变

四十年语文考试理论与实践启发我们，语文考试要以能力立意。以能力立意是相对于以知识立意而言。所谓以知识立意，是指考试着眼于知识的系统性和完整性，即强调试题对知识的覆盖面和对考生掌握知识多少的考查。

语文考试的以能力立意并不是说不考查学科知识，而是强调把考查学生语文能力放在首位，根据能力考查的需求和方便性来搭配和决定语文学科的考试内容，确定恰当的题型，在测定语文知识的基础上突出考

---

[1]邓小平.邓小平文选：第二卷［M］.北京：人民出版社，1994：103-110.

查学生的学科能力与素养。以能力立意的高考语文，无论是试卷的命题思路、蓝图设计，还是每一道试题题型的选择、考点的确定、命制、组卷等，均要在这一目标的指引下实施，它渗透于试题命制的思想、内容和形式之中，在试题命制过程中占据着统帅的位置。

20世纪90年代后，语文学科专业基础理论和教育测量理论与技术的结合促进了语文高考试题开始由关注知识转到关注能力，从以知识立意逐步转向以能力立意。根据美国学者布卢姆关于重点研究认知领域中的知识、理解的能力和技能等内容的教育目标分类学理论，结合中学各学科教学大纲的目标要求，确定高考大纲和大纲的说明中对高考各学科的考试目标、考试内容、考试题型和能力层级等的具体表述，考查学生的学习能力开始成为语文高考试题的主要目标和重心。

语文高考大纲规定了语文能力层级的划分。语文高考大纲对语文能力的划分具有层次结构，识记、理解、分析综合、鉴赏评价、表达应用、探究等六种能力由低级到高级，从简单到复杂，构成了完整的认知能力目标体系。后一级目标需要建立在已经达成的前一级目标的基础上。识记可视为最基础的能力层级，即一般层次的能力；鉴赏评价和表达应用，以及探究能力构架于分析综合之上，都以识记、理解和分析综合为基础，是高层次的能力层级；理解和分析综合能力则为中等层次的能力（见下图）。

从教育测量学的角度来看，高考语文能力层级的划分标准，具有可测性，有助于在考试中更加客观地评价考生的知识和能力。高考语文大纲中的识记、理解、分析综合、鉴赏评价、表达应用等能力，可以视为与布卢姆的教育目标分类学理论中的记忆、理解、分析、评价、应用等认知过程类别实现了一一的对应关系，而创造除在探究中能够体现之外，

高考语文考试的某些具体试题，比如写作，对创造更是集中地考查。

三、考试题型的演进上强化语文能力考查

四十年语文考试的理论和实践提示我们，语文考试试题的演进和变化，最终要落实在对语文能力的考查上。

2004 年，教育部根据北京市、上海市和广东省高考自主命题成功的经验，在全国范围内逐步扩大高考统一考试、分省命题的省份。高考统一考试、分省命题的政策给了各分省命题省份在高考试卷结构和内容的确定上以一定的自主权。高考自主命题的省份可以根据国家统一的考试大纲，制订各省份对高考大纲的说明，在高考大纲的说明中根据各省份教育发展、中学教学和学生学习水平的实际，对各省份高考学科的考试内容、考点设置、题型范围、试卷结构、题型示例等进行规定。 语文高考试题的变化集中反映了语文高考内容改革的追求。不同的省情，对高考会有不同的理解和追求，而这些对高考的不同理解和追求则集中反映在高考试题的创新设计之中。语文高考通过试题创新设计以更好地实现能力立意，增强语文高考的选拔功能。语文试题创新设计包括了语文试题材料创新、考试内容创新、题型创新和设题方式创新等多个方面，有一个比较复杂的体系。语文试题的创新设计不止于对某一种题型或某一道试题的简单改进，而是立足于高考内容改革，放眼于语文高考命题的全局和对中学语文教学的影响，将语文考试的教育功能放大，在强化能力考查的同时，扣住考试对教学的引导和反拨作用，将语文考试与语文教学的关系紧密联系，从高考试题的考查目的、题型功能、设题形式等角度进行有推进中学语文教学改革价值的创新设计。这一方面不断提升命题质量，增强高考的活力，确保高考的科学规范，满足高考可持续性发展需要，另一方面不断更新命题思想，与时俱进，适应中学教学改革的步伐和进程，达成教育发展的目标。

以写作试题为例。四十年来，语文考试写作题的命题形式主要为标题写作、话题写作、材料写作等。标题写作是一种传统的命题形式，它有利于考查应试者的思想视野和知识迁移的能力，从实践上讲，它更能真实反映考生的情感思辨和语言表达的能力，但却无法十分有效地避免

重题和宿构。从多年高考测试结果来看，标题写作表现出了非常明显的区分梯度，它的要求很高：第一，立意鲜明，解题构思的难度小；第二，内涵丰厚，言语表达的空间大；第三，视域宽阔，问题选择的维度广。话题写作和材料写作是近几年全国高考试卷使用得极为广泛的命题形式，其利弊也非常明显。话题写作有利于考生审题立意与自由发挥，却无法有效防止套作与宿构，淡化审题、淡化文体的弊端也较明显。材料写作兼有话题写作鼓励个性表达和标题写作鼓励创造性思维的优点，同样也存在着如何规避重题和防止套作的难题，因此，选择材料就成了决定命题成败的关键。材料写作题对材料选择的要求非常苛刻：第一，它的意义内涵应当非常丰富，可供选择的立意角度应非常广泛；第二，语言应当亲切平和，不会给考生造成审题立意上的难度；第三，材料本身具有较强的故事性，文体选择的维度和自由表达的空间都较大。材料写作命题的关键是选材，材料的智慧含量是命题者识见的重要体现。由此可见，标题写作、话题写作、材料写作三种命题形式，各有所长，也各有所短。[1]无论哪种形式的写作命题，只要最大限度地贴近考生的生活体验和成长感悟，做到解题容易，视野宽广，取材便利，且能有效避免猜题押题、宿构套作，就会使不同层级的考生有话可写、有感而发，让优秀考生潜力喷放、才华尽显，才能真正实现鼓励学生自由地表达、有个性地表达、有创意地表达，尽可能减少对写作的束缚，为学生提供广阔的写作空间。

四、考试研究的推进上重视科学化探索

前面提到，近四十年来，语文考试存在研究人员少，真正有价值的研究成果少的状况。潘新和曾分析道：

我以为主要原因便是科研的滞后，我们缺乏真正的语文高考研究。请问，从20世纪70年代末到现在30多年了，我们出版了几部语文考试研究的理论著作？据我所知只有两三部，如章熊的《中国当代写作与阅读测试》（四川教育出版社，1995年版）、倪文锦的《语文考试论》（广

---

[1]周宓. 能力立意：语文高考试题改革研究［D］. 长沙：湖南师范大学，2015：111-112.

西教育出版社，1996 年版），那是十几年前的事了。高水平的语文考试研究论文也是凤毛麟角。这与语文界每年数以万计的著述比，简直不成比例。[1]

这种状况影响到现在，语文大规模考试，如高考、中考，无论从考纲拟定、考试说明撰写、命题编制、考试实施、阅卷组织、考试结果反馈等各个环节，都需要测量学专业的视角和专业能力，以便对一线教和学起到应有的引导作用。

分析章熊的语文考试研究，他之所以能取得突破性成果，笔者以为有几个重要支撑需要引起重视：一是基于庞大的考生样本和大量可靠的数据，二是基于国内外比较的视野，三是基于对汉语和汉语教学的深刻认识和理解。而这些，是后来长达二十多年语文考试研究所匮乏的。如何有限度开放语文大规模考试的相关数据，如何建立中外考试的比较视角，如何更深刻认识汉语作为母语考试的独特性，是今后很长一段时间内语文考试研究科学化之路上需要思考的重要课题。

---

[1] 潘新和.语文高考：反思与重构 [M].福州：福建人民出版社，2009：4.

第九章 四十年语文教育传播

在现代语文教育发展史上，语文报刊发挥着重要的作用。可以说，语文报刊和一些重要的语文会议见证和推动了语文教育发展的历程。

语文报刊是研究语文教学中存在的问题，展现语文教学研究的成果，交流语文教学经验的重要平台，它们真实记录了语文教学改革的全过程。每一次语文教学改革，语文报刊都扮演着参与者和引领者的角色。

语文报刊关注语文教学中存在的重要问题，为优质教学资源（案例设计、教学经验等）和学术界重要研究成果的呈现提供了平台。

语文报刊通过专栏或者会议的形式，针对教学中的关键问题，及时组织专家和一线教师展开深入讨论，为语文教学的发展"把脉"。

语文报刊还培养了大量优秀语文教师，是语文教学改革生力军的"助产士"。

第一节　四十年语文教育传播概述

一、四十年语文期刊概览

1. "文革"后，一些 20 世纪 50 年代创刊的语文期刊复刊了。为了满足语文教师的迫切需要，一些大学、师范院校和教育类出版社创办了面向中小学语文教学的普及性杂志，其中在全国范围内有较大影响的有《语文教学通讯》[月刊，山西师范学院（现山西师范大学）主办]，《语文学习》（月刊，上海教育出版社主办），《中学语文教学》[月刊，北京师范学院（现首都师范大学）主办]，《中学语文教学参考》（月刊，陕西师范大学主办），《语文建设》（月刊，语言文字报刊社主办），《中学语文》[月刊，武汉师范学院（现湖北大学）主办]等。

（1）《语文教学通讯》

1978 年 1 月创刊，由山西师范大学主办，以"务本求实，精益求精"的办刊方针为指引，服务于中学语文教学。1980 年 1 月，《语文教学通讯》由双月刊改为月刊，主要栏目包括"封面人物""世纪握手""课堂寻真""教材研读""考试指南""学法指导""名师示范课访谈录""教研访谈""写作经纬""中语会传真"等，其中"封面人物"栏目在全国范围内产生很大影响。

（2）《语文学习》

1979 年 7 月创刊，上海教育出版社主办。该刊鲜明推出办刊理念"语文学习的外延与生活的外延相等"，主要栏目有"争鸣""关注""随笔""案例""备课""镜头""写作""课文作者""写作指引""高考写作大家谈""语言"等。

（3）《中学语文教学》

创刊于 1979 年 9 月，北京师范学院（首都师范大学）合办。以"加快语文教学改革步伐，逐步实现语文教学的科学化，不断提高语文教学的质量，有效培养学生运用语文的能力"为宗旨，宣传语文教育政策，传播语文教材编写信息，帮助语文教师进修提高。其特点是立足点高，指导性强，每当语文课本经过修订有了新精神，它都及时传达信息，说明编辑意图，同时始终坚持探讨中学语文教学规律以促进中学语文教改，不受追求升学率的应试指导影响。主要内容有语文教学理论研究，大纲、教材的介绍，历史经验的借鉴，新鲜经验的推荐介绍，教学新秀的扶植，热点问题的讨论，等等。

（4）《中学语文教学参考》

创刊于1972年，由陕西师范大学主办，但当时只在内部发行，1982年公开发行。代表性栏目有"语文论坛""教学设计""文本解读""教学研究""备课参考"等，其坚持"求新、求活、求实、求精"的办刊风格，提倡理论与实践相结合，努力探索语文教育规律，追求现代教育理念。

（5）《语文建设》

国家语言文字工作委员会主办的全国性语文刊物，由语言文字报刊社主办，月刊。1956年创刊，初名《拼音》《文字改革》，1986年改为现名，语文出版社主办。该刊主要宣传国家语言文字政策，研究解决语言文字应用中的理论和实际问题，普及语言文字知识，推动语言文字管理工作，促进语言文字的规范化、标准化。2002年起，《语文建设》转为面向中学语文教学及改革的刊物。主要栏目有"理念""访谈""关注""教学""文学""评价""钩沉""语言"等。

（6）《中学语文》

创刊于1958年，茅盾题写刊名，武汉师范学院（现湖北大学）主办。1959年停刊。1979年1月复刊。《中学语文》1977年酝酿复刊时编辑部投书叶圣陶，叶圣陶1977年12月16日给《中学语文》编辑部复信：

"我想，教任何功课，最终目的都在于达到不需要教。假如学生进入这样一种境界，能够自己去探索，自己去辨析，自己去历练，从而获得正确的知识和熟练的能力，岂不是不需要教了吗？而学生所以要学要练，就为要进入这样的境界。给指点，给讲说，却随时准备少指点，少讲说，最后做到不指点，不讲说。这好比牵着孩子的手教他学走路，却随时准备放手。我想，在这上头，教者可以下好多功夫。"[1]

---

［1］刘国正.叶圣陶教育文集：第二卷［M］.北京：人民教育出版社，1994：477.

该刊以"倡导教学新的理念，引领教改新的潮流，传播教研新的成果"为宗旨，坚持"贴近时代、贴近读者"的编辑思想，展示名师、名校、名人风采，扶持教坛新秀，将最新的信息、最精的成果、最佳的设计展现给读者。主要栏目有"本刊特稿""理论探索""名师风采""教海拾贝""单元教案""学习语言""阅读教学""课文探胜""争鸣园地""质疑问难""写作津梁""复习备考""高考回眸"等。

（7）《语文教学与研究》

1978年4月创刊，华中师范学院（现华中师范大学）中文系创办，1979年改为现名。该刊以"强化理论色彩，突出探索意识，推动创新教育"为宗旨，主要栏目有"语文新话题""名家新访问""写作新思路""阅读新视野""理论新框架""教材新解析""教法新实验""语坛新名师"等。

（8）《语文月刊》

1982年4月创刊，华南师范大学文学院主办，立足广东，面向全国，以具有中学以上文化水平的学生、教师及其他语文工作者、语文爱好者为主要对象，以普及语文知识，指导语文学习和运用，活跃语文研究风气为宗旨。主要栏目有"卷首名家""本期关注""教学一线""咬文嚼字""新词语札记"等，比较重视高考复习及备考试题编制，如"试题分析""模拟试题"，还有考后讨论，如"阅卷笔谈""优秀写作"（全国高考优秀写作精选）。

（9）《语文教学之友》

1981年创刊，河北省廊坊师范高等专科学校（现廊坊师范学院）中文系主办。主要栏目有"教材研讨""教学视点""观察思考""测试关注""阅读研究""说词论句""课例平台""课文新解"等。

（10）《学语文》

1960年3月创刊，后停刊，1983年复刊，安徽师范大学中文系和语言研究所合办，1994年改由安徽师范大学文学院主办，双月刊。办刊宗旨是服务中等学校语文教学，服务广大社会读者，兼具科学性、学术性、知识性、实用性。主要栏目有"语文观察""课改探讨""教法新探""教学设计""教案选登""讲读参考""教学杂谈""考试研究""新词新语"等。

（11）《语文天地》

1994 年创刊，哈尔滨师范大学主办，语文教学研究和辅导类期刊。现为旬刊，分小学、初中和高中三个版本。主要栏目有"备课参考""课堂教学""写作教学"等。

（12）《汉字汉语研究》

原名《语文知识》，1985 年创刊，郑州大学主办，主要栏目有"语文教学研究""阅读教学""语文知识""教材解读""理论新视野""名师在线"等。

另有上海新文字工作者协会主办，东方书店出版的同名月刊。1952年 5 月由《新文字半月刊》改名，1956 年起改由上海语文知识编委会主办，曾由上海文化出版社、上海新知识出版社、上海教育出版社出版，止于1960 年第 100 期。该刊主要登载普及语言文字知识、探讨文字改革、辅助语文教学等方面的内容，文章多短小易读。

（13）《现代语文》

1963 年创刊，原名《语文函授》，后停刊，2003 年复刊，曲阜师范大学主办。以"传播现代语文观念，服务语文教学与研究"为办刊宗旨。2006 年设有"学术综合""教学研究""语言研究"三大板块。主要栏目有"与优秀文本对话""与典型人物交流""解读精美课文""赏析名篇佳作"等。

（14）《语文学刊》

1981 年创刊，内蒙古师范学院（现内蒙古师范大学）主办。前身为该校函授教学指导刊《语文函授》（1976 年创办），现分高校和基础教育两个版本。基础教育版主要栏目有"语文教育""教材教法""阅读教学""写作教学""作家作品"等。

此外，还有一些师范院校学报的基础教育版，如《河北师范大学学报（教育科学版）》《天津师范大学学报（基础教育版）》。一些教育研究类杂志，如《课程·教材·教法》（人民教育出版社主办）、《上海教育科研》（上海教育科学研究院普通教育研究所主办）、《教育研究与评论》（江苏教育出版社主办）、《中国考试》（教育部考试中心主办）、《考试研究》（天津市教育招生考试院、天津人民出版社主办），等等，都会刊登语文研究类文章，也为中学语文教育成果的发布提供了平台。

2.四十年间发挥过作用但现在已经改版或者停刊的杂志有：

（1）《语文战线》

1974 年创刊，杭州大学中文系主办，1985 年改名《语文导报》（月刊），期号续前，内容有所变动，由原来主要面向中学语文教学转为主要面向大学语言文学。该刊内容涉及语言研究方法论、语言学论文导读、专题研究述评、语言学历史动向的研究、书评、学术动态等。所收文章多以创新、综合、及时、宏观见长。1987 年 12 月出至总第 132 期，1988 年 1 月停刊。

（2）《语文新圃》

1980 年 1 月创刊（20 世纪 70 年代即有此刊，改为此名是 1980 年），杭州师范学院（现杭州师范大学）中文系主办，2010 年停刊。该杂志倾向于言论和思想，相继开设一百多个栏目，主要栏目有"评价·域外思绪""文本·阅读沙龙""采风·思维魔方""传统·往事如烟""写作·人间情味""言论·新圃观点""焦点·敏感话题""测试·语林折枝"等。

（3）《中学语文园地》

1972 年 12 月开封师范学院（现河南大学）函授部创办，原名《教学参考资料（高中版）》（内部发行），1976 年改名《语文教学参考（高中版）》，1980 年改名《中学语文》，1997 年改为现名，2010 年停刊。杂志早期主要读者对象为语文教师，后期主要为中学生。后期主要栏目有"名著浏览""中考指南""高考指南""模拟试题""综合练习""教材透视""美文选粹""阅读训练""专家答疑"等。

（4）《语文园地》

1980 年 9 月创刊，主办单位为广西语言文学学会，1982 年 12 月主办单位新增广西大学中文系，1987 年 1 月更名为《阅读与写作》。杂志以帮助读者在语言文学方面增知益智，提高阅读能力和写作水平为主要宗旨，实行普及与提高相结合，思想性、学术性、知识性、实用性和趣味性兼顾的编辑方针。2012 年 1 月更名为《文化与传播》，已与中学语文教学无关。

（5）《语文学习与研究》

1985 年辽宁锦州师范学院（现渤海大学）主办。原名《语文教学》，后改名为《语文学习与研究》，已停刊。

（6）《语文教学》（南昌）

1975 年刊名为《语文函授》，1980 年改名为《语文教学》，双月刊，1981 年改为月刊。已停刊。

（7）《语文教学》（烟台）

烟台师范专科学校（现鲁东大学）中文系主办，原名《语文教学参考》，1977 年改为双月刊。已停刊。

（8）《语文教学研究》

1977 年 11 月创刊，山东师范学院聊城分院（现聊城大学）中文系主办，季刊。已停刊。

（9）《语文教研》

1978 年创刊，浙江师范学院（现浙江师范大学）中文系主办，前身为《教学与研究》（中学语文版）。现为内刊。

3. 语文类报纸有山西师范大学主办的《语文报》和浙江师范大学主办的《中学语文报》（现已停刊）。

《语文报》1981 年 10 月 5 日创刊，是新时期创办最早的中学语文报纸，有叶圣陶、王力、吕叔湘、罗竹风、张志公、吴伯箫、刘国正等一大批关心语文教学的权威人士作为顾问，有包括于漪、钱梦龙、欧阳代娜等著名中学语文教师在内的编辑委员会，从一问世，便以其贴近教学现实，广泛联系社会各界，和中学师生心灵相通，风格清新活泼的特色，受到了广大师生的喜爱，成为最受欢迎、发行数量最多的一份面向中学师生尤其是中学生的语文报纸。

4. 新时期还有许多主要面向学生的刊物，影响较大的如河北师范大学的《语文周报》，河南教育报刊社的《中学生阅读》、江苏教育出版社的《新语文学习》等。

二、四十年语文教育界主要会议

1. 中语会年会

中语会的全称是中国教育学会中学语文教学专业委员会，学会秘书处设在首都师范大学语文报刊社。该会是为全国中学语文教育工作者服务的群众性学术团体，宗旨是进行中学语文教学理论和实际问题的研究，交流经验，加强协作，改进中学语文教学，提高教学质量和教学效率。首任会长（后称理事长）是吕叔湘，刘国正、张鸿苓、张定远、陈金明、苏立康、顾之川、王本华等先后担任理事长。

学会成立之初年会每两年或每四年举行一次，后为每五年举行一次。截至 2013 年 10 月，共召开过 10 次全国学术年会。

成立大会暨第一次年会于 1979 年 12 月在上海举行，时称"中学语文教学研究会"，议题是讨论新中国成立 30 年来中学语文教学的经验和教训、语文教学内容和科学体系、语文教学的特点和规律等。叶圣陶（书面发言）、吕叔湘、苏步青、吴伯箫、张志公等分别做了发言。

第二次年会于 1981 年 10 月在福州举行，议题是交流语文教学改革经验，讨论如何加强基础，发展智力，培养能力。

第三次年会于 1983 年 11 月在北京举行，议题是语文教学如何开创新局面，为社会主义精神文明建设服务。

第四次年会于 1987 年 12 月在广州举行，议题是在改革开放的新形势下，如何深化语文教学改革。

第五次年会于 1991 年 7 月在大连举行，议题是交流教改经验，讨论如何把语文教学搞"活"。学会还先后设立了若干下属研究机构，如阅读教学研究中心、写作教学研究中心、叶圣陶语文教育思想研究中心等。

第六次年会于 1995 年 10 月在成都举行，议题是进一步提高中学语文教学效率，为培养 21 世纪人才服务。

第七次年会于 1999 年 10 月在天津举行，议题是在世纪之交讨论语文教学如何培养学生的创新意识和能力。

第八次年会于 2003 年 11 月在武汉举行，议题是走进新课程，全面提高学生语文素养。

第九次年会于 2008 年 11 月在杭州举行，议题是总结经验，遵循规律，提高语文教学效率。

第十次年会于 2013 年 10 月在北京举行，议题是回顾新课程实施以来我国中学语文教育教学研究发展历程，实事求是地总结梳理语文教育规律和语文教学经验，认真研究中学语文教育存在的问题及对策。

2. 其他重要会议

1981 年 4 月初,杭州大学《语文战线》杂志社举办"西湖笔会",与会者有刘国正、章熊、顾黄初、欧阳代娜、陈钟梁、范守纲、林伟彤、钱梦龙等,东道主是《语文战线》主编张春林,主题是探讨语文教学的现状和未来。

1983 年,由北京《中学语文教学》编辑部、上海《语文学习》编辑部、山西《语文教学通讯》编辑部、杭州《语文战线》编辑部参加的语文期刊编辑工作座谈会于 6 月 1 日至 4 日在浙江绍兴举行。会议交流了语文期刊编辑工作的经验,并就新形势下如何进一步提高语文期刊的质量交换了意见。参加会议的同志认为,语文期刊之间采取多种形式开展协作是可取的,各家刊物应当保持和发扬自己的特色,同时可以进行双边或多边的交流和合作。

1984 年,全国语文期刊工作座谈会于 10 月 10 日在湖北省襄樊市举行,语文期刊负责人通过座谈交流了经验,讨论了共同关心的问题。

1992 年成立中国语文报刊协会,李行健担任首任会长。21 世纪以来,中国语文报刊协会连续多年举办了"四方杯"全国优秀语文教师选拔大赛。

其他主要的语文会议(赛事)还有全国中语会主办的"全国中学语文课堂教学艺术观摩赛"(1995 年开始),《语文教学通讯》主办的"语文报杯全国中青年教师课堂教学大赛"(1996 年开始),《中学语文教学》主办的"圣陶杯"全国中学语文课堂教学大赛(2007 年开始)和"中语杯"中青年教师课堂教学观摩研讨会(2008 年开始),长三角地区三省一市教研室和地方师范类高校主办、《语文学习》承办的长三角语文教育论坛(2009 年开始)等。

第二节　四十年语文教育传播代表性人物

在现代语文传播历史上，有一个人不能不提。他是令人敬仰的学者、教育家，更是一代杰出的出版家，是改革开放以来我国语文报刊的领军人物，曾担任语文报刊协会副会长、学术委员会主任。早在 20 世纪 70 年代末 80 年代初，他便敏锐地捕捉到时代先机，相继创办了《语文教学通讯》和《语文报》两大文化品牌。不仅如此，他还从提升中华民族整体文化素质的角度出发，高屋建瓴地提出了"大语文"编辑理念，并创造性地开展了一系列大型公益活动，引导了一代又一代师生的健康成长，在社会各界产生了广泛而持久的影响。这个人就是陶本一。

一、人物生平

陶本一，1941 年生，上海人，著名教育学家，杰出的出版家。1962 年毕业于华东师范大学中文系，1983 年底任山西师范大学校长，1994 年底调上海师范大学任副校长。曾任上海市教育科学规划领导小组成员、中国教育学会中学语文教学研究会副会长、高等师范院校语文学科教学论研究会学术委员会副主任、中国语文报刊协会顾问等职。陶本一是国内有影响的语文报社的创始人，并创办《语文教学通讯》《语文报》，发行量居全国同类报刊前列。1991 年起享受国务院政府特殊津贴，先后被英国剑桥传记中心和美国国际传记协会收入世界名人录。

二、主要贡献

1978 年，改革开放刚刚迈开脚步，陶本一就创办了《语文教学通讯》；1981 年，他又带领报社同人创办了《语文报》。经过 30 年的发展，语文报社已经发展成为一个拥有 13 种不同版别报纸、3 种期刊的集团化报社。《语文报》被专家和读者誉为"中华语文第一报"，多次被国家新闻出版总署、中国语文报刊协会、中国少儿报刊协会评为全国优秀报刊。多年来，在全国教育教辅类报纸质量检查中，《语文报》的质量水平一直名列前茅。

《语文教学通讯》是全国中文核心期刊、中国期刊方阵双效期刊、中国对外交流首选语文期刊、华北地区优秀期刊，连续13年被评为"山西省一级期刊"。语文报社能取得这样的成就，《语文报》《语文教学通讯》能被全国几代读者接受和认可，与陶本一的编辑思想息息相关。"不积跬步，无以至千里"，正是因为陶本一在语文报社成立之初，对报刊做出的准确而富有远见的定位和发展目标，并在随后的十几年里带领报社同人为此付出了常人难以想象的心血和汗水，为语文报社之后的发展打下了一个非常好的基础，语文报社才能在后来的发展中越走越顺，直至取得今天这样的成就。

1.适应时代需求，翻起万垄生机

《语文教学通讯》创刊于1978年。那时的中国刚刚结束"文革"，百废待兴，充满希望。人们渴望学习，渴望充实空虚的头脑，实现精神上的拓展，进而创造新生活，创造新时代。这不仅是个人的愿望，也是时代的愿望。但与此同时，人们面临的最大问题，却是精神产品的贫乏。陶本一当时还在山西师范学院（山西师范大学前身）中文系工作。一次，他带学生到山西省平定县做教育调查，发现学校的语文教师除一本小小的《新华字典》之外，再没有任何其他可供参考的报刊，其语文教学质量可想而知。这一严峻的现实状况，让深爱着教育、深爱着孩子们的陶本一心痛不已，同时也激发了他在1978年创办《语文教学通讯》杂志的灵感。《语文教学通讯》创刊后，全国各地的教师们争相订阅，杂志的期发行量很快就达到了近30万份。

1981年10月，陶本一又带领报社同人创办了《语文报》。《语文报》的出版如星星之火，即刻燃成燎原之势。它是国内第一份为中学生学习语文服务的教育类专业报纸。当时的读者并不局限于中学生，社会上各行各业的人们都在读《语文报》。语文普及读物的严重匮乏加上人们对知识的极度渴望，使《语文报》成为那个时代的宠儿。

《语文教学通讯》和《语文报》虽地处山西临汾，但并没有自我封闭、安于一隅，而是以开放包容的姿态，从为全国语文教师专业成长服务的角度出发，自觉肩负"传播语文知识，弘扬祖国优秀文化，提高全民族文化素质"的历史重任,高屋建瓴地提出了"大语文"编辑方针。"大语文"

是相对于当时盛行的死记硬背、僵化刻板的局限于课堂的"小语文"而言的，这一理念为当时的语文教学开辟了一条新的发展道路，堪称语文素质教育的先声。这种服务社会、服务时代的责任感和使命感，是陶本一编辑思想的基石。它不仅使陶本一从中文系的一名一线教师转变成为一位杰出的编辑出版专家，而且成为语文报社工作的根本出发点和最终目标，贯穿、体现在语文报社工作的方方面面。报告文学作家焦祖尧曾将陶本一比作犁，在荒漠的原野上，一片粗糙的犁铧深深插入大地，播撒知识的种子，身后的垄沟里泛起无限生机。这种犁铧精神，是对陶本一秉承的使命感的最好诠释。

2. 经营品牌栏目，锻造优秀作者队伍

对期刊而言，"内容为王"是一点也不夸张的，只有刊发的文章学术含金量高，对实践具有指导价值，期刊才能在业界站稳脚跟，才能不断优化升级，获得长足发展。《语文教学通讯》《语文报》"内容为王"的背后，贯穿着陶本一"得作者者得天下"的"作者经营之道"。

以《语文教学通讯》为例。《语文教学通讯》创办至今，开风气之先，创建了众多品牌栏目。限于篇幅，这里介绍两个栏目："封面人物""教研方阵"。

《语文教学通讯》的"封面人物"是全国同类刊物中开办最早，推出语文教学改革专家最多，在全国中学语文界产生较大影响的一个颇具特色的专栏，在全国语文教育界有很高声望。20世纪80年代初，在众多期刊大肆采用娱乐明星作为封面吸引读者的时候，《语文教学通讯》在坚持学术期刊严谨严肃的基础上大胆创新，将学者名师作为封面人物由幕后推向前台，为学界树立起楷模与榜样，不仅极大地促进了语文教育界的学术繁荣，而且在期刊界起到了正本清源的作用。截至目前，《语文教学通讯》已推出包括于漪、钱梦龙、宁鸿彬、欧阳代娜、蔡澄清、张富、顾德希、魏书生、程翔、陈军、程红兵等在内的450余名优秀教师。这数百位封面人物以其高尚的师德和精湛的教艺成为广大语文教师学习的楷模。毫不夸张地讲，国内中学语文界的名流宿儒和后起之秀几乎都是《语文教学通讯》的封面人物，同时他们也都是《语文教学通讯》的"形象代言人"。在语文教育改革不断深化的今天，"封面人物"栏目又突破常规，于 2013 年刊出了在中国语文教育界执牛耳的北京大学中文系原主任温儒敏，以及北京大学教授、知名作家曹文轩，将中国语文基础教育和中国语文高等教育研究做了很好的衔接和融合。

"教研方阵"是《语文教学通讯》近年来在语文课程改革纵深化、教科研活动团队化的大背景下创设的精品栏目。作为拥有政府背景的学术机构，各地的教育教研部门（教研室或教科研中心）毫无疑问占据着指导课程改革的主阵地。"教研方阵"栏目以省会城市或地市级城市为单元，以各地教研人员为特约组稿人，以当地的特、高级教师，学术带头人，骨干教师为撰稿主体，每期向全国推出一个教科研团队，使各地具有引领价值和代表意义的教科研成果得以在全国范围内广泛传播。"教研方阵"目前已经分别刊发了浙江金华、辽宁大连、湖北宜昌等城市的十几个教科研团队的优秀成果。在该栏目的约稿编辑过程中，刊物团结了各地一大批教学研究专家和青年名师。比如，这十几期共有上百位作者参与，其中仅中学高级职称以上的作者就有 90 多位，他们无疑都是当地语文教育界的中坚力量、骨干精英，这让刊物的作者队伍得到实质性的壮大。

3. 主办全国活动，引领师生健康成长

早在 1981 年冬天，陶本一便提出"用活动走向全国，树立《语文报》形象"，从而拉开了《语文报》立体化办报的序幕。此后，《语文报》根据自己的定位和特点，陆续策划、组织了"热爱国旗、国歌、国徽、版图"征文活动，"青春诗会"，"走向社会"征文竞赛，"我们这个年龄"征诗竞赛，小学语文智力竞赛，华夏中学生写作大赛等一系列高水平赛事，还与其他行业协会或媒体联合举办了全国中学生日记竞赛、全国少年儿童金凤凰童话写作大奖赛、科普作品写作比赛、"七彩阳光"杯中学生写作大奖赛等活动。在此基础上，《语文报》还把举办活动从报纸延伸出来，从扩大学生阅读面和提升学生综合能力出发，先后举办了一系列高规格的赛事，其中最具代表性的是全国中学生读书评书活动，这项活动的宗旨是倡导青少年"读优秀的书，做高尚的人"。从 1981 年到 1991 年，《语文报》连续举办了 5 届全国中学生读书评书活动，时任共青团中央书记处书记、现任中央政治局常委和国务院总理李克强，时任全国人大常委会副委员长陈慕华、严济慈、孙起孟，老将军萧克、洪学智，彭德怀夫人浦安修，陶铸夫人曾志，时任中宣部副部长李彦、翟泰丰，语文教育家叶圣陶、吕叔湘，作家吴伯箫、苏灵扬、马烽、王蒙等都曾出席这项活动。此外，语文报社还举办了16城市语文知识邀请赛、"语文报杯"全国中青年教师课堂教学大赛、"语文报杯"全国中小学生写作大赛等高水平赛事。这些活动产生了极其广泛的社会影响，不仅为报社赢得了很高声誉，也为报社赢得了市场，赢得了读者的喜爱。

4.重视编读互动，心血换来桃李满天下

编读互动也是陶本一在编辑工作实践中非常重视的。他要求报社的每位编辑在编辑工作中都要重视编读互动，通过编读互动了解读者的真实需求，倾听读者呼声，为报刊的编辑、策划提供真实、准确的参考材料。在陶本一看来，做到这一步还不够，只能算作一种最基本的互动，因为这种互动还带着较明显的工作性质和功利性。陶本一与孩子们的互动完全是出于对孩子的爱。这种爱无私、高洁，不带任何目的，不讲任何条件，只要是孩子的来信，他必定马上阅读并尽量回信；只要是孩子的意见，他都会认真考虑并予以答复。曾有吉林省一名患滑膜结核的残疾孩子给《语文报》写信，请求指点他如何生活下去。陶本一立即停下手里的工作，给他复信，并按期寄给他《语文报》以及自学的书刊。不仅如此，还让这个残疾孩子把病历本寄来，他回到上海后，跑到各大医院向名医请教滑膜结核的治疗方法。陶本一的这种做法带动、感染了报社的所有编辑，他们以同样热情慎重地对待每一位读者。在当时通信条件非常落后的情况下，编辑们通过信件与中学生交流，解答学习疑难，指导修改写作，倾听少年心声，交流人生经验……他们所做的已经远远超出报刊编辑的本职工作。《语文报》和报社编辑的热情陪伴和无私帮助，在这些文学少年的成长道路上留下了难以磨灭的印记。

第三节　四十年语文教育传播代表性刊物

在现代语文教育发展史上，中学语文教学刊物发挥着重要作用。可以说，语文期刊和一些重要语文会议一起，见证和推动了语文教育的发展。

中学语文期刊是研究中学语文教学中存在的问题，展现中学语文教学研究的成果，传递中学语文教学经验的重要阵地。语文期刊真实记录了语文教学改革的全过程，每一次语文教学改革，期刊都扮演着参与者和引领者的角色。

语文期刊关注当前语文教学中存在的重要问题，积累了大量优秀教师的优质教学资源（备课、案例设计、可以分享与学习的教学经验等），也发表了学术界重要的研究成果，为语文教学改革提供了理论依据。语文期刊通过专栏或者会议的形式，针对教学关键性问题，及时组织专家和一线教师参与讨论，展开深入讨论，为语文教学的发展"把脉"。语文期刊还培养了大量优秀语文教师，是语文教学改革生力军的"助产士"。

语文期刊栏目设计千变万化，但万变不离其宗，一般都从理论和实践两个角度设计。理论板块，主要刊登专家关于课程、教学和评价的学术成果，包括域外研究现状和针对语文教学现象的反思；实践板块，主要是一线教师的备课、教学设计、教学实录、教学一得等。通过语文期刊，教师可以及时了解语文教学发展的前沿理论，开阔视野，指导教学，也可以借鉴同行的经验，为自己的教学提供参考。

下面分析评介四十年来影响较大的几种中学语文教研刊物。

一、《语文学习》

1977年10月，《语文学习》创办，原为32开，是不定期丛刊，由上海师范大学（现华东师范大学）《语文学习》丛刊编辑组主办，上海人民出版社出版，1979年7月改为月刊，由上海教育出版社出版。

目前，中国知网上的《语文学习》，创刊日期显示为1951年10月，保存了 1977 年之前的重要文献资源。这一时期的《语文学习》（以下称"北京《语文学习》"）实为另一本杂志，因为该杂志影响较大，顺便在此做简要介绍。该刊由北京《语文学习》编委会主办，开明书店出版，月刊，1953 年 5 月起由中国青年出版社出版，1955 年 4 月改由北京语文杂志社主办，人民教育出版社出版，到 1960 年 12 月总第 111 期。[1]北京《语文学习》杂志主要栏目有"语法修辞论文""问题讨论""写作指导""阅读指导"等，文章多短小精悍，实用性很强。这一时期，黎锦熙、吕叔湘、朱德熙、王力、陆侃如、高名凯、王季思、陆宗达、周祖谟、徐中玉、周振甫、张志公、余冠英、马茂元、吴小如、夏承焘、霍松林等大家常有文章在此发表，作家冰心、老舍、臧克家、陈伯吹也在此发表文章。

《语文学习》以"新、实、活、雅"（即"观点新颖""内容翔实""思维活跃""语言典雅"）在读者中享有盛誉。杂志刊发的理论文章注重宏观探讨，侧重新理论、新思想、新见解，刊发的实践性文章则注重推介优秀教师和介绍课改名校。杂志注重介绍学界新观点、新思想，活跃学术氛围，促进读者思维素质的提升。如创刊之初即开展"怎样引导学生写真情实感，鼓励学生说真话"的专题讨论，随后"中学语文教学中要不要淡化语法"的争鸣，"语感能力的形成与培养""语文学科性质"的讨论，在全国中学语文界都引起过较大反响。

（一）及时关注语文教改话题，传递语文教改信息和经验

1980 年，《语文学习》率先宣传"文道统一、加强基础、培养能力、发展智力"的教学原则。1985 年，推出"语文教学发展战略研讨"二十课题，介绍于漪、钱梦龙、高原、刘胐胐等特级教师的教学思想、教学风格，宣传北京景山学校、华东师范大学第二附属中学及上海市育才中学的教改经验，促进了中学语文教改的发展。

杂志社将办刊与社会活动相结合，1980 年、1981 年、1982 年连续三年举办初中语文听说读写邀请赛，上海、江苏、广东有近万名师生参加。1984 年举办华东、中南地区优秀青年教师写作评改邀请赛，12 个省市的青年教师参加，教育部中学教育司发来贺信，吕叔湘为大赛题词。21 世

---

[1] 唐作藩.中国语言文字学大辞典［M］.北京：中国大百科全书出版社，2007：741.

纪以来，《语文学习》参与和承办长三角语文教育论坛，承办"四方杯"全国优秀语文教师选拔大赛，举行长三角地区语文圆桌会议等，一直是语文教学研究的前沿阵地。

纵观四十年的变迁，可以看出，杂志编者一直紧密关注语文热点话题，并从理论上引导讨论方向。编辑部结合一线来稿和语文教学现状，主动提出难点、重点问题，引发语文教师的关注，从而推进实践工作和研究工作的重心转移。这些难点、重点问题的提出与研究，往往是基于对历史发展的一种展望和期待，在历史发展的重要时刻凭着一种前瞻性的敏感，"在关键时刻提出关键问题"，从而推动语文教改实现突破性进展。《语文学习》关注的热点话题有：

语文教学存在的种种问题（1980~1989）；语法教学的意义与反思（1984~1990）；是人文主义，还是科学主义（1987~1995）；语文教学中教师的主导地位与学生的主体地位（1988~1990）；文学教育（1989~1999）；语感教学（1992~1998）；语文教学的文化内涵与意义（1996~1997）；工具论与人文论（1996~2000）；语文教学的科学管理与反思（1996）；语文教材的典范性（1997）；对语文教学模式的反思（1997~2001）；多媒体教学和网络写作（1999~2004）；诵读教学的作用与功能（2000~2004）；阅读教学中多元解读与多元有界（2000~2004）；写作辅导的有效与无效（2003~2004）；语文知识与语文教学内容（2004）；上海市二期课改教材单元教学设计及思考（2007~2009）；课程改革与语文高考（2005）；走近鲁迅（2007）；年度语文教育研究综述（2006~2009）；于漪语文教育书简（2010~2011）；语文教学内容（2007~2010）；高考写作大家谈（2004~2016）；等等。

早期的语文教学类杂志多提供语文知识，给教师以备课参考和教学模仿，《语文学习》也不例外。但《语文学习》很快就对语文教学存在的问题展开讨论，且将此作为办刊的主要方向之一。例如，20世纪80年代初期关于"语文教学问题"的讨论，20世纪80年代中期关于"语法教学"的反思，20世纪80年代后期至90年代初期关于人文主义和科学主义的争鸣，20世纪90年代至今讨论的主要话题有"文学教育""语感教学""人文论""语文教学模式""新阅读理论""语文教学内容的确定"等。

四十年来语文教学研究的主要问题有语文课程性质的讨论，知识在语文教学中的性质与地位，语文教学内容的选择和确定等。关于语文课程性质的问题，《语文学习》集中了很大的篇幅发表了一系列关于工具论和人文论的文章，这些文章在促进语文教学观念的更新方面，起到了导向作用。关于知识在语文教学中的性质与地位问题，杂志以关于语法教学的讨论文章开始了对语文教学中"知识中心主义"倾向的批评。关于语文教学内容，从 20 世纪 80 年代到今天，一直是《语文学习》关注的问题之一，讨论者有姜拱绅、章熊、周士魁、王荣生、李海林等。[1]

（二）从栏目变迁看《语文学习》与中学语文教学的密切关系

1979 年创刊之初，《语文学习》即开设"中学语文教学三十年笔谈""高考阅卷漫谈""古汉语知识""作家谈创作"等栏目，并刊发大量实际教学问题探讨与备课参考类文章（未设栏目名称）。这一时期的"三十年"指的是新中国成立三十年，参加笔谈的有于漪、段力佩、刘国正等，这些文章梳理了新中国成立以来三十年的中学语文教学成就，对于 1979 年的语文教学的复兴与改革，意义重大。

"作家谈创作"栏目最早刊发了茹志鹃、吴强等著名作家的文章，后来的"课文作者"栏目可看作这一栏目的延续。"高考阅卷漫谈"则一直延续至今，更名为"高考写作大家谈"，高考和写作都是中学语文教学的热点，对这一话题的关注是语文教学研究的题中应有之义。

四十年来《语文学习》杂志设置的栏目有一两百个，近十年来积淀下来的栏目只有一二十个，总体趋势是由"急就章"式的临时设置走向栏目的稳固和成熟，体现了刊物的风格和追求。下面简要分析刊物四十年的发展趋势。

在第一个十年里，主要栏目有"教材与教法""教学研究""教学一得""说明文教学""文言文阅读与讲析"等，杂志重点关注优秀教师的教学经验和心得体会，发表的文章实用性较强，研究的成分相对较少，为广大教师提供了直观的、可借鉴的方法与经验。

在第二个十年里，"教学研究"栏目改变了以往对单篇课文的一般意

---

[1] 夏红星，李海林. 从《语文学习》看语文教学改革的实际推进 [J]. 咸宁学院学报，2006（4）：130-132.

义上的分析理解和对教学活动经验的介绍，开始探索语文教学中的基本理论，追求更合适的教学方法、教学模式。在"教学论坛"栏目，开始有意识地组织语文教育思想、理念的争鸣。"教材研究"栏目也不再局限于对教材中课文的设计和教学安排，开始关注对中学语文教材的理性思考和审视。20世纪90年代初开辟的"语文大家谈"栏目，主要刊登语文教师关心的新鲜话题、热门话题。"争鸣"栏目在刊发新意教学设计的同时，连续刊发了涉及语文根本性问题的系列争鸣文章，引起了很大反响。

在第三和第四个十年里，"关注""案例""听课""随笔"几个栏目逐渐走向成熟。"关注"指向当前语文教学的热点问题，刊发语文教育专家和一线教师对这些问题进行理性思考的文章，把脉语文教育现状，引导语文教学走向。"案例"栏目从具体的教材篇目出发，但不局限于解决一篇课文的教学问题，而是致力于同一类课文的教学方式的探讨，重点关注教学策略，给教师提供思考的走向和更开阔的思考空间。"听课"栏目与常规教学研究相呼应。教师教学水平与教学艺术的提升，最重要的途径是名师、专家的评课和自身的教学反思，开设"听课"栏目，就是将这一过程突显，提供示范，促进教师对同类教学行为的反思。"随笔"栏目则改变教研论文的一般写作模式，以文学笔调，展现语文教学中出现的各类问题，以轻松的叙事方式触发语文教师对有关语文教育教学现象的联想和思考。

梳理四十年发展历程，我们发现栏目设置呈现以下几种情形：

第一，整体退出。二十世纪七八十年代开设的"古汉语知识""修辞漫话"等知识介绍性栏目在当时的确起到了重要作用，解决了知识断层年代的燃眉之急，但随着师资队伍的完善，教师学历的全面提升，这些栏目逐渐退出。

第二，不断完善。在办刊过程中，有些栏目随着语文教学的发展渐趋固定和成熟，如前十年频频出现的"写作教学""全国报刊中学生习作选评"在后十年演化成了"写作"和"写作个例"，"阅读赏析"演化成了"重读"和"备课"栏目的文本解读，"中学语文考核命题研究"演化成了"测评"栏目。早期的"现代汉语""中学教学语法咨询台""古代汉语""字词辨析"等栏目，后期慢慢整合到了"备课""解惑""语言"

等栏目中。

第三，坚持不变。一些办刊之初就有的栏目，如"读者来信"，多年来备受关注，从创刊之初到现在，一直置于刊首位置，表示编者对读者意见的尊重。

早期的编辑工作与语文教师的需求保持紧密联系，栏目设置也随读者需要而不断变化。后期则相对稳定，且在栏目设置上精心构想，安排了层级不同、结构丰富的众多小栏目。2005 年以后，栏目相对稳定。理论板块栏目有"论坛"，先后开设有"争鸣""通识""关注""随笔""名家访谈"等子栏目；实践板块栏目有"教学"，先后开设有"开卷""案例""镜头""备课""听课""重读""写作""测评""语言"等子栏目；其他板块有"成长"，先后开设有"名录""名师""语文校长谈语文"等子栏目；还有"课文作者""读者""声音""观点""反馈""读书·行走""编后"等较有特色的小栏目。

"论坛"栏目的开设，为中学语文教学带来了理论支撑，提升了语文教学研究的境界。杂志在力图贴近语文教学改革历史脉搏的同时，又以编者的前瞻意识，介入语文教学的历史发展进程。

"教学"栏目下设的"听课""镜头"子栏目，表明语文教学开始面向细节，强调教学艺术，是语文教学的深入追求。其他期刊同一时期也开始设置类似的栏目，表明语文教学的改革与研究进入了深水区。

（三）从《语文学习》的作者队伍看语文教学与研究的发展历程

有影响的专业期刊与学科的发展、教师的成长呈正向互动关系。可以说，优秀的语文期刊见证了语文教学发展的历程，提供了优质教学资源，促进了青年教师的成长。

"文革"刚结束时，师资紧缺，质量不高，引起了老一辈语言学家的关注。叶圣陶、吕叔湘、张志公、王力等老前辈，以高深的学术素养，关注基础教育领域的语文教学，并对中学语文教学进行研究。因此，新时期语文教学研究的起点非常高，这是中学语文期刊史上的一段短暂的黄金时期，20 世纪 80 年代初期的中学语文教学期刊常刊发他们的文章，或者摘要他们的讲话。

随着语文教学和研究逐渐步入正轨，也随着老前辈的先后谢世，于漪、钱梦龙等正式进入语文教学研究的现场。历史新时期，他们责无旁贷地挑起了中学语文教育的大梁。因此，20 世纪 80 年代以后的十余年间，语文期刊高频出现的名字有叶苍岑、段力佩、沈蘅仲、曹余章、吕型伟、于漪、钱梦龙、陈钟梁、陆继椿、张富、卢元、洪宗礼、谭惟翰、杭苇、张定远、朱绍禹、蔡澄清、张孝纯、颜振遥等。

从 20 世纪 90 年代开始，一批 20 世纪 80 年代、90 年代从高等学校毕业走上中学语文教学岗位的年轻教师出现在《语文学习》的作者队伍中，一批新人崭露头角，如黄玉峰、王栋生、陈军、程红兵、黄厚江、李镇西等。这一代语文教师发表对中学语文教学的看法，探索中学语文的教学策略，由语文教学期刊推介，逐渐在全国产生较大影响。

21 世纪以来，一大批青年语文教师迅速成长起来，如程翔、李震、曹勇军、严华银、郑逸农、邓彤等，在以新课标为主体的现代阅读理论、现代写作理论和现代教学理论的指导下，积极探索语文教学改革的新思路、新途径，显示出巨大的活力。

还有一支重要的研究队伍，即高等学校的语文专业研究人员，《语文学习》是他们发布研究成果的重要阵地，他们是钱理群、孙绍振、巢宗祺、顾黄初、王尚文、王富仁、方智范、韩雪屏、周庆元、饶杰腾、王荣生、李海林、潘新和、郑国民、赖瑞云、李维鼎、蒋成瑀、赵志伟、詹丹、郑桂华……这支作者队伍加盟语文教育教学研究，标志着语文教学改革真正接触了课程改革的关键问题，呼唤专家和教师对新时期的语文教学进行理性的思考与细致的研究。

《语文学习》作者队伍的结构性更换和传承，是新时期语文教学改革的一条重要线索。语文教学新的思想观念和教学策略，正是伴随着这些名字，凭借语文期刊，在四十年间得以广泛传播。

二、《中学语文教学》

1979 年 9 月创刊的《中学语文教学》杂志，为语文教师搭建了一个展示才华、探索语文教学规律的平台。《中学语文教学》现由北京市教委主管，首都师范大学主办，是全国中语会会刊。创刊四十年来，形成了学术性和实用性相结合的办刊特色。

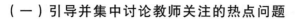

第
三
节

四
十
年
语
文
教
育
传
播
代
表
性
刊
物

（一）引导并集中讨论教师关注的热点问题

《中学语文教学》在教学改革的关键时刻，能敏锐地抓住问题，展开深入讨论，推动语文教学改革取得阶段性的突破。纵观四十年来的重点问题，我们能发现中学语文教学和研究的发展轨迹。

一些持续讨论的话题有：

语文教学科学化（1980~1981），怎样批改作文（1981~1982），文言文教学讨论（1984~1985），语文教学与学生心理（1986~1987），关于写作中心思想问题的讨论（1988~1989），中学生应该学会写什么样的文章（1995~1996），如何提高教学效率（1996~1997），如何教好文言文（1997），如何优化教学过程（1998），素质教育与写作教学研讨（1998），面向21世纪树立现代化语文教育观（1998~1999），等等。

进入21世纪后，讨论的问题更丰富更具体，如2000~2003年开设的"问题之鉴"栏目，集中讨论22个问题，主要有：

20年（1979~2000）语文教学的成就和问题（2000），语文标准化考试问题（2000）；语文课程性质的讨论（2001），文学教育问题（2001）；东西方对话中的语文教学（2002），语文教学必须立足言语形式（2002），语法教学与思维发展（2002），语文教师的使命感（2002）；语文课如何培养学生的创造能力和动手能力（2003），语感问题（2003），语言能力的检测（2003），语文教师的素养（2003），建构训练序列（2003），课文在语文教材体系和教学过程中的作用（2003），等等。

这些问题总结了过去20年来语文教育取得的成绩和不足，审视了语文教育的现状，回应了1997年语文教育大讨论所提出的众多问题；还涉及语文学科的性质问题，针对工具性和人文性展开了讨论；另外，讨论还涉及文学教育、语文教师的使命感、语文知识、语文教材等诸多方面的问题。[1]

《全日制义务教育语文课程标准（实验稿）》出台后，2002年的《中学语文教学》增设"特别关注"栏目，每期一个话题，同一话题之下，有三五篇角度不同或者观点相对甚至相反的文章，深入讨论新课程改革

［1］李海林，钟峰华.论语文教学刊物在语文教学改革中的作用——以《中学语文教学》（1979—2004）为例［J］.咸宁学院学报，2007（4）：181-183.

中教师普遍关注的话题。这些话题，基本可以映射出这一时期的语文教学与研究现状。下面列举部分话题，重温课程标准出台之后的语文发展历程：

新课标、新理念／新课标给语文教师的挑战／语文研究性学习／个性语文课和语文教师的个性／信息技术与语文教学的整合／语文综合性学习（2002）

测试评价应着眼于学生发展／语文素养问题／吟诵及传统教学方法／语文教师如何开展科研／学术道德规范建设／写作命题的改进思路／高中语文选修课的特点／自主合作探究的学习方式／教案创新问题／教学评价（2003）

语文教育百年／一个值得探究的问题：话题写作／"非指示性教学"再思考／语文中考改革的走向／选修课程面面观／选修课的模式建构／语文课如何以人为本？／口语交际是学生发展的需要／用自己的大脑研究实在的问题／小组讨论，时髦的点缀？／反思，教师科研的起点／搭乘信息技术的快车，前进／走近高中"课标"实验教材（2004）

语文素养：语文教育科学化的模式？／如何进行文学教育？／写作考级，你如何看？／新课程，还要不要知识？／今天，如何让学生走近鲁迅？／科学言语教育不容忽视！／拓展教学，拓展什么？／如何理解教学中学生的主体性？／高中选修课设置一例／形式训练，可否借鉴一下？／文言文，想说爱你不容易／积极推进中的高中课程改革（2005）

从 2002 年到 2005 年，主要讨论的话题有新课标提倡的新的学习方式如何落实，选修课如何开设和实施，新课标背景下的教材和评价方式的改变等。这是新课程标准宣传和落实的初期，高中新教材正在编写、审定和进行试验教学之中，组织专家名师讨论这些问题有"鸣锣开道"的性质，许多具有前瞻性的问题引发了广大语文教师的关注。

2006 年"特别关注"专栏暂停。2007 年 7 月恢复"特别关注"栏目，更名为"深度关注"，持续到 2013 年，关注了这一时期的重要语文话题，影响较大。主要话题如下：

"两性"统一：欲说还休／"三维"目标：怎样落实？／语文学习方式"变革"了吗？／语文知识教学应该淡化吗？／阅读个性与理解多元／"文体"

能淡化吗？（2007）

"训练"与语文素养／"预设"与"生成"／"用教材教"与课外拓展／如何提高语文课堂教学效率／对话与问答／学生自主与教师引导／如何"选""修"选修课／设计与实施／教师文章素养与学生文章素养的提高／"点拨"与课堂教学／课堂中的"现代"与"传统"／习惯养成与语文素养（2008）

随着新教材在全国的逐步铺开，新课标精神必须落实到课堂教学中，讨论的话题更为迫切、具体和细致。在一面求新的同时，大家也在回顾历史，试图从已有的经验中寻找新的出路。这一时期重点讨论的话题有语文课程性质、语文学习方式、语文知识教学、语文素养、选修课教学等热点问题。

2009年第1期《中学语文教学》该栏目的编者按指出：中学语文教学从理念到实践都发生了巨变，巨变也催生和锻炼出一批又一批成绩卓著的语文人。回顾和梳理这三十年间重要的语文人和事，总结其间的经验教训，对于目前语文课程改革的推进和深化，对于改革大潮中艰难搏击的广大教师的发展，都有着极为重要的意义。为此，从本期起，"深度关注"栏目将回眸并聚焦于此，并把这些"事"和"人"放在今天的教育背景下作深入的比照分析，力求从中获得某种启迪或者发现解决现实语文课改问题的路径。

这一年讨论的问题主要集中于反思历史、总结经验、开启新路。

新时期语文教学改革的一声"惊雷"（吕叔湘先生的一次重要讲话）／尽快改进语文教学（引导学生自己去探索）／"于漪们"的教改实践／难忘的"青语"岁月（中语会下属的青语会对青年教师成长的推进作用）／一场仍然没有过时的讨论（人文主义与科学主义之争）／世纪末语文大论争／语文新课标带来了什么／文本解读与阅读教学／高考写作与写作教学／新课改与语文教材／名师成长／重提语言训练。

所谓一声"惊雷"，指的是《人民日报》在1978年3月16日发表的吕叔湘的文章《当前语文教学中的两个迫切问题》。吕叔湘在文章中提出："中小学语文教学问题是个老问题，也是当前不容忽视的一个严重问题。中小学语文教学效果很差，中学毕业生语文水平低，大家都知道，但是对于少、慢、差、费的严重程度，恐怕还认识不足。""十年的时间，二千七百多课时，用来学本国语文，却是大多数不过关，岂非咄咄怪事！""这个问题是不是应该引起大家的重视？是不是应该研究研究如何提高语文教学的效率，用较少的时间取得较好的成绩？"[1]

吕叔湘所说的问题经过多年的语文教学改革，已有很大程度的改进，语文教学研究也逐步走入更深的层次，大家将更多的精力投入学科内部的学理问题，如文本解读问题、高考写作教学问题、语言训练问题等。

在新课程改革中，在具体的语文教学实践过程中，总会出现这样或那样的问题，《中学语文教学》以专业的敏感，提炼这些问题，以话题的形式邀请专家和名师对此进行深入探讨，为全体教师澄清认识，指明语文研究和教学实践方向。

（二）栏目设置的变迁映射出新时期语文教学改革的历程

语文教学研究类刊物必须承担起理念指导与实践引领、地区教改经验和名师成就的传播等功能。栏目设置体现了刊物主办者的编辑理念。杂志创办之初，由名家名师提供语文知识资源，栏目设计相对粗略，经过一段时间的积累，栏目意识逐渐明确。梳理《中学语文教学》四十年的栏目变迁，可以窥看新时期教学改革的总体历程。

1.理念指导与实践引领

办刊早期，杂志致力于各省市教学经验的推广，开辟了"省市教改经验"专栏，使得许多省市的教改经验产生了全国性的影响，如河北饶阳的"语文分科试验"，河北遵化的"扩大读写量，培养语文能力教改实验"，河北沧县的"自学提纲教学法"等。

20世纪90年代末开设"教学理论与实践"栏目，发表了大批思想引领性文章，主要作者有以魏书生、李希贵等为代表的一代名师。进入21世纪后，该栏目发表了《回顾"点拨教学"》（蔡澄清）、《为"训练"正名》（钱梦龙）等系列文章。随后，选题更加广泛，每期一组文章，既有学科热点问题，如文学教育、教学方法和教改实验，也有教师素养、教育史钩沉等的讨论，还推介了山东烟台市高中语文创造性学习工程、山东莱

---

[1]中国教育学会中学语文教学专业委员会.春风化雨三十年——中国教育学会中学语文教学专业委员会成立30周年纪念文集［M］.北京：首都师范大学出版社，2009：9.

阳市第四中学语文社会实践活动课的开展等。

在指导和引领方面，栏目设置由粗到细，由宽泛到具体，越来越强调指导的精准度和针对性。

理论指导方面的栏目先后有"争鸣""特稿""特别关注""深度关注""问题之鉴""知行合一""说文论语"等。开始只设置针对语文知识、文本主题进行讨论，不涉及较宏观的理论问题，后来有意设置语文课程理念、教学思想研讨等问题的讨论，"说文论语"栏目一直保存至今，成为当下语文教学话题的重要发布平台之一。

实践方面的栏目更多、更细。早先设置有"听说教学"、"写作教学"（包括布置、批改、训练方法等）、"阅读教学"（涉及文本分析和教学方法）、"语言知识与教学"、"复习—测试—评价"等，与教师的教学步调保持一致，但只是外部形态的关注。2003年，新设"课例研讨"栏目，该栏目后更名为"课堂观察"，保存至今。开始，每期发表两三篇优秀课例，课例后是名师评说，起分析引领作用。后来按照文本类型，从科普文、自读课文、古代小说、文言文、诗歌等角度组织课例，帮助教师从文体角度掌握教学方法；又从课堂教学的切入点选择课例，请一线优秀教师参与点评，栏目越来越活跃，越来越亲民。杂志还约请邓彤作为栏目主持人，聚焦课堂教学难点，每期一个话题，以话题组稿，提供示范。为了更广泛地利用名师资源，该栏目还根据时下教学的困惑，选择于漪、钱梦龙、魏书生、洪镇涛、徐振维等的课例，从解决当下问题的角度研讨，为课堂教学释疑解难，如课例"语文活动：热闹后的冷思考"，就是对追求表面热闹的课堂的一次反拨。

语文教学的核心在课堂教学。在课例之外，杂志还设立"课堂聚焦"栏目，分为三个子栏目："专家问诊"，每期由专家解答一个小问题，如钱梦龙的《一个哈姆雷特还是一千个哈姆雷特》；"教学随感"，每期刊发一篇教学随笔，如史绍典的《从〈泰坦尼克号〉说起》；"精彩定格"，讨论课堂教学瞬间的精彩，有时设立主持人，围绕一个相对突出的问题，选择若干个处理得当的片段，给教师以启发，如张玉新的《解构与建构》《独白与对话》等。这些指导细致入微，充分发挥了语文教研期刊的良好导向引领作用，杂志也正因此成了语文教师的案头读物。

"备课平台"提供文本解读、词语考辨、文言文中的词句和文化知识释疑等。可以看出，栏目越来越具体，越来越贴合教学实际，研究越来越细化和深入。

测试评价栏目，随着分省命题，裂变为"中考广角""高考聚焦"，后来又有偏重理论研究的"测评研究"和偏重实践操作、介绍复习策略的"教考探究"。

2007 年开设的"选修平台"栏目，较早介绍选修经验，因为部分地区部分学校 2004 年开始使用新课标教材，积累了一定经验。

"创意无限"栏目，集中推出巧妙的教学设计，如课型设计、训练设计、讲读设计等。

一段时期杂志设有"进修与提高"栏目（后改为"修学天地"），刊发苏立康、曾祥芹、张彬福等讨论语文教师素养问题的文章，章熊的语言技能研究的系列文章，潘新和的中国语文教育史论系列文章，江川关于语文教育史的系列文章，还译介了域外教育信息，涉及教材编写、教学方法、读写观念、教育目的等。这些内容在开阔教师视野，提升教师素养方面也起到了很好的作用。

此外，"语文大课堂"栏目涉及课外阅读、课外教学资源的运用、演讲、阅读书目推荐、对联等趣味语文活动的开展等，为教师开设课外语文活动提供了很好的借鉴。"语文万维网"栏目发表了语文教师的随笔、文学创作，包括陈军的《灯光赋》、赵谦祥的自我描述散文等一批为教师喜闻乐见的文章。

2. 名师经验的传播和学术成果的展示

一大批教师的教学策略、方法和模式，包括教学艺术，通过杂志介绍逐步走向全国，如黎见明的"导读教学"，颜振遥的"自学辅导教学"，于漪的"情感教学艺术"，张孝纯的"大语文教育"，欧阳代娜的"语文能力过关实验"，钱梦龙的"导读的艺术"，蔡澄清的"点拨教学法"，洪镇涛的"课堂教学结构改革"，韦志成的"语文美育观"，宁鸿彬的"思维训练教学"，程汉杰的"高效阅读研究"，魏书生的"培养学生自学能力"，钟德赣的"五步三课型反刍式单元教学法"，胡明道的"学长式教学"等。

除了针对语文教学本身设计了相关栏目，杂志还特别开设了展示名师成就的栏目，如"人物专访""青语园地""名师工作室"等。

早期的人物专访集中在于漪等一代名师群体，其后特别设置的"青语园地"栏目，报道了全国中语会下属的青年语文教师发展研究课题组中崭露头角的青年名师，如黄玉峰、陈军、黄厚江、李镇西、高万祥、程红兵等。再后来，地方教育行政机构为了发挥名师作用，促进青年教师成长，以名师带徒弟的形式，推出了名师工作室，杂志也顺势而为，介绍了这些名师和他们的徒弟，如程翔、严华银、蒋念祖、余映潮、曹勇军、褚树荣、李震等名师团队。

杂志还设立过"世纪寄语""世纪回眸"等栏目，前者请顾黄初、洪宗礼、章熊、于漪、蔡澄清、欧阳代娜、吴心田、苏立康等一代名师对新时期语文教师提出希望，后者则是学者对他们成果的梳理和研究，还包括倾情于中学语文教学并取得显著成果的王富仁、王尚文、孙绍振等高校教授的语文教育观的研究。

一线教师的丰富经验为语文教学改革提供了实践样本，专家的学术研究成果为语文教学改革提供了理论支撑。著名学者、教授也在杂志上留下了印迹，包括吕叔湘、张志公、周振甫、周有光、张寿康、张中行、王力、邢福义、郭预衡、钟敬文、许嘉璐、萧涤非、周先慎等名家，都曾将专业研究引进语文教学，对语文学科的建设起到了十分重要的作用。

杂志为名师发表成果提供了平台，名师的成果也成就了杂志的品牌，更重要的是，借助杂志，这些成果得以广泛地传播开来，滋养了更多的语文教师。

《中学语文教学》的作者群与《语文学习》的主要作者群有所不同，但大体一致，这里我们就不一一介绍了。

除了以上两家杂志，《语文教学通讯》在新时期语文教学传播史上也占有重要的一席之地。叶圣陶为它题写刊名，并在给该刊编辑部的信中强调："出版刊物，促进语文教学，诚有必要。鄙意以为刊物所载文篇宜多及于如何启发学生善于阅读书报、善于表达其所思所感方面，而少载某课某文之解析与注释。即谈某课某文，亦须注意如何启发学生，庶使任课教师知一反三，不断改进教学，而使学生受到实益。"[1]

《语文教学通讯》创刊之初以"务本求实，精益求精"作为办刊方针，瞄准中西部地区特别是农村语文教师的需要设置栏目，充分体现其"为农村教师服务，为提高母语教学水平服务，从而为提高民族文化水平服务"的办刊宗旨。该刊的"封面人物"在全国范围内产生了较大影响，该栏目自 1981 年起（中间有间隔），每期介绍一位在教改中取得优异成绩的中学语文教师，从老一辈语文教育改革家如叶苍岑、段力佩、张诚斋等，到著名特级教师如于漪、钱梦龙、宁鸿彬、陈钟梁、陆继椿等，再到魏书生、王友林、陈军等，该栏目一直保存至今。

1986 年 4 月，《语文教学通讯》编辑部结集出版了《红烛集》，介绍了其中二十位教师的教改经验，这是较早集中展示优秀语文教师教改成果的一本集子。该刊后来创办了主要以学生为读者对象的报纸《语文报》，也成为业内翘楚。创始人陶本一说："我们时时都在向自己提出新任务，因为时代向我们提出新任务，读者在向我们提出新要求，语文教改在向我们提出新课题，我们怎么能满足于现状。"[2]

［1］杜草甬.叶圣陶论语文教育［M］.郑州：河南教育出版社，1986：169.
［2］张隆华.中国语文教育史纲［M］.长沙：湖南师范大学出版社，1991：527-528.

第四节　语文期刊对语文教师和语文教学的影响

中学语文期刊在语文教育上起着思想的导向、实践的指导、成果的传播等功能。语文期刊是争鸣语文教育思想的论坛，是促进语文教育理论与实践相互转化的重要中介。语文期刊还具有教育功能，期刊上的文章可供教师了解语文教育理论，学习语文教育先进经验。

一、语文期刊对语文教师的影响

期刊发表学术成就较高的文章，就会得到更多的语文教师和研究者的关注。理论研究者和语文名师的学术成果通过期刊得以传播，可以实现其价值。语文期刊反映语文教育研究的热点和难点问题，激发了学术争鸣，通过争鸣可以使理论研究更深入，研究质量会进一步提高。语文期刊对教师专业发展的促进作用体现在以下几个方面。

第一，期刊可以补充和拓展语文教师的专业知识。语文期刊具有专业知识的广泛性、时效性和前沿性。语文期刊给教师提供了内容最广、信息最新的资源，包括语文教育理论探索和语文教学实践经验，既有国内成果，也有国外经验。知识丰富了，教学上方能游刃有余，因此语文期刊要为语文教师及时补充新知。期刊提供的知识不是漫无边际的，必须与语文教学有直接或间接的联系，还要考虑到教师读书时间有限，尽可能使他们以最经济的手段获得较大的信息量。

第二，语文期刊可以发展语文教师的专业能力。语文教师的专业能力包括深入理解文本的能力、设计教学的能力、表达能力、组织管理能力和反思能力等。语文期刊及时刊发最新的教育理论、最新的教育手段与方法，对语文教师的教育教学实践具有借鉴作用和参考价值。语文学习范围较广，但如果期刊只是重复专业书籍、文章的常识，读者绝不会感兴趣。那些能提高教师专业能力的文章必须有针对性，必须是教师感到困难时能够帮助"解惑"的，必须是针对语文教学和学习中的某一种倾向的文章，而不是泛泛而谈。

第三，语文期刊能促进语文教师的成长。新时期以来，尤其是语文新课程改革以来，语文教师积极参与语文教学研究，在语文期刊上发表自己的心得和成果，从专业教育媒体上获得各种教育信息。语文期刊以其独特、专业的视角，为语文教师的专业成长做出了重大贡献。可以说，每个名师的专业成长，或多或少都得益于语文期刊。语文教师在阅读语文期刊的过程中，可以与教学高手进行专业对话。专业对话包括学习领会、吸收应用、探讨研究、释疑提高等。语文教师在阅读语文期刊、参与对话的过程中，慢慢成长为语文教学与研究的行家里手。

二、语文期刊对语文教学的影响

语文期刊注意介绍新的语文教学理念，吸收语文教改的最新信息，分析新的语文教学现象，引领语文教学的创新。语文期刊对语文教学研究的影响主要表现在理论指导和实践运用两个方面。

1.语文期刊的理论指导作用

陈旧机械、枯燥乏味、急功近利的语文教学并未从语文课堂上绝迹，语文期刊对此进行及时跟踪、密切关注，将这些信息反馈给科研机构，让科研机构从理论上找到解决问题的突破口。高等院校和科研机构的语文教育研究者从语文期刊上发现语文教师的困惑，通过调查、研究，根据语文教学的当前需要，提供理论资源，及时将最新研究成果介绍到语文教学一线。

语文期刊的理论指导作用，主要表现在总结梳理现当代语文教育家的语文教育思想，以及国外阅读教学和写作教学的先进理念，就语文教师普遍关注的课程标准和语文教材、知识和能力、语言和思维、教法和学法、阅读和写作、测试与评价、课堂教学和课外学习等问题进行理论上的探讨，为语文教师的教学与实践提供理论资源。

中学语文期刊不是严格意义上的学术刊物，但即便是知识性刊物也应该有一定的理论性。语文教学和学习中有许多现象，也可能需要从理论上加以探讨。语文期刊用一定篇幅登载一些理论性文章，有助于开拓教师视野，启发研究兴趣。在这方面，《语文学习》堪称典范。当然，这类文章不宜过于专业化，更不能脱离教师实际进行一般化的论述。有些文章阐述的理论比较新，但内容较空，篇幅过长，专业术语过多，表达零乱烦琐，这是要注意避免的。

2. 语文期刊对教学实践的指导作用

语文期刊为语文教师和研究者提供了丰富的信息和宝贵的资源，为语文教师的课堂教学提供了可资借鉴的做法，为语文研究者提供了研究对象。

一般情况下，中学语文教师对教学实践类文章更感兴趣，而对那些语文教学理论不大感兴趣。但强调实践并不意味着不要理论，语文教师需要的是有的放矢、针对性强且又能解决实际问题的理论文章。指导实践不是指那些就事论事、没有理论分析的经验总结。有些经验性描述的文章，或者介绍一种教学方法，或者阐述一种语文现象，既缺乏事实根据，又缺乏辩证分析，没有普遍的实践指导意义。

三、语文期刊的创新

创刊几十年的语文刊物，出版了几百期，在语文教育界树立了声誉，获得了一大批作者和读者的信任和支持，这是语文刊物的有利条件。但是，随着网络的普及，获取资源途径的多元化，纸质语文期刊也面临着新的挑战。但语文期刊在语文教育传播中的作用不会改变。语文期刊在重大理论问题的引领和具体实践操作层面的指导作用，要有更强的针对性，要有创新意识。

关于杂志的创新，曾任《语文学习》主编的曹余章有这样一段话值得重温：

夏丏尊先生曾经说过："第一年是人办杂志，第二年是杂志办人。"正是说到这种难处。例如刊物的栏目，原是编辑设计的，开始设栏目，可能已组好一批文章，但到后来，编辑不得不为栏目找文章，这也许就是"杂志办人"了。"杂志办人"只是形象地说明办刊的难处，归根到底还是靠人办杂志。问题是如何化被动为主动，使刊物常办常新。[1]

语文期刊的宗旨是传播语文教育理念，促进教师专业成长，因此在

---

[1] 曹余章.语文期刊编辑工作琐谈 [J].编辑学刊，1988（1）：50-52.

栏目设计上，要根据教学状况及时跟进。如各大期刊在早年都开设有课文分析类的栏目，对语文教材做单篇解读，帮助师生掌握教材。开办之初很受欢迎，但后来教材的主要篇章分析得差不多了，杂志的栏目就有必要做适当调整，如《语文学习》将发表这类教材经典名篇的解读文章栏目改为"重读"，《语文建设》的相关栏目为"文学"，目的就是推陈出新，为教师提供更丰富的教学资源。

四十年来，语文期刊是语文教学改革的见证者和记录者，发表了成千上万篇文章，积累了无数宝贵的教学经验，有些刊物的某些活动，甚至主导和推动了语文教学改革的进程。同时，以全国中语会为代表的各类学术会议、教研活动，组织语文教师听取专家报告，参加征文、赛课等活动，为语文教育思想的传播也做出了较大的贡献。

第十章 新课改背景下的教学变革与名师成长

　　长期以来，我国中小学语文教师相对缺乏课程意识，更多的是大纲意识、教材意识、教参意识，在课程实施过程中，认为自己的任务就是教学，难以对课程展开有意义的探讨。因此，新课改之前的语文教师群体研讨的主要话题不是"教什么""为什么教"，而是"怎么教"，把有效落实大纲规定的内容作为全部教学工作的重心。大家头脑中只形成以教学大纲、教材、教学内容等一系列教学语词为主的话语方式，而鲜有课程、课程改革、课程标准、课程实施、课程开发、课程发展等概念。

　　随着新课程改革的深入实施，尤其近十年来，语文教师群体自觉树立和提升课程意识，拥有了更开阔的视野，从整体、全局出发，关注课程在学校和教学层面的设计、整合、实施，更关注学生的全面发展，促进其主动发展。

第一节　语文教学名师的思想创新

一、新课改背景下语文课程意识的形成与发展

（一）何为课程意识

教学意识与课程意识这两个概念相互作用，相辅相成，课程意识通过教学意识来实现，但如果没有教学过程，课程意识也得不到体现。但它们又有着明显区别：教学意识指教师更多地关注教学过程中所体现的技术问题，即关注"教什么"的问题；课程意识则更多关注价值取向，即关注"为什么教"的问题。课程意识往往决定着教师的教学理念、教学方式、角色定位以及教师的情感态度等。课程意识还涉及教师如何重新构想课程，如何使构想的课程在实践中发挥积极作用，这些都会直接影响教师的教学观、质量观、评价观。

课程意识有两个基本特征：第一，课程意识是对正在实施的课程系统的认识，有"为什么要课程"的思考；第二，课程意识内含对即将实施的课程进行规划，有"如何课程"的计划。基于此，课程意识可以整合为：教师在思考和处理课程问题时，对课程价值及如何实施课程的基本认识，是教师对实然课程的反映和对应然课程的追索。因此，具备课程意识成为教师成熟的重要标志之一[1]。

（二）课程意识对语文教师专业发展的意义

课程意识深刻影响着语文教师的专业发展，其意义主要表现在三个方面。

1.课程意识改变语文教师的课堂教学

美国课程专家施瓦布（Schwab）曾提出"教师即课程"的观点，强调教师要有课程意识，才能使静态设计的课程转化为动态的课程实施。在当前新课程改革的背景下，课程实施的取向已经从"忠实取向"发展到"创生取向"。课程实施的"忠实取向"是教师仅仅作为"课程执行者"，把既定的课程内容传递、灌输给学生；课程实施的"创生取向"是教师

---

[1]郭元祥.教师的课程意识及其生成［J］.教育研究，2003（6）：33-37.

从单方地向学生灌输"制度化知识"转变为与学生开展双向、多维的对话。以这种"创生取向"的视角来看，语文课程实施就是一个对语文课程重新解释的过程，是语文教师与语文课程标准、语文教材、学生以及学习环境之间持续对话的过程。

2.课程意识影响语文教师的教学改革

吴刚平在总结历次教学改革的经验教训时，认为历次教学改革"仅仅站在教学的立场谋划教学改革，往往看不出问题的本质，难以找到有意义的突破口和生长点。教学改革迫切需要强化课程意识"[1]。在语文教学实践中存在的诸多问题，有些也许是教学实施的问题，但更多的可能是语文课程设计自身存在的问题。对语文课程问题，如果只是依靠教材或教学的改革，基本就是"换汤不换药"，不能从根本上解决问题。应该从课程改革着手，唯有如此才能真正取得实质性的效果。可以这么说，如果语文教师没有课程意识的整体转向，而只是着眼于语文教学内容和教学方法上的修修补补，语文教学很难取得预期的成效。

3.课程意识促进语文教师的教育研究

英国课程专家斯腾豪斯（Stenhouse）曾提出"教师作为研究者"的观点，强调的是教师的课程意识要建立在研究的立场上，以研究的方式展开课程实施过程，才能表现出有效的课程行为。比如立足于课堂改进的语文教学反思，如果一名语文教师有课程意识，对教学的反思就往往不会局限于对教学过程的反思，而是涉及对语文课程的目标、编制、实施、评价等诸环节的全方位反思。开发语文校本课程也是如此，一名语文教师有课程意识，往往能明确自身的课程主体资格，将课程开发视为自身教学生涯的有机组成，为学生开发适切有效的语文校本课程，促进学生和谐发展。

（三）语文教学名师的思想创新

自20世纪90年代以来，我国语文教育界继斯霞、于漪、霍茂征、蔡澄清、钱梦龙、沈蘅仲、章熊等之后，又涌现出一批新的语文名师。这批名师是在我国大力推进语文课程改革的二十年间产生的，语文课程

---

[1]吴刚平.教学改革需要强化课程意识[J].教育发展研究，2002（7）：37-40.

改革为他们的专业发展和事业成功提供了时代平台。2007 年，由语文特级教师于漪和语文报社资深编辑刘远主编的"名师讲语文丛书"在语文出版社陆续推出，入选这套丛书的既有中学语文名师，也有小学语文名师，如胡明道、余映潮、黄厚江、陈军、李震、张玉新等。一套丛书能够集中展示当代多位语文名师的教学风采，当是这套丛书的一大特色。

近十年来，很多语文名师提出了自己的教学主张，树起了"诗意语文""情智语文""本色语文""主题语文""青春语文"等大旗，也有按地域提出了"浙派名师""苏派名师""闽派名师""粤派名师"等不同名号。对此，语文界褒贬不一，有些人认为这些主张和名号彰显了语文名师的教学追求和教学风格，有利于语文教育的发展；也有人认为这些主张和名号形成了"乱花渐欲迷人眼"的眩目景象，反而使语文的本来面目模糊。语文教学流派层见叠出，某种意义上，这是语文教学问题回归语文教学本身的一种选择。当前，由于我们对语文教学流派的实践研究不够深入，理论研究又没有及时跟上，所以在语文教学流派的认识和发展上存在不同见解，导致"流派"一词曾被莫须有地"污名化"，大家"谈流派色变"。然而，如果我们从课程意识角度出发，对于语文教学流派进行深入研究，适度引导，无疑有益于不同语文教学流派的健康发展，促进语文教学百花争艳。

二、语文教育思想代表人物举例

语文名师的成长关键是思想的创新。我们以语文报社和全国中学语文教学研究会合作主办的《语文教学通讯》著名专栏"封面人物"入选的名师为基本范围抽选了一部分代表，从思想建设上加以介绍，旨在呈现 20 世纪中后期，特别是进入 21 世纪后，中学语文教学思想建设的新成就。

（一）李震：生命化语文研究

李震，1953 年生，江苏省赣榆县（今连云港市赣榆区）人，中学语文特级教师。他提出"生命化语文"，强调一个"化"字，就是"以语文化育生命"，旨在促进中学生语言素质和心理素质和谐发展，培养能够实现超越式个性发展的新人。"生命化语文"的内涵主要有以下方面：

1. 坚持"文本性"的语文观。每个汉字都有着事物和事理的背景，都与人的生命、生活有关。刘勰认为"立文之道，其理有三"，而"形文""声文""情文"三理都具备了"文"的特点，体现了汉民族深层的视觉思维精神，具有"重意会默想、重气韵生动、重感性形象"的美学特征。

2. 抓住汉字表意的特质进行教学。"以形表意"是汉字的生命和本质特征。"文"和"字"本身就是汉民族的精神产品，也是文化形态。生命化语文课堂要充分认识汉语言文字的原生态，把握前人文化思考的基本方式，重视文化传承，促进学生文化意识的形成与语文素养的整体提高。要把寓于师生自身的主体文化，即存在于人脑中的知识、经验、精神、情感、态度和价值观，转化为以语言和文字为载体的客体文化，通过激活、选择和加工，内化为学生自己的文化，从而形成学习主体的文化理解和文化判断。

3. 以整体性意义建构学习为基础。"字学"是中国一切传统学问的基础。语文教师要想教好语文，"字学"是基本功，否则就形成不了"字思维"，也就不可能理解"汉字的象的精神""汉字性的诗化特征"在各种文体中的体现，不可能理解"一字为褒贬"的"春秋笔法"，不可能理解汉语言文学言此意彼、意象并置、意象叠加的特征，不可能理解整体性思维在汉字中的体现，在汉语言文本中的体现。

4. 生命化课堂中的意义建构应该以交往互动的方式进行。交往互动突出了师生的交互作用，创设了轻松和谐的学习交际环境，促进了建构和创新。

5. 课堂需要以言语体验为中心。生命化语文课堂上的言语体验不仅仅是一种认知方式，更重要的是通过心灵体验实现心灵相通，促进言语生命的精神成长。在语文活动中，每一个进行言语体验的个人，都会带着自己生命经历过程中所获得的独特经验参与对抒情语体的理解，并融注自己的感知、理解和感悟，从而激发解读主体能力的释放。这种释放是一种再整合和再创造，是主体解读能力的动态发展和提高。

6. 课堂需要体现民主与合作。只有在民主、充满信任的课堂里，才能相互理解、真诚交流。在生命化语文课堂上，民主与合作会让学习主体感受到从未体验过的敞亮，这必然能提升言语生命质量的层次。

（二）张玉新：语文教育民族化研究

张玉新，1963 年生，吉林省通化市人，中学语文特级教师。他主张语文教育要走民族化道路，倡导原生态的语文教学观，主要体现为：

1.语文教育民族化，有两个层面的意思：其一，凡外来的，经过借鉴、吸收、融合，成为本民族语文教育的一部分，丰富、促进了本民族语文教育的发展，便是语文教育的民族化；其二，本来是本民族的，可是由于种种原因已经异化为非本民族的了，必须使它回归，回归便是语文教育的民族化。但是，回归不是复古，而是在否定之否定之后的扬弃。

2.语文教育的传统是紧紧围绕汉字的特点、汉语的特点，以及学生的认知特点形成的。传统的语文教育是一个阶梯式的循序渐进的教学过程。这个阶梯可以分成两个阶段：初级阶段，以积累识记典型的语言文字材料为主；高级阶段，以感悟已积累、识记的典型的语言文字材料为主。积累是集中的，感悟是反刍式的，感悟过程是伴随人生阅历的不断丰富而螺旋式上升的。

3.识字教育是传统语文教育的一个重点。汉字的表意性特征、少形态变化、独特的字理结构为集中识字提供了可能，最突出的做法是在儿童入学前后，用比较短的一段时间，借助识字教材《三字经》《百家姓》《千字文》等蒙学读本，集中识两千左右汉字，然后才逐步教他们读书。这类蒙学读本充分考虑了汉语的四声音律的特点，充分展示了汉语的音乐美感，在促进记忆方面发挥了不可低估的作用，从而保证了集中识字的顺利进行，成为传统语文教育最富活力的组成部分。

4.识字的继续，阅读的起步：这是传统语文教育注重循序渐进的重要表现。儿童认识了两千多个字，便开始读《四书》，说是读，其实是背。这一点曾被认为是不顾儿童的实际情况，扼杀儿童的学习热情，是腐朽的教育方法。现代心理学研究认为，儿童的思维发展是先记忆后理解，先整体记忆，后局部记忆，成人则相反。儿童处在记忆的黄金期，集中积累典型的语言文字材料，是为今后的发展奠定精神文化的底子。

5.读写基础训练：集中识字和韵语读物是读写的基础。这个阶段，一般的做法是：开始教学生读四书五经；配合读经，教学生阅读简短的散文故事和浅易的诗歌，教学生对对子，有的还教给学生一点浅近的文字、音韵知识。在写作方面，这个阶段开始教学生对对子（属对）。属对练习是一种不讲语法理论但实际上相当严密的语法训练、修辞训练和逻辑训练。

6.阅读、写作教育的深化：这是在积累了典型的语言文字材料的基础上的感悟阶段。阅读训练的范围以经书和古文为主，辅以诗赋、时文；阅读训练的原则是文道结合；阅读训练的方法是熟读、精思、博览；阅读教材是古文选注评点本，塾师往往不定某一本，多本参选，这也是传统阅读教材的一大特色。写作训练的原则是"词""意"并重（义理辞章并重），写作训练的步骤是先"放"后"收"（首先鼓励学生大胆地写，等有了一定的基础再要求精练严谨），写作训练的方法是"多作多改"或"多作少改"，"多作"指多写成篇的文章，"多改"指自己多揣摩自己的文章，勤加修改，是自改，"少改"指教师不要把学生的文章改尽，要留有余地，保护学生的写作积极性和自尊心。

7.传统教育正是通过这样循序渐进、长期有效的形式，将中华民族的文化传承下来，将文化的传承人塑造出来。

8.语文教育要走民族化的道理，有两条总原则：（1）要批判地继承。建构语文教育民族化的理论体系必须充分发掘传统语文教育自我转化和转型的内在潜能，返回中国历史文化的原点，对语文教育传统精华、糟粕进行分离，发扬优良传统，剔除糟粕。（2）有选择地拿来，引进外国文化的结构和格局以丰富自己。

（三）余映潮："板块式"阅读教学研究

余映潮，1947年生，湖北武汉人，中学语文特级教师。他几十年致力于语文教学设计思路研究，创立了一套较为系统全面的课堂教学设计方法——"板块式"阅读教学，在实践层面为语文教学提供了新视野，开辟了新路径。该阅读教学方法关键词包括"板块式""主问题""诗意手法"，主要观点如下：

1."板块式"教学思路的设计，不体现教学模式，不讲"套路"。它是一种教学设计理念，在这种理念的指导下，每位语文教师都能创造出活泼灵动、各具形态的，以学生实践活动为重点内容的阅读教学方案。

2."板块式"教学思路所表现的外部特征是教学结构清晰，所表现的内部特征是教学内容优化。对传统教学思路而言，"板块式"教学思路是一种富有活力的创新，是一种很有魅力的突破，是一种具有实力的挑战。

3."板块式"教学思路能够有效地改善大面积课堂教学中步骤杂乱、思绪不清的问题；能够因为"简明"而成为语文教师阅读教学设计的首选；能够非常有效地克制课堂教学中的"碎问碎答"现象，提升课堂教学效率，增加教学美感；讲究教师利用课文资源设计对学生的有效训练活动，可以较好地克制"就课文教课文"的陈旧习惯。

"板块式"阅读教学的特点如下：

（1）简洁、实用、好用，教学过程顺序清楚、清晰。

（2）课堂教学明晰地表现出"一块一块地来落实"的教学态势。

（3）由于每个板块着眼于解决教学内容的某一角度、某一侧面的问题，于是各个板块就是一种半独立的"小课"或"微型课"。

（4）"块"与"块"之间相互联系，互为依托，呈现出一种具有美感的教学造型。

（5）有着清晰的教学层次，由浅入深、由易到难、由知识到能力地向前推进，显现出明晰的"分层推进"的特点。

（6）"板块"二字的出现，改变了常规的备课思路，有利于提高教师教学创意的水平。

（7）课中"板块"有一些明确的归属于学生的实践活动，让学生在成为学习主体方面迈开扎实的一步。

（8）实际教学中，"板块"组合的形态、形式非常丰富，可以充分表现教师设计教学时的技艺、创新意识与审美意识。

（四）程翔：语文教育文化学研究

程翔，1963年生，山东济南人，中学语文特级教师。他致力于构建"语文教育文化学"。他有三个基本判断：语文教育是从语言和文字的角度给学生奠定一个文化的底子；汉语文教育是从汉语言和汉字的角度为学生奠定汉文化的底子；汉文化是中国人的母乳。他认为，清楚了汉语的实用性和人文性特点，明白了汉语的工具性与人文性统一于文化，也就等于领悟了汉语的文化品质，也就找到了汉语文教育的支点。其主要观点如下：

1．"语文"和"母语"是两个概念，与其称"语文"，不如称"中文"。"语文"之称，是对"国文"和"国语"的兼容，在历史上起过积极作用。"汉语"之称固然不合适，但是"语文"之称，突出了普适性，却淡化了民族性。

2．语文教师理所应当地要成为一个文化人。尽管从本质上来说，其实每一个人都是文化人，但是语文教育的特点决定了语文教师应是一个用中外文化武装自己的人，尤其对祖国传统文化，应该具有坚实的基础和深厚的修养。一个能够进行语文教育的人，应该在古代汉语、现代汉语、语言学、文字学、教育学、文学、艺术、宗教、哲学等方面有比较深厚的造诣，并且具有多元文化的基础。

3．语文教育既是一项十分精细的精神活动，又具有很强的实践性。语言一刻也离不开精神活动，语文教育的全部活动都是在精神的支配下进行的，也都是精神活动的结果。精神活动与思维紧密相连，与情感密切相关，与价值观念和审美情趣密切相关。语文实践活动不同于工农业生产和科学实验，它是一种显性的文化行为，是以语言和文字为载体的实践活动。所以说，语文学科又是一门服务的学科，也就是传统的"工具说"。

4．语文的文化特点又决定了它不是单纯简单的工具，而是一种具有复杂精神因素的交际工具。汉语不仅仅是语言的记录，它在很大程度上独立于语言而自成体系，明显区别于表音文字，是汉语人文性的突出标志。因此，语文教育也应该促进学生领悟汉语的人文特点，吸取它的营养，使其在精神建设方面发挥积极作用。

5．语文教材和教学科学体系应该包括语文知识和语文能力两大部分。语文知识包括汉语知识、文学知识、文体知识和文化知识，其中文化知识中应该包括文献知识。语文能力包括听、说、读、写和信息处理的能力，其中信息处理能力中应包括目录信息检索的能力。知识和能力的分布应通过单元来体现，单元和单元之间应有内在的逻辑关系。

6．要编写一套权威的教学参考书，作为教材和教师之间的连接点。好的教材必须有好的教学参考书来辅助，因此要组织有经验的专家对课文进行权威把握，站在绝大多数教师的角度来考虑问题，给一线教师提供一份最优化的教学参考资料。

7. 中学阅读教学有别于文学批评，不能把结构主义和解构主义文学批评的那套理论移植到阅读教学中来。但是，由于原意和读者意会完全重合或部分重合，所以我们可以在原意和读者意会之间寻找一个平衡点，那就是基本理解。这个基本理解必须来自学生对原文的客观理解，必须具有一定的认同度。

（五）陈军：语文教育传统的现代性研究

陈军，1962 年生，安徽望江人，中学语文特级教师。20 世纪八九十年代，他师从蔡澄清研究语文教学"点拨法"，在全国产生一定影响。20世纪 80 年代末 90 年代初，他积极尝试语文课程建设的实验与探索，创建"长江诗话"课程并执教，于 2005 年出版《语文教学时习论》。其后，《上海教育》整整七年连载他的长稿《孔子思考论》，并于 2015 年整理成《〈论语〉教育思想今绎》一书出版。由"点拨法"到"时习论"，再到"六义说"，陈军由课堂上的点拨经验进而牵动关于语文学科性质、过程、方法及目标的系统思考，形成"时习教学论"。近年，他从核心素养立意，创建了"疑思问国文点读"课程，旨在引导学生批判性深读国文经典，学会中国式的质疑与批判。

1. "点拨"思想

教师针对学生学习过程中存在的知识障碍与心理障碍，用画龙点睛和排除故障的方法，启发学生开动脑筋进行思考与研究，寻找解决问题的途径与方法，以达到掌握知识并发展能力的目的。所谓"点"，就是点要害，抓重点；所谓"拨"，就是拨疑难，排障碍。这种点拨，遵循学生在学习过程中的心理特点及其活动规律，适应培养能力，发展智力的实际需要，在教学过程中，教师针对教材特点和学生实际需要，因势利导，启发思维，排除疑难，教给方法，发展能力。它是运用启发式原则引导学生自学的一种方法。

2. "时习"思想

"时"，既指学生身心发展规律，又指被认识的"知识"及被训练的"能力"的固有逻辑程序。一是要善于为"时"而设"境"。"时"，是学生及认识对象的多因素发展规律的反映，是客观的，但教师要发挥教学的主观能动作用，促成"时"的到来。二是要善于因"时"而定"教"。"时"，从学生本体而言，是指其身心发展现实；就课堂教学而言，它的变化性最为明显；就学生学习现状看，还存在性别的差异。

"习"，要从世界观和实践论的视角来研究其教学论意义。这里的"习"就是通常所说的"练习""训练"，在过程上包括四个环节，即"知识教示""分项练习""疑难点拨""实现目标"。其中"知识教示"和"疑难点拨"主要是教师的教学活动；"分项练习"是学生的实践活动；教师和学生在练习过程中都发挥作用，相互配合，步调一致，形成合力，最后完成练习任务，实现目标。"习"的基本特点应该包括：一是重复式特点值得珍视；二是要慎待练习凭借对象的"现代性"；三是要拓展语文练习的广阔平台。

3. "六义"思想

中国教育精神可以概括为"六义"：一曰"成己"，二曰"善思"，三曰"践行"，四曰"熏陶"，五曰"忧患"，六曰"师道"。这六方面可以说是中国教育精神的基本要素。"成己"是强调人生的教育意义和诗性的人格意义。"善思"，既指注重思考，又指重视思考之智慧，所谓"举一反三，闻一知十"，就是中国人的思考模型。"践行"突出"时习"和"知识"。"习"是"行"，"时"是行而有效的保障。"熏陶"是指中国教育传统中"学友"关系的自觉同构。"忧患"则指中国教育十分注重有关人类生存的积极态度的培养，这种自警教育是人类赖以前进的保障。"师道"是指中国教育中以知识为纽带的教与学互进的师生为友的教育伦理学。

4. "诚直"思想

2018 年，陈军带教上海市语文学科德育实训基地。在通读多本中国文学史和中国文化史的基础上，他鲜明提出了语文学科在人格培养上的"诚直"思想。"诚"，指思想内外的一致性；"直"，指语言态度的直接性。合而言之，即巴金所指"说真话"。既要掌握"说真话"的工具与技能，更要培养"说真话"的人格与精神。陈军所著《诚直论——语文学科德育的文学传统》和《论直论——语文学科德育的哲学立意》初步建立了中学语文"诚直"教育的认识理路。

由"点拨"到"时习"，由"六义"到"诚直"，陈军在近四十年语文教育实践中奋力探寻中国语文教育传统如何现代化的路径，努力追求中国特色的"现代化的文"、"现代化的道"和"现代化的教学"。

（六）黄厚江：本色语文研究

黄厚江，1958 年生，江苏盐城人，中学语文特级教师。他倡导本色语文，在全国具有广泛的影响。本色语文的研究成果于 2010 年获江苏省首届基础教育成果特等奖。其主要观点如下：

1. 语文课必须体现自身的课程追求。一是让学生学会学习语文，能够运用语文，会读会写会听会说。二是丰富学生的精神世界，为学生搭建精神的小屋，或者叫建设精神的家园。这是语文超过其他学科的最有价值的地方。

2. 语文课必须承担重要的使命。语文课有一个重要的使命就是要让学生喜欢语文，喜欢我们民族的语言；要求语文课应该有语文的情趣；要求对语文教学有一个准确的定位，那就是以语言为核心，以语文学习活动为主要形式，以提高学生的语言素养为根本目的；要求语文课能够按照语文的规律去教，学生按照语文的规律去学；要求语文教学必须运用语文的方法。

3. 语文教师必须是一个热爱语文的人，一个懂得语文的人，一个研究语文的人，一个有着良好语文素养的人，一个能让学生喜欢语文的人，而且最好是一个有点情趣有点性情的人——是一个真正的语文人。

4. 语文是人们物质生活和精神生活不可缺少的重要工具。一是基于语文的外延。语文和生活的联系，是与所有生活的联系，而不是与部分生活的联系；语文的工具性也不是单单表现在学习、工作和交际之中，而是表现在人的全部的生活之中。二是基于语文的作用。作为语文主要内容的阅读，有外在交流的同时，还有更丰富的内在交流；作为语文主要内容的写作，同时包含着主体内在思想和感情的单向外化，以及具有前提性的主体对外部世界的内化，而在这个先内化后外化的自我交流过程中，借助的工具便是语文。三是基于语文的价值。语文并不单单是学习、工作和交际，而是更多地起到丰富精神生活，发展健康个性，形成健全人格的作用。

5. 语文教材具有独特价值。教材，本质上是教学资料。教材，既不是课程，也不是教学内容，更不是考试内容，它只是教材编者按照课程标准的要求，根据自己对语文课程的理解，为教学提供的教学资料。语文教科书具有以下价值：一是教学凭借价值；二是资源价值；三是示例价值；四是积累价值。因此，教材处理，要做到用教材教和教教材的统一，认识到不同教材组元的优势和不足，采取互补性的教学策略，在正确的教材观的指导下创造性处理教材，使用教材。

6.应该努力追求把知识教学融合在语文学习的活动之中。既反对以知识为本位，以知识为中心，也反对淡化知识，漠视知识。语文课程的知识应该是一个"中位"概念。

7.语文教学中的训练，必须遵循学科学习规律和教学规律，进行科学有效的训练。训练意图要明确，训练指向要清楚，训练的强度要适宜，训练的方式要适当，训练和文本的关系要处理好。

（七）程红兵：语文人格教育研究

程红兵，1961年生，安徽六安人，中学语文特级教师。他提出，语文素质教育的根本任务就是在传授语文知识、培养语文能力的同时塑造学生的健康人格，语文素质教育的核心就是语文人格教育。他认为，语文人格教育，是语文教师在语文教学活动中有意识、有计划地结合语文知识传授、语文能力培养，对学生实施人格教育的活动。这一活动是在语文教师指导下，师生共同创设育人环境，在语文知识、语文技能习得的过程中，塑造健康人格。语文人格教育的主要观点如下：

1.语文人格教育是传统教育的精华，要学习吸收传统人格教育的有益经验，赋予其符合今天时代要求的崭新意义，谱写语文人格教育的新篇章。我国古代语文教育积累了一套行之有效的人格教育原则和方法，主要有三点：一是性习论原则，重视先天因素的性与后天因素的习的共同影响；二是社会化原则，重视习的熏染，重视人格社会化的过程；三是主体性原则，承认被教育者的主体地位，发挥其主体作用，调动其主体积极性。

2.现代语文教育在重视语文能力开发的同时，要注意人的发展，防止语文教育的失衡和异化。未来世界语文教育的发展趋势将由片面强调语文教学要传授语文知识、技能、技巧，忽略学生的人格发展，转向既重视知识、能力，又重视发展学生的健康人格，这是不可逆转的历史走向。

3. 语文教学必须促进学生人格发展。从语文学科自身来看，促进学生人格发展既是其自身发展的必然，也是其真正实现自身价值的必然。从实践角度来看，单纯从工具方面训练学生，学生的语文能力是不可能提高的。语文学科性质不能只讲工具性而忽略人文性，语文教育不能只教文不育人。只有真正做到既传授语文知识，培养语文能力，又塑造健康人格，才能使学生的语文能力真正得到提高，才能实现语文教育的目的和语文教育的价值。

4. 要进行语文人格教育必须明确语文人格教育的目标。语文人格教育目标可以从两个维度来考察：一是终极目标，二是具体目标。终极目标就是人格完善，这是语文教师必须坚持的理念，应把它置于语文教育目标体系的最高层。具体目标是结合语文教育的性质、特征而设置的目标，是可以实现的近期目标。语文人格教育目标永远是终极与具体的统一，永恒与流动的统一。语文人格教育的具体目标主要包括认知、情感、意志、自主意识等四个方面。认知品质主要包括认知的客观性、批判性、条理性、创造性；情感目标包括情感的稳定性、紧张性、丰富性；意志具有自觉性、自制性、果断性、坚持性和进取性；自主意识目标就是培养学生的自主意识，发展学生的主体性，就是构建和完善学生的主体。

（八）蔡明：生态语文研究

蔡明，1958年生，江苏盐城人，中学语文特级教师。生态原是生物学的概念，生指生物，一切有生命的物体，态指生存状态。蔡明把生物学和语文教学有机结合，提出了生态语文的教育理念。几十年来，蔡明一直以生态语文教育为抓手，带领团队研究生态阅读文化、生态写作教学和生态课堂建设，培养了一批中青年骨干教师。其主要观点如下：

1. 生态语文理解的语文课程，是语文课程的"主体论"与"环境论"的结合。语文课程的改革，隐含的前提就是课程的存在和需要发生了变化。存在是社会文明的日趋开放和合流，需要是人的个体价值的彰显。在这个前提下，生态语文要建设开放的、有活力的语文课程。更形象一点讲，生态语文理解的语文是每个人的语文，每个人的语文愿望的满足组成了语文的丰富生态。生态语文，就是每个人发出自己的声音和让每个人发出自己的声音。

2. 语文课程教学的过程及意义应由以下三个部分组成：在接触语言文字的样本中获得感受语言文字的能力；用感受语言文字的能力获得分析语言文字样本的能力；用分析语言文字样本的能力获得参与外部世界的能力。

3. 生态语文中的生态包括四层内涵：（1）生态是环境。不仅是营造和谐的课堂生态环境，更重要的是引导并建立一种无处不在的语文学习的课程环境。（2）生态是关系。师生之间，生生之间，师生与教材之间，师生与环境之间，师生的语文学习与政治、社会、经济、道德、人生、自然等方面都是以各种复杂关系存在的。（3）生态是意态。生态语文追求一种儒雅、优雅，甚至有点闲情逸致式的阅读与表达、交际与实践。（4）生态是规律。语文课程有自己内部的演进规律（尤以语言学习规律为主）。

4. 生态语文追求如下七个关于语文教与学的走向：从割裂走向融合；从证实走向实践；从失位走向回归；从过滤走向真实；从保护走向发现；从服从走向判断；从恐惧走向快乐。

5. 生态语文教育中的阅读是一个立体的、综合的文化建构。

6. 生态写作，是在教育生态学基本规律、写作学基本规律、课堂教学基本规律和学生写作能力提高的反复渐进性规律综合指导下的学生初作和重作、教师引写和巧导的过程。生态写作，是自主写作、自由写作和创造性写作的三位一体。生态写作往往从原生态写作开始，经过仿生态写作，最终达到真生态、个性化写作的自由境界。

7. 在学校班级授课制背景下，生态语文教育必须充分运用好语文课堂来落实语文的阅读与写作，提高读写素养和能力，培养健全人格和审美品位。课堂表情是微笑，课堂标志是暴露错误、发现智慧，课堂策略概言之为"八位一体"：坚持"以生为本"；实施"以学（读或写的学情）定教"；落实"先读（写）后教（导）"；提倡"生读（写）生教（导）"；做到"师生共教（共读、共写或共导等）"；保证"读（写）有所获"；力求"学教相长"；评价"以学（读或写的全过程）论教"。

（九）褚树荣："因体而教"和"允执其中"的语文教学观

褚树荣，1961年生，浙江宁海人，中学语文特级教师。他的语文教学观可以概括为"因体而教"和"允执其中"。"因体而教"侧重于语文教学论主张，即教学内容确定和教学策略选择首先要考虑文章、文体、文类的特征，做到"是什么、教什么、怎么教"。"允执其中"则偏重于语文课程论理解，在语文教育容易走偏的领域，兼收并蓄，从长计议，取中行事。

在他看来，"因体而教"的"体"有几层含义：（1）文章（文本）的体式特点，包括一篇文章形式上的所有要素。（2）文体的本质特点，即构成不同文体的本质性特征，譬如文学类文本之所以可以区分为小说、诗歌、散文等文体，就是因为每一种文体具有本体性的特征。（3）文类的属性。如论述类文章是表达思想、见解和观点的文章，文学类文章以虚构为主要特征，以描述为主要叙述方式的文章。因为"体"的不同，教学目标应该有所区别。如语句层面，实用类文章重在明白意义（有尽），文学类文章重在品味意味（无限）；语段层面，实用类文章教层次逻辑、概念判断（段旨），文学类文章教情感脉络、情景意象（意蕴）；语篇层面，实用类文章目标是理性逻辑、材料运用、证据推理、明白事理，文学类文章偏重于情感体会、形象塑造、语言叙述等。因为"体"的不同，教学就应该有不同的选择，如文学类文章教学，多用揣摩、品味、咀嚼、想象、联想、体验、感悟、涵泳等教学行为，实用类文章教学，多用理解、筛选、排列、分类、分解、分析、归类、组合、整合、概括等教学行为。

"叩其两端，允执其中"，这种课程理念的形成，一方面基于他对教学现实的深刻反思，另一方面基于他对我国传统哲学的理解。四十年来，语文教学的新观念、新模式、新流派不断涌现，语文教师眼花缭乱，语文教学需要在理想和现实之间寻找一个平衡点。另外，他还从中国传统哲学中汲取营养。早在两千多年前，《中庸》就提出"极高明而道中庸"的思想，孔子也说过："不偏之谓中，不易之谓庸。"当然这个"中"若从数学观点加以譬解，并非变量在坐标区间的几何中点，而相当于黄金分割点、最大公约数。他认为，从课程价值观上讲，就是照顾多方，求同存异，和而不同，即和谐又不千篇一律，既有不同而又不彼此冲突。他提出，课程建设和教学改革，应该游走在中间地带，尽最大可能走出凌虚蹈空和实用功利的误区。

第二节　语文学科建设的新进展

一、高校语文课程与教学论博士学位的设立及影响

（一）语文课程与教学论专业的变迁

20 世纪末，课程论与教学论被整合为统一的理论。1997 年，国务院学位委员会办公室在确定教育类博士和硕士学位点时，把各学科的课程论、教学论都纳入课程与教学论中，各学科的课程与教学论都作为其中的一个研究方向，如语文课程与教学论即为课程与教学论语文教育方向。

语文课程与教学论的这种学科地位，是历史形成的，19 世纪末到 20 世纪初的教育发展史和学科发展史可以表明这一点。1897 年，南洋公学师范院开学，首开"教授法"，讲授"各科教授之次序法则"，此为该学科设科之始。1904 年 1 月《奏定学堂章程》颁布，新学制"癸卯学制"产生并推行，初级和优级师范学堂分设"教授法"和"各科教授法"。20 世纪 30 年代起，把教材研究的内容引进教学法学科，"国文教材教法"的学科渐成雏形，一批学科专著也出现了。1952 年，参照苏联 1951 年颁布的师范学院教学计划，在苏联专家帮助下制订的《师范学院教学计划（草案）》规定中文系开设"中国语文教学法"和"文学教学法"两门教学法课程。1978 年，教育部在武汉召开全国高校文科教学工作座谈会，由武汉师范学院（现湖北大学）等 12 所院校编写一门课程教材，编写组建议将这门课程定名为"中学语文教学法"，合编教材 1980 年 4 月由人民教育出版社出版。1981 年至 1987 年，在国务院学位委员会办公室的学科专业目录中，一级学科"教育学"下设置二级学科"教材教法研究"，"语文教学法"或称"语文教材教法"便是其中的一个研究方向。1997 年，国务院学位委员会办公室对二级学科进行大规模调整与合并，并会同国家教育委员会于同年 6 月将"教学论"和"学科教学论"两个二级学科调整合并为"课程与教学论"一个二级学科，"语文教学论"是其中的一个研究方向。

学科定名反映学科定位。学科名称几经更易，学科建设曲折前进。

从最初的"国文教授法"到"国语教学法"，到"中学语文教材教法""中学语文教学法"，再到"语文学科教学论""语文教育学"，最后才称为"语文课程与教学论"，这种变化昭示了该学科研究对象、内容的发展、变化和丰富，即从具体教学法研究的层次上升到了总体研究的理论高度。总体看，语文课程与教学论的学科定位大致具有这样几个特点[1]：（1）它一直只是一个三级学科，一个研究方向。（2）它"先天不足"，从一"出生"就依附于教育学，只是教育学的一个小小的分支。（3）它既姓"教"，也姓"语"，是教育学和语文学"杂交"或者"嫁接"的产物，母本是教育学，父本是语文学，具有相当鲜明的交叉学科性质。（4）它的交叉性决定了它的综合性，它的学科内容勾连着教育学、心理学、生理学、语言学、文学、文章学甚至哲学、美学、社会学、测量统计学、科学方法论等多种学科。（5）它有基础理论的成分，也有技术操作的内涵，总体而言属于一种应用理论。（6）它是高等师范院校语文教育专业的专业教育学科，是师范院校独有而其他院校绝无的，是体现语文教师教育特色的一个标志性学科专业。

（二）高校语文课程与教学论博士学位的设立及影响

2000 年，华东师范大学教育科学研究院课程与教学研究所开始招收课程与教学论语文教育研究方向的博士生，这是我国大陆地区首次在教育学领域将最高的学位拓展至三级学科——语文课程与教学论。这是语文学科建设史上一件具有重要历史意义的大事，标志着语文学科建设进入新阶段。

此后，北京师范大学、上海师范大学、山东师范大学、福建师范大学、湖南师范大学、南京师范大学等师范类高校先后设立语文课程与教学论博士学位。一些有师范教育基础的非师范类高校，如浙江大学、西南大学、南开大学、武汉大学、中山大学等也开始招收语文课程与教学论方向的博士研究生。语文课程与教学论博士学位招生点的纷纷建立，表明学科研究的重心逐渐从语文教学向语文课程转移。经过十多年培养，作为一次语文学科建设比较集中的检阅，2011 年举办了两届语文课程与教学论

---

[1]周庆元，曹明海，潘新和，等. 理论建构、治学之道与实践发展：语文课程与教学论博导笔谈（上）［J］.语文建设，2009（2）：4-8.

博士论坛，4月29日在北京师范大学，12月5日在上海师范大学，来自华东师范大学、北京师范大学、浙江大学、上海师范大学、西南大学等院校的四十多位博士、博士后围绕语文教育前沿问题汇聚一堂，切磋问道，玉振金声。

近十年来，以华东师范大学的倪文锦、上海师范大学的陶本一和王荣生、山东师范大学的曹明海和潘庆玉、福建师范大学的孙绍振和潘新和、湖南师范大学的周庆元、北京师范大学的郑国民和刘淼、南京师范大学的黄伟、四川师范大学的靳彤等师范类高校的博士生导师为代表的全国博士生导师群体，为语文教育培养了一批术业有专攻的高层次学术人才，以此形成的研究团队，代表着国内语文学科的学术水准，引领和拓展我国语文学科的理论发展和实践研究。

二、语文学术研究代表人物举例

（一）倪文锦

倪文锦，生于1948年，上海崇明人。华东师范大学教授、博士生导师。长期致力于语文课程与教学的理论与实践研究，著有《语文考试论》《祖国大陆与香港、台湾地区语文教育初探》，主编《新编语文课程与教学论》《语文教育展望》《初中语文新课程教学法》《高中语文新课程教学法》等，对于语文教育有自己独到的观点。

1. 关于课程性质，他认为，语文课程的特点与性质是不一样的概念，课程特点不能等同于课程性质。语言的社会性与语言的个别性的统一才是语文课程的基本特点。语文教学要坚持人文精神，使学生正确理解语言，提高学生的语文素养。从语文学科的本质特点来看，学习语文也要重视语言的工具性。

2. 在语文课程评价上，他认为，语文教育要在实践过程中努力构建合理的评价体系，建立可操作的评价标准。要提高课程设计水平，促进全体学生的全面发展；在课程评价的取向上尽可能真实地反映课程全貌；在课程评价方法上，重视多元化和全程化；在评价主体上，将教师评价与学生的自我评价和互相评价、家长的评价相结合，体现客观、全面的原则。

3.在面对语文教学中多种复杂关系时，他主张要用全面的、发展的、辩证的眼光看待语文教学过程中存在的各种关系，尤其要学会运用互补的方法，正确处理这些关系。在文化的价值取向上，要正确处理外国文化与我国文化的关系；在教学内容与手段上，要正确处理现代与传统的关系，对于传统文化内容，要辩证地学习，取其精华去其糟粕，也要合理地利用多媒体进行教学；在教学主客体的问题上，要坚持学生为主体，提倡探究性学习；在学习方式上，要正确处理研究性学习与有意义接受学习的关系，坚持两者合理结合。

4.在语文教学设计方面，他提出，语文教学目标应该清晰、具体、简明；教学过程要学教统一，教师的"教"要有效地转化成学生的"学"的成果；教学评价要为迁移而教，即语文中的教学设计应该设有拓展的环节，通过拓展来帮助学生实现学习迁移。

5.在提高语文教学有效性的策略方面，他建议：一是要确立有效具体的课堂教学目标，杜绝"假大空"；二是要构建有效的教学内容，教学内容要在向度上与教学目标一致，要在质量上有达成教学目标需要的知识量和教学价值，要在数量上能对达成教学目标提供足够的保证；三是要运用有效的教学方法。

（二）曹明海

曹明海，生于1952年，山东沂水人，山东师范大学教授、博士生导师。多年来，他致力于语文教育理论新领域的开拓性研究，打破语文教育研究长期拘囿于经验化描述结构的局限，建构了以生命的成长与完整性建构为主体的语文课程与教学理论新体系，著有《语文教学语用论》《文学解读学导论》《理解与建构——语文阅读活动论》《营构与创造——语文教学策略论》《语文教育智慧论》《语文教育思想论》《语文教育文化学》《语文教学本体论》《语文陶冶性教学论》《语文教学解释学》《本体与阐释：语文教育的文化建构观》《语文教育学》等，主编"新世纪语文教师发展丛书""语文教育新视野丛书"等多套丛书。其主要学术观点包括：

1.语文教育是文化过程。一是语文教育不只是语言训练的过程，也是一个文化传递的过程；二是语文教育不只是训练运用语文的技能，也是陶冶人性，建构情感与精神世界，促进生命个体总体生成的过程。在语文课程与教学改革和实施素质教育的实践中，只有把握语文教育的文化特性与功能，把握语文教育的文化过程，才能促进学生的完整性发展，唤醒学生的主体性与创造力。

2. 语文教育的文化特性与文化功能主要体现在两个方面：一是语文是一种文化的构成与存在方式，它作为重要的文化符号，是人类进入文化世界的主要向导，是一种意义和价值体系，是存在的家园，语文与文化具有同构性，二者都是民族情感、精神和智慧的结晶；二是语文的工具性功能与人文性特质浑然天成，二者是语文本体构成的基本要素，是相互渗透和融注的整合体。

3. 语文教育的过程不只是知识获得的过程，也不是单纯的语文技能训练的过程，它既要对学生进行语文技能的训练，提高学生的语文素养，也要充分挖掘和利用文本的文化资源，加强对学生的文化陶冶，注重对人性与生命的关怀。

4. 语文与民族文化具有同质关系，语文是民族文化积淀的地质层，也是民族文化的重要构成部分。语文教育应该义不容辞地承担起涵化民族情感、唤醒民族意识、振奋民族精神的重任。

5. 从本体论文化学的角度探讨语文课程文化本体的内在逻辑构造与教学实践的文化生成原理，建构语文课程文化本体论教学思维模式，从而彰显语文课程与语文教育的文化本性，加强语文课程与教学本体的文化诠释，探索语文课程与教学文化本体论的阐释原理与方法。

6. 用文学解释学的理论方法探讨语文教学文本解释的原理，把解释本体视为文本意义的审美生成过程，将读者的解读作为寻求理解和自我理解的活动，即既建构文本意义又建构自我世界。这种解释学理论方法，是由重视研究作家作品转向注重研究文本读者的一个重大转移。

7. 语文教学的本体，即语言本体或语文本体。语文本体论是关于语文自身的学问，它要阐释和描述语文的生成构成与存在形态。因此，要把语文作为主体生命的形式来把握，视一个语言形式为一个生命形式；把语言作为存在世界的现身情态来对待，视一个语言形式为一个存在世界。

（三）王荣生

王荣生，1960年生，浙江宁波人，上海师范大学教授、博士生导师。

学术专著主要有《语文科课程论基础》《语文教学内容重构》《听王荣生教授评课》《语文课程与教学内容》《阅读教学设计的要诀——王荣生给语文教师的建议》，主编《语文教育研究大系（1978~2005）》（理论卷、中学教学卷、小学教学卷）等。其中《语文科课程论基础》一书初版于2003年，从现代课程论的视角，审视了近百年来语文教育研究的历史和现状、经验和教训，为语文教育研究提供了新的方法、新的框架，为语文教育研究者和语文教师打开了新的视野。《语文课程与教学内容》是2004年出版的《新课标与"语文教学内容"》一书的重版，重版时沿用了原书的整体框架，删除了部分内容，加入了作者新的研究成果，对"语文教学教什么"进行了系统性研究和学理阐释。其主要学术观点为：

1. 语文教育研究分七个层面，分别为"人—语文活动"层面、"人—语文学习"层面、语文科层面、语文课程具体形态层面、语文教材具体形态层面、语文教学具体形态层面和语文教育评价层面。研究者要清楚自己在做的是哪个层面、哪种性质的研究，清楚自己的研究所使用的方法和表述是否合乎该层面、该性质研究的规范。

2. 语文学科内容可分四个层次：语文课程目标、语文课程内容、语文教材内容和语文教学内容。语文课程目标主要面对"是什么"的问题，即国家期望学生具备的语文素养"是什么"。语文课程内容主要面对"教什么"的问题，即为了有效地达成语文课程标准所设定的语文素养目标，语文课程研制者建议"一般应该教什么"。语文教材内容关注的是"用什么去教"的问题，即为了使广大的学生较好地掌握既定的课程内容，语文教材编制者提供通常可以"用什么去教"的建议。语文教学内容同时面临两个问题：第一个问题是，针对具体情境中的一个班乃至一个组、一个学生，为使学生更有效达到既定的课程目标，"实际需要教什么"；第二个问题是，为使具体情境中的这一个班乃至这一个组、这一个学生能更好地掌握既定的课程内容，"实际上最好用什么去教"。

3. 语文课程目标大致包括人文素养和语文能力这两个方面。语文课程内容，从大的方面看，主要包括文学、文化经典作品（"定篇"）以及对它们的阐释，还有包括事实、概念、原理、技能、策略、态度在内的语文知识。在教材内容层面，要关注课程内容教材化和教材内容教学化这两个重要命题。在教学层面，"教学内容是在教学过程中创造的"，这逻辑地蕴含着语文教师参与课程研制、用教材教、教学为学生服务等理念。

4.教材的选文按功能可划分为定篇、例子、样本、用件四类，从课程内容认定，教材内容的编制和开发，到具体的教和学，都有不同的规则。

5.语文知识，从显和隐的角度，分化为语识和语感；从不同主体角度，分化为教师系统的语文知识、学生系统的语文知识和教学中交往系统的语文知识；从主客体角度，分化为语文学习领域知识和语文学科基础知识。与语文知识相关的语文实践，根据学习状态的不同，分化成带有自然学习性质的语文实践活动、课程指引下的语文实践活动、语识的学习与语识转化为语感的语文实践活动。

6.阅读是一种文体思维。阅读教学内容选择主要依据"体式＋学情"，阅读教学有三条线路：提供学生理解、感受所需要的百科知识；帮助学生增进对文本的理解与感受；指导学生形成所需要的阅读能力。

7.教学活动的设计不是设计教的活动，而是设计学的活动，要使学生的学相对丰富、多样，使学生的学比较有结构、完整。以学的活动为基点的课堂教学，学生学的活动有较充分、完整的时间，学生的学习经验有较充分的表达与交流，班级的每个学生都能获得共同的学习经验。

（四）郑国民

郑国民，1967年生，辽宁建平县人。北京师范大学教授、博士生导师。学术著作主要有《从文言文教学到白话文教学——我国近现代语文教育的变革历程》《新世纪语文课程改革研究》《基于学生核心素养的语文学科能力研究》等。

《从文言文教学到白话文教学——我国近现代语文教育的变革历程》一书以白话文教学取代文言文教学为主线，考察了中国语文教育走向现代化的变革历程，揭示了变革背景和动因、演进的轨迹，特别着力探讨了语文教科书的变革和语文教学法的变革。《新世纪语文课程改革研究》一书是作者研制语文课程标准和参加语文课程实验工作过程中的一些认识与思考，对新世纪语文课程改革所涉及的主要问题进行了探讨，对语文课程改革的具体内容、语文课程目标、识字写字教学、阅读教学、写作教学、语文学习方式和语文教材等方面做了详细的分析，在厘清这些具体的改革内容是如何从历次语文课程标准或教学大纲中演变、发展而来的基础上，阐释了改革的依据，提出了实际操作的建议。

郑国民等所著《基于学生核心素养的语文学科能力研究》一书出版于 2017 年，它以语文学科核心能力为中心，围绕如何评价以及如何以评促学、以评促教等工作进行探索，形成了一套操作性强、符合语文学科特点的"诊断—改进"流程。全书主要包括三部分内容：一是中学生语文核心能力构成及表现的理论研究，二是中学生语文核心能力表现测评、发展进阶与影响因素研究，三是促进学生语文核心能力发展的课堂教学改进实践研究。三部分内容一以贯之，密不可分。着眼于促进学生语文核心能力发展，针对单篇教学存在的碎片化、烦琐化、程式化、高耗低效等问题，课堂教学改进以专题教学为导向，形成了丰富的中学语文专题教学模式和操作策略，为新一轮语文课程改革积累了一定的经验。

（五）徐林祥

徐林祥，1956 年生，江苏兴化人，扬州大学教授、博士生导师。主要著作有《语文美育学》《中国美育史导论》《中国美学初步》《刘熙载及其文艺美学思想》，主编有《中学语文课程标准与教材研究》《语文课程与教学论新编》《语文教学技能全程训练新编》《历史追问：语文教育发展篇》《语文教育研究方法》《国文国语教育论典》《百年语文教育经典名著》等。

徐林祥认为，语文就是语言，语文教育就是祖国语言的教育。语文教育所指可以概括为"一体三维"："一体"指语文的本体，即语言；"三维"指语文本体包含三个维度的意义指向，即口头的语言和书面的语言、狭义的语言和言语、语言的形式和语言的内容。语文教学既包含祖国语言形式的教学，又包含祖国语言内容的教学；既包含祖国语言系统和规则的教学，又包含着按照祖国语言系统和规则所进行的言语行为的教学，以及按照祖国语言系统和规则形成的言语作品的教学。口语交际的训练、文字的认读与书写、文章的阅读与写作、文学教育、文化熏陶，皆是语文教学的应有之义。语文课程的价值体现在掌握生存工具、奠定发展基础、弘扬民族精神、传承人类文化等方面。

徐林祥还认为，中国语文教育应当走民族化、科学化、现代化相结合的道路。语文教育民族化，就是要认定教学中华民族通用语言文字的性质。我们应当理直气壮地将祖国语言教育——中华民族通用语言文字的教育，列为语文教育的基本内容，激发学生热爱祖国语言的情感，养成学生正确理解和规范使用祖国语言的能力和习惯。语文教育科学化，最重要的是要遵循中华民族通用语言文字教学的规律。语文课程教材要体现汉语文教育、母语教育的特点，语文教学要根据汉语文教育、母语教育的规律来进行。语文教育现代化，不仅仅是教学内容和方法技术的现代化，更重要的是教学要求的现代化，就是要适应未来社会对国民语文素养的需求。语言建构与运用是语文素养的基础，思维发展与提升是语文素养的核心。语文教育走民族化、科学化、现代化相结合的道路，就要在语文教学中体现语文课程的民族性，工具性与人文性统一，综合性和实践性鲜明等特点。

（六）詹丹

詹丹，1963年生，上海嘉定人，上海师范大学教授。主要著作有《〈红楼梦〉与中国古代小说研究》《〈红楼梦〉与中国古代小说再阐释》《语文教学的批评与反批评》《语文教学与文本解读》《阅读教学与文本解读》《诗性之笔与理性之文》等。

彰显语文教学的文学色彩，把被应试教育遮蔽或者阻遏的文学能力培养充分张扬出来，是詹丹一贯的主张。在他看来，有限的生活经验给学生理解文学带来困难，但恰是因为有些文学作品表现的内容是他们陌生的甚至难以理解的，才在一定程度上拓宽了他们的体验。意识到自己的局限，不是要拒绝一个超越自身经验的更广阔的文学世界，也不是以自己的狭隘经验来遮蔽、掩盖或者同化一个差异化的文学世界，而是尊重文学与自己世界的差异，在寻找两者局部的可能融合中，保留各自的特色，从而使文学和生活互为补充、相得益彰。

在整体把握文本已成语文界共识的今天，詹丹致力于整体把握中的细化研究，这构成其语文教育研究的特色。他认为，以整体视野解读文本的局部关系，既可能是局部与整体的直接关联，也可能是在局部与局部互相组合中才形成与整体的最终关系，并揭示潜在的主题意义。他又认为，文本解读在立足整体的视野下，既可以向内探究更细小的局部关系，也可以向外探究文本外部的制约因素和潜在影响。这里除开作者和读者原因外，还有作者写成作品的特定情境，以及与其无法脱离的时代背景和文化传统的密切关系。

在文本解读研究中，他进一步论述了解读者的主体性问题，即解读者自身是在怎样的背景中向文本提出问题的，这一问题反映了他们自身怎样的立场、态度和方法。基于这样的讨论，使得解读者和文本相遇，在建构起对文本全面理解的同时，也有可能实现解读主体的自我生成，使自己的思考变得更客观。

在确立文学体验的具体性中深入文本的整体性，并凸显解读者自身的主体性，凡此互有关联的"三体"观，形成其语文教育研究的基本特色。

（七）黄伟

黄伟，1959年生，安徽舒城人，南京师范大学教授、博士生导师。长期从事语文教学研究和语文教材编写工作，学术专著主要有《阅读教学中的文本解读》《语文综合性学习研究与教学设计》《提问与对话——有效教学的入口与路径》；主编《语文课程与教学研究·中学卷（1979—2009）》《初中语文教学研究》《高中语文教学研究》《新课标初中写作阶梯训练》《新课标高中写作阶梯训练》《语文课堂教学艺术经典案例评析》等。综观黄伟学术论文及其著述，其主要观点有：

1. 语文教学的核心问题是言语思维问题。历史和现实地看，语文教学如何通过语言和文本训练学生的理性思维最为值得关注，"知书达理"是语文教学最为重要的任务。

2. 倡导问题性教学和活动性教学。问题性教学是发展学生思维能力的可行有效的路径，教的方法应主要体现为通过设计与组织让学生积极开展并投入学习活动中。

3. 提出语文知识理解与研讨的新思路。把语文知识分为语文本体知识、语文课程知识、语文教学知识三个层级。语文知识三个层级的划分，为深入研讨语文知识、建设语文课程、改革语文教学提供了新框架。特别关注阅读教学中的语文知识教学，提出阅读教学中语文知识提取、激活、内化的递进策略。

4. 梳理并明晰了阅读教学的四种阅读方式和策略，即本文直读、共情美读、互文参读、审辨研读，阐明了四种阅读方式所对应的阅读策略和教学价值及其在教学中的具体运用。

5. 提出了语文教学专业性问题。由此可以审查语文教学低效的根本原因，即专业性不强。阐明了语文教学专业性的内涵，即"教学的语文性和语文的教学性及其二者统一性"。语文教师专业发展的基点和核心是语文教学专业性。

6. 对于课文这一文本的解读，提出了教学解读的概念。教学解读是基于学生学习需要服务教学而对课文文本的解读，它既不同于普通读者对文本的解读，也不同于文论专家对文本的解读，它解读的重点在教学的关键处，即值得教与学、需要教与学的津要处。但是，并不排斥普通读者和文论专家的解读，而是常常以他们的解读为基础和门径。

7. 提出了"语文教师阅读素养发展"的课题。阐释了语文教师阅读素养的内涵：一是宽广而综合的阅读类和阅读量；二是良好的阅读兴趣与阅读习惯；三是实切的阅读方法和阅读能力；四是专业的阅读格调与阅读关怀。初拟了语文教师阅读素养发展的路径：打好普通阅读基础，努力向专研阅读精进；养成职业阅读习惯与能力，即从普通阅读、专研阅读走向教学阅读；实现普通阅读、专研阅读、教学阅读的三级循环与三位一体。

8. 倡导语文教育要坚持传统文化的元典与正统，汲取中华传统文化中坚守正道与真理的道统精神，汲取中华传统文化中积学修身、转智成德的学统精神，守正创新，转换对接，培养现代公民。

（八）潘新和

潘新和，生于 1952 年，福建福州人，福建师范大学教授，博士生导师。发表论文二百余篇，主要著作有《语文：表现与存在》（上卷、下卷）、《中国写作教育思想论纲》、《中国现代写作教育史》、《写作：指向自我实现的人生》，主编《新课程语文教学论》等专著 10 余部。

《语文：表现与存在》一书提出要唤醒学生固有的言语生命意识和言语潜能，使之得以良好的养护和培植，使他们的言语才能得到积极主动的发挥和张扬，并使他们最终成为言语上自我实现的人。人的言语欲求、言语意识、言语才情、言语智慧、言语能力、言语抱负和言语信仰，是从每一个人的鲜活自由的内在生命中生长、绽放出来的花朵，这便是人本主义、人文主义的动力学——符号（言语）生命动力学。"言语生命动力学表现——存在论语文学"理论，颠覆了"应付生活论"的实用主义语文教育范式，是对语文本体论的一次深刻探索。

《新课程语文教学论》汇集了众多专家有益于语文课程建设的研究成果和全国各地优秀教师的成功经验，系统地阐释了有关新课程语文教学的基本思想和方法，并探讨了关于建构主义语文教育思想、语感教育、教师素养、教材建设、教学原则和方法等问题，同时对教师的素质教育等方面的内容也做了详细的介绍。

第三节　语文教育传播的新趋势

　　21世纪以来，尤其最近十年，信息技术快速发展，随着互联网技术和信息技术的飞速发展，特别是数字媒体和智能手机等新媒体工具的快速兴起，人们接收、传播、生产信息都极其便捷，学习、工作和生活方式产生了前所未有的变化。这种变化对于教育领域的传播意义重大，与广播、电视、报纸、杂志四种传统媒体相比，新媒体被称为"第五媒体"，具有鲜明的互动性、即时性、大众性、共享性、超文本性、多媒体性和低成本性等特点。教育传播的这些变化使语文教育也出现了一些新的趋势。

一、语文研究书系的出版更有特色

　　得益于现代传媒业的发达，信息内容的丰富，各类语文教育教学研究丛书的编辑与出版较之以前更加方便。典型的如"名师讲语文"丛书、《中国语文人》、《百年语文教育经典名著》和"白马湖书系"。

（一）刘远和《名师讲语文》

　　刘远，语文报社社长，编审，江苏师范大学、四川师范大学、山西师范大学、扬州大学等多所高校特聘国培专家。他的语文编辑思想是：一篇文、一本书，如果没有人去读，其价值再大也只能用"零"评价。编辑读者想读、乐读、愿读的文字，给大家以语文的熏陶与浸润，让有价值的文字去实现更大的价值。

　　2007年至2009年，语文出版社编辑出版了大型丛书"名师讲语文"，丛书由语文教育家于漪和语文报社副总编辑刘远联合主编。这套丛书倡导的首先是"引领"。2007年，始于新世纪的新一轮课程改革进入深水区，新课标倡导的新理念如何才能深入实施，人文性和工具性在实践中怎样才能有机统一等一系列问题深深困扰着一线的教师。面对新的困境，名师的引领自然就尤为重要。"名师讲语文"选取活跃于新课改、成就于新课堂且被一线教师广泛认可的一批新生代名师，通过他们的体验和示例，为一线教师提供了解惑的钥匙和指路的明灯。当然，"名师讲语文"倡导的不仅仅是"引领"，其更重要的意义和价值在于"激活"。丛书通过"我的语文人生""我的语文理念""我的语文实践""我的教学语录"四个板块，在对每位名师的成长体验和教学理念的显性展示中，促使大家进一步深入思考语文是什么、教师专业发展的真谛是什么等一系列核心问题，从而激活大家的问题意识，激发大家探究的欲望和兴趣，进而从内心深处激活大家奋力提升自己、努力向名师迈进的热情和信念。丛书一经出版，便引起了教育界的广泛关注，受到了一线教师的普遍欢迎，可以说是一套深入影响一线教学、深度推动课程改革的经典之作。

（二）张蕾和《中国语文人》

张蕾，1995 年起在《中学语文教学》杂志从事编辑工作，任该杂志主编。曾策划了"专家访谈""青语园地""说文论语""成长之路""教研视点"等一系列有特色的栏目。2009 年，乘着中国教育学会中学语文教学专业委员会成立 30 年和《中学语文教学》杂志创刊 30 年的东风，主编了《中国语文人》《语文之道》，对 30 年中两代语文人为语文教育事业所做出的贡献做了认真细致的梳理。

《中国语文人》（第一卷、第二卷）编选了 30 年来曾经活跃和仍然活跃在语文教育大舞台上的 21 位名家的语文教育思想和实践的实录。全书力求做成名家语文教育实践和思想的实录，所有的文字一律由名家自己直接书写，做到原生态、本真状。每一位名家从"我的语文教育观""我的教学方法和实践""影响我发展的最重要的人和事"等三个部分阐释他们各自坚定不移并且孜孜践行的语文教育理念，细数那些影响他们一生的最为关键的人和事，再现那一节节宣示他们语文教育理想、展示他们语文教育情怀的课堂现场。

（三）何勇和"白马湖书系"

何勇，上海教育出版社副总编辑，《语文学习》主编。2014 年，《语文学习》编辑部隆重推出"白马湖书系"。

"白马湖"是语文教师心中的一块圣地，一个"虽不能至而心向往之"的梦想，更是一种精神象征。秀丽的白马湖不但造就了现代语文教育史的传奇，更隐藏着中国语文教育的基因和脉系。为接续传统，开拓未来，《语文学习》编辑部专门为中学语文教师设计打造了"白马湖书系"。该书系从主题的选取到书名的命名，都非常接地气，并从中学语文教师的视角来选题、编辑出版。书系的作者既有一线的中学名师，也有语文教研员，既有高校语文教学研究学者，也有《语文学习》编辑部的成员。目前，"白马湖书系"还在不断推出新作，积极打造无愧于"白马湖"这一名片的中国语文教育精品丛书。

二、语文教师的交流更加频繁

蔡智敏领导的语文报社，从 1995 年开始，以"语文报杯"为名，先后在太原、大同、昆明、南京、杭州、沈阳、西安、黄山、成都、无锡等地举办过十一届语文课堂教学大赛，均取得了圆满成功。共有来自全国各地的 330 余名语文教学精英参加过比赛，16000 多名代表参会观摩，在全国语文教育界产生了广泛的影响。

"语文报杯"全国中青年教师课堂教学大赛参赛人选由省、市、县层层选拔产生。在正式比赛中，一律通过抽签确定赛课顺序和篇目，每人备课时间均为 48 小时。专家评委均系全国中学语文教育界知名人士，初、高中组各有分工。最近几届，为保证评奖工作的公开、公正和公平，每个赛场、每个竞赛单元（半天）还现场随机抽取 10 名听课老师担任群众评委，与专家评委一起为选手打分。每个竞赛单元公布一次成绩，同时委托一位专家评委对该单元选手课堂得失、精彩瞬间等进行综合评点。参赛选手最后按得分高低决出一、二、三等奖，同时为推荐单位颁发金伯乐奖、银伯乐奖、铜伯乐奖等。"语文报杯"全国中青年教师课堂教学大赛被誉为"语文教育界的奥林匹克盛会"。

在此基础上，语文报社与时俱进，发出倡议，举行首届"语文报杯"全国语文微课大赛。2017 年 9 月启动以来，得到了全国各地语文教师的积极响应，截至 2018 年 5 月，吸引全国 30 个省市的 2357 名语文教师报名参赛，共有 874 节微课入围展评，累计关注人数达 121612 人。

三、信息共享更加便捷

随着互联网的发展和教师信息技术水平的提高，各种语文教学网站如雨后春笋般层出不穷，并形成了一定的规模。网站的分布范围覆盖了全国。广大语文教师也参与到网站的开发和建设中，并承担了网站维护的任务。网站提供了各种教案、语文试卷、教学课件等资料，为教学提供了很大的帮助。最初这些语文教学资源多是免费的，教师可以自由下载，共同享用。渐渐地，一些形成规模的网站聚合了优质的语文教育资源，开始收费。众多的语文教学网站中，最大的语文资源网是正道语文资源网。

2013年12月，李华平提出了"语文教学要走正道"的命题，得到了钱梦龙的首肯。后来，"正道语文"一说得到了于漪、王尚文、刘永康、倪文锦等的支持和不少一线教师、教研员的认同。2014年4月，李华平在成都主持召开了首届全国"正道语文"高端论坛学术研讨会，钱梦龙、倪文锦做了主题报告，于漪因为身体原因未能与会，其书面报告由刘永康教授代为宣读。此次会议正式提出"探索语文正道，坚守正道语文"的主张，倡导尊重语文教学基本规律，尤其是尊重学生、尊重文本。

李华平倡导"正道语文"，并积极践行之，在原"中语在线"网站的基础上开发了正道语文资源网。这是目前资源最为丰富的全国语文资源网。正道语文群已成为全国最大的教育研究群，拥有共10000多名成员，丰富多彩的研讨活动集中了全国300多名特级教师、语文名师、教研员和大学教授。

四、语文教育研究的时空更加广阔

随着微信及各种APP的普及，电子阅读方式的优势日益凸显，呈现出强大的生命力，最重要的是信息互动是即时的，读者与作者的互动不受时间和空间的制约。基于此，很多教师建立个人的微信公众号，定时推送文章，发表自己的教育教学主张，通过自媒体及时与读者进行互动。

教师公众号里的文章，有面向语文教育热点问题的名家作品，也有面向语文教育实践的一线名师作品；有语文教育界先贤的经典之作，也有工作室学员的"下水文"；有天南地北语文人的先进观点，也有省培国培班学员的朴素见解……众多公众号信息丰富，且不断更新，是一个大型的动态资源库，俨然成了广大语文教师的网络"茶叙厅"。

主要参考文献

一、专著类

［1］唐作藩. 中国语言文字学大辞典［M］. 北京：中国大百科全书出版社，2007.

［2］朱绍禹. 语文教育辞典［M］. 延吉：延边人民出版社，1991.

［3］杨建华. 20 世纪中国教育期刊史论［M］. 杭州：浙江工商大学出版社，2012.

［4］李树. 中学语文教学百年史话［M］. 济南：山东人民出版社，2007.

［5］李杏保，顾黄初. 中国现代语文教育史［M］. 成都：四川教育出版社，1997.

［6］费锦昌. 中国语文现代化百年记事（1892—1995）［M］. 北京：语文出版社，1997.

［7］顾黄初，李杏保. 二十世纪后期中国语文教育论集［M］. 成都：四川教育出版社，2000.

［8］徐强. 中国语文教育研究［M］. 贵阳：贵州教育出版社，2006.

［9］钟启泉，崔允漷，张华. 为了中华民族的复兴 为了每个学生的发展：《基础教育课程改革纲要（试行）》解读［M］. 上海：华东师范大学出版社，2001.

［10］董明旺. 洪镇涛：打开"学习语言"的大门［M］. 武汉：湖北教育出版社，2000.

［11］王尚文. 语文教学对话论［M］. 杭州：浙江教育出版社，2004.

［12］李维鼎. 语文言意论［M］. 上海：上海教育出版社，2000.

［13］李海林. 言语教学论［M］. 上海：上海教育出版社，2000.

［14］蔡澄清，陈军. 青年语文教师成长之路［M］. 上海：上海教育出版社，2013.

［15］张蕾，林雨风. 中国语文人：第一卷［M］. 北京：首都师范大学出版社，2010.

［16］武玉鹏. 名师研究：中学著名语文特级教师的教学实践和思想［M］.

北京：中国文联出版社，2001.

［17］陶本一，王光龙．语文学科教育学［M］．太原：山西高校联合出版社，1991.

［18］钟德赣．钟德赣中学语文反刍式单元教学法［M］．济南：山东教育出版社，1999.

［19］蔡澄清．我的语文教学观与方法论［M］．芜湖：安徽师范大学出版社，2010.

［20］《语文学习》编辑部．名师授课录：初中语文［M］．上海：上海教育出版社，1993.

［21］《语文学习》编辑部．名师授课录：高中语文［M］．上海：上海教育出版社，1995.

［22］刘国正．中国著名特级教师教学思想录：中学语文卷［M］．南京：江苏教育出版社，1996.

［23］张定远．中学著名语文特级教师教育思想精粹［M］．北京：语文出版社，1999.

［24］于漪．我和语文教学［M］．北京：人民教育出版社，2003.

［25］窦爱君．钱梦龙与语文导读法［M］．北京：国际文化出版公司，2003.

［26］钱梦龙．导读的艺术［M］．北京：人民教育出版社，1995.

［27］钱梦龙．钱梦龙与导读艺术［M］．北京：北京师范大学出版社，2016.

［28］魏书生．魏书生与民主教育［M］．北京：北京师范大学出版社，2015.

［29］魏书生．魏书生中学语文教学改革实践研究［M］．济南：山东教育出版社，1997.

［30］蔡澄清．语文教学点拨艺术丛谈［M］．天津：天津人民出版社，1996.

［31］蔡澄清．蔡澄清中学语文点拨教学法［M］．济南：山东教育出版社，1997.

［32］潘纪平．蔡澄清：点拨教学法［M］．武汉：湖北教育出版社，2001.

［33］洪镇涛. 洪镇涛语感教学实录［M］. 北京：开明出版社，2005.

［34］章熊. 思索·探索：章熊语文教育论集［M］. 北京：人民教育出版社，2002.

［35］段力佩. 段力佩教育文集［M］. 上海：上海教育出版社，1982.

［36］程汉杰. 高效速读锦囊：快速阅读（四年级）［M］. 济南：山东文艺出版社，2003.

［37］胡根林. 中小学文学课程导论［M］. 北京：语文出版社，2013.

［38］胡根林. 追求高品质的语文教学［M］. 上海：上海教育出版社，2015.

［39］顾黄初. 顾黄初语文教育文集［M］. 北京：人民教育出版社，2002.

［40］郑国民. 新世纪语文课程改革研究［M］. 北京：北京师范大学出版社，2003.

［41］顾黄初. 中国现代语文教育百年事典［M］. 上海：上海教育出版社，2001.

［42］刘国正. 叶圣陶教育文集：第三卷［M］. 北京：人民教育出版社，1994.

［43］章熊. 中国当代写作与阅读测试［M］. 成都：四川教育出版社，1995.

［44］杜福磊. 中国写作学理论研究与发展［M］. 北京：中央编译出版社，2004.

［45］江明. 问题与对策：也谈中国语文教育［M］. 北京：教育科学出版社，2000.

［46］课程教材研究所. 20 世纪中国中小学课程标准·教学大纲汇编：语文卷［M］. 北京：人民教育出版社，1999.

［47］叶圣陶. 文章例话［M］. 上海：上海文艺出版社，1999.

［48］韩雪屏. 语文教育的心理学原理［M］. 上海：上海教育出版社，2001.

［49］巢宗祺，雷实，陆志平. 全日制义务教育语文课程标准（实验稿）解读［M］. 武汉：湖北教育出版社，2002.

［50］巢宗祺，雷实，陆志平. 普通高中语文课程标准（实验）解读［M］. 武

汉：湖北教育出版社，2004．

[51] 韦志成．作文教学论 [M]．南宁：广西教育出版社，1998．

[52]《语文学习》编辑部．写作指引 [M]．上海：上海教育出版社，2000．

[53] 倪文锦，欧阳汝颖．语文教育展望 [M]．上海：华东师范大学出版社，2002．

[54] 王荣生．语文科课程论基础 [M]．上海：上海教育出版社，2003．

[55] 于漪．给语文教学加点钙 [M]．上海：上海教育出版社，2001．

[56] 夏丏尊，叶圣陶．文心 [M]．北京：开明出版社，1996．

[57] 朱晓斌．写作教学心理学 [M]．杭州：浙江大学出版社，2007．

[58] 夏丏尊，叶绍钧．国文百八课 [M]．北京：生活·读书·新知三联书店，2008．

[59] 李海林．语文教育研究大系（1978~2005）：理论卷 [M]．上海：上海教育出版社，2005．

[60] 叶黎明．写作教学内容新论 [M]．上海：上海教育出版社，2012．

[61] 方仁工，等．记叙文写作杂谈 [M]．上海：上海教育出版社，1979．

[62] 张隆华，曾仲珊．中国古代语文教育史 [M]．成都：四川教育出版社，1995．

[63] 张中行．作文杂谈 [M]．北京：中华书局，2012．

[64] 杨初春．实用快速作文法 [M]．桂林：漓江出版社，1992．

[65] 方仁工．方老师教作文：高中 [M]．上海：上海交通大学出版社，2012．

[66] 方仁工．方老师教作文：初中 [M]．上海：上海交通大学出版社，2012．

[67] 王栋生．王栋生作文教学笔记 [M]．南京：江苏教育出版社，2012．

[68] 王荣生．语文课程与教学内容 [M]．北京：教育科学出版社，2015．

[69] 王鼎钧．作文七巧 [M]．北京：生活·读书·新知三联书店，2014．

[70] 王鼎钧．讲理 [M]．北京：生活·读书·新知三联书店，2003．

[71] 王鼎钧．作文十九问 [M]．北京：生活·读书·新知三联书店，2014．

[72] 王鼎钧．文学种子 [M]．北京：生活·读书·新知三联书店，2014．

[73] 王荣生．写作教学教什么 [M]．上海：华东师范大学出版社，2014．

［74］董毓. 批判性思维原理和方法：走向新的认知和实践［M］. 北京：高等教育出版社，2010.

［75］章熊，徐慧琳，邓虹，等. 和高中老师谈写作教学［M］. 北京：人民教育出版社，2012.

［76］章熊，张彬福，王本华. 中学生言语技能训练［M］. 北京：人民教育出版社，2005.

［77］章熊. 简单论文写作［M］. 成都：四川教育出版社，1985.

［78］韦斯特. 提高写作技能［M］. 章熊，章学淳，译. 福州：福建教育出版社，1984.

［79］厄克特，麦基沃. 教会学生写作［M］. 晋学军，译. 北京：教育科学出版社，2008.

［80］艾利斯. 开始写吧！非虚构文学创作［M］. 刁克利，译. 北京：中国人民大学出版社，2011.

［81］沃尔克. 创意写作教学：实用方法 50 例［M］. 吕永林，杨松涛，译. 北京：中国人民大学出版社，2014.

［82］韦志成. 语文教学艺术论［M］. 南宁：广西教育出版社，1996.

［83］王伟. 当代中学语文教育专家研究［M］. 北京：教育科学出版社，1992.

［84］欧阳代娜，王文琪，戴汝潜. 欧阳代娜中学语文教学艺术初探［M］. 济南：山东教育出版社，1997.

［85］《语文教学通讯》编辑部. 红烛集［M］. 太原：山西希望出版社，1986.

［86］张正君. 当代语文教学流派概观［M］. 北京：中国社会科学出版社，2000.

［87］倪文锦，谢锡金. 新编语文课程与教学论［M］. 上海：华东师范大学出版社，2006.

［88］潘新和. 新课程语文教学论［M］. 北京：人民教育出版社，2005.

［89］郑国民，关惠文，任刚，等. 基于学生核心素养的语文学科能力研究［M］. 北京：北京师范大学出版社，2017.

［90］王荣华. 人文主义的教育理想：于漪教育思想研究论文集［M］. 北京：

商务印书馆，2018.

［91］王尚文．语感论［M］．上海：上海教育出版社，2000.

二、论文类

［1］曹余章．语文期刊编辑工作琐谈［J］．编辑学刊，1988（1）：50-52.

［2］夏红星，李海林．从《语文学习》看语文教学改革的实际推进［J］．咸宁学院学报，2006（4）：130-132.

［3］李海林，钟峰华．论语文教学刊物在语文教学改革中的作用——以《中学语文教学》（1979—2004）为例［J］．咸宁学院学报，2007（4）：181-183，186.

［4］古四毛．教育期刊核心竞争力构建要点［J］．中国出版，2008（2）：38-39.

［5］王霞．论语文期刊编辑的中介作用——在语文教育行为系统之中［J］．出版发行研究，2012（8）：93-95.

［6］章熊．我的语文教学思想历程［J］．课程·教材·教法，2011（10）：3-11.

［7］韩四清，郑翠飞．试析如何加强教育期刊对中小学教师专业发展的促进作用［J］．教育实践与研究：小学版（A），2012（2）：16-19.

［8］程亮．改革开放以来我国教育价值理念的更新——基于基础教育宏观决策的分析［J］．国家教育行政学院学报，2008（11）：26-32.

［9］杨小微．风雨兼程30年——改革开放以来中国基础教育的改革与发展评述［J］．基础教育，2009（1）：7-13.

［10］李海林．语文教育的自我放逐（上）——评当前语文教育改革中的几种倾向［J］．语文学习，2005（4）：6-10.

［11］李海林．语文教育的自我放逐（下）——评当前语文教育改革中的几种倾向［J］．语文学习，2005（5）：12-16.

［12］崔干行．一个过程：近三十年的语文教学改革［J］．教育导刊，2007（2）：22-24.

［13］顾之川．中小学语文教育研究三十年［J］．中国教育科学，2013（2）：165-186，164，193.

［14］叶澜．千舟险过万重山——改革开放30年中国基础教育发展研究概述

［J］．基础教育，2009（1）：3-6，13.

［15］汤振纲．记载与传播：语文教育，三十年，三本书——改革开放三十年语文名师研究的历史流脉［J］．语文建设，2009（4）：45-47.

［16］罗怀海，周娜．回到朴素立场 坚持守正出新——改革开放三十年语文教学改革述评［J］．泸州职业技术学院学报，2009（3）：83-85，22.

［17］张良田．新时期中小学语文教改实验的追溯与审视［J］．湖南教育（语文教师），2008（10）：19-22.

［18］李镇西．于漪们的意义［J］．教师之友，2004（3）：21-23.

［19］魏本亚．"于漪们"的教改实践——"于漪们""那一代"的语文教改探索［J］．中学语文教学，2009（3）：6-10.

［20］杨九俊．立德·立功·立言——记语文教育家顾黄初先生［J］．中学语文教学，2014（3）：4-10.

［21］于鸿．风雨十五载 丹心化桃李——记报人教育家陶本一［J］．新闻出版交流，1994（4）：14-15.

［22］陈钟梁．是人文主义，还是科学主义？——语文教学的哲学思考［J］．语文学习，1987（8）：2-4，56.

［23］魏书生．论语文教学的科学管理（上）［J］．语文学习，1990（1）：10-13.

［24］魏书生．论语文教学的科学管理（下）［J］．语文学习，1990（2）：10-11.

［25］程红兵．语文教学"科学化"刍议——与魏书生同志商榷［J］．语文学习，1991（11）：11-13.

［26］韩军．限制科学主义，张扬人文精神——关于中国现代语文教学的思考［J］．语文学习，1993（1）：12-15.

［27］王朝清．要辩证法，不要绝对化——兼与韩军商榷［J］．语文学习，1994（3）：2-5.

［28］董菊初．坚持科学理性与人文精神的统一——关于我国语文教育研究方法论的思考［J］．连云港教育学院学报，1995（4）：3-10.

［29］于漪．弘扬人文改革弊端——关于语文教育性质观的反思［J］．语文学习，1995（6）：2-5.

［30］洪镇涛．是学习语言，还是研究语言？——浅论语文教学中的一个误区［J］．中学语文，1993（5）：4-7．

［31］王尚文，燕芹．语感：一个理论与实践的热点［J］．语文学习，1993（3）：2-5．

［32］张明晶．陈钟梁语文教育思想探析［D］．重庆：西南大学，2011．

［33］胡中方．论王尚文的语文教育思想［J］．宁波教育学院学报，2012（4）：86-89．

［34］郑友霄．试论王尚文语文教育研究的学术贡献［J］．浙江师范大学学报（社会科学版），2007（2）：90-93．

［35］武玉鹏．于漪语文教育思想述要［J］．鲁东大学学报（哲学社会科学版），1999（2）：90-94．

［36］吴红耘，皮连生．语文教学科学化，路在何方？——评章熊先生的《我的语文教学思想历程》［J］．课程·教材·教法，2013（2）：50-58．

［37］杨兴刚．钱梦龙导读教学思想的理论及实践［D］．长沙：湖南师范大学，2006．

［38］左言洪．魏书生语文教育教学创新思想研究［D］．南京：南京师范大学，2007．

［39］齐增会．张孝纯"大语文教育"的思想与实践研究［D］．石家庄：河北师范大学，2007．

［40］王尊政．一套科学化的语文教改实验体系——张孝纯"大语文教育"述评［J］．语文教学通讯，1993（12）：42-43．

［41］李海林．20世纪语文教育的两个岔路口——兼论王尚文语文教育思想的意义与特征［J］．中学语文教学，2010（7）：14-18．

［42］黄厚江．试论语文教学的过程观［J］．语文教学通讯（高中刊），2006（10）：7-8．

［43］张鸿苓．二十年来的语文教材建设与理论研究［J］．语文教学与研究，2000（7）：6-8．

［44］顾之川．试述刘国正先生对语文教育的贡献［J］．课程·教材·教法，2016（4）：7-11．

［45］王本华．新中国成立60年中学语文教材建设的回顾与反思［J］．课

程·教材·教法，2010（9）：37-41.

［46］顾振彪．回望六十年中学语文教材改革的轨迹［J］．语文建设，2009（7）：12-14，2.

［47］庄文中，王文英．谈高中语文课本的修订［J］．语文建设，2009（7）：12-14.

［48］刘国正．中学语文课本修订中的几个问题［J］．人民教育，1982（5）：40-43.

［49］陈佳民．让我们共创新的高中语文——介绍粤教版高中语文教材［J］．现代语文（理论研究），2005（5）：36-39.

［50］马正平．作文教学有没有一个体系？应该是一个什么体系？21世纪作文教学需要一种什么样的体系？［J］．语文教学通讯（初中刊），2006（4）：4-6.

［51］姚林群．中小学生语文写作能力：要素、水平及指标［J］．课程·教材·教法，2013（3）：69-75.

［52］邓彤，王荣生．微型化：写作课程范式的转型［J］．课程·教材·教法，2013（9）：38-45.

［53］董蓓菲．从知识传授到行为实践的视点转移——我国作文教学转型的理论依据与实施路径［J］．课程·教材·教法，2014（9）：56-61.

［54］叶黎明．对当前写作教学改革热点的反思［J］．语文学习，2006（9）：50-54.

［55］叶黎明．"真实写作"是中学写作教学的出路吗？——兼与李海林老师商榷［J］．语文学习，2005（11）：18-20.

［56］蔡伟．作文评改质量标准研究［J］．课程·教材·教法，2008（11）：34-39.

［57］郑桂华．写作教学中如何培养学生的"读者意识"［J］．中学语文教学，2010（1）：28-30.

［58］袁彬．学生可以这样学观察——作文合作学习实验报告［J］．中学语文教学，2004（2）：44-45.

［59］章熊．关于中学写作教学的几点思考［J］．中学语文教学，2006（10）：3-6.

［60］郑桂华．作文教学过程化指导的思考与尝试［J］．中学语文教学，2012（6）：33-36．

［61］郑桂华．描写的奥秘［J］．语文学习，2007（9）：64-68．

［62］周子房．构思阶段学习支架的设计与运用［J］．中学语文教学，2015（11）：31-37．

［63］魏小娜．中美作文评价标准比较［J］．语文学习，2008（12）：60-62．

［64］方仁工．一项有价值的实验——介绍"每日写作900秒"［J］．语文学习，2009（2）：64-65．

［65］胡根林．情境作文：走向真实的写作和写作的真实［J］．语文学习，2014（5）：60-64．

［66］叶黎明，陶本一．网络写作与中学写作教学的新思考［J］．课程·教材·教法，2007（2）：45-49．

［67］倪文锦．关于写作教学有效性的思考［J］．课程·教材·教法，2009（3）：24-27．

［68］荣维东．谈写作课程的三大范式［J］．课程·教材·教法，2010（5）：27-31．

［69］刘淼，曾洁．言语交际视域中的写作能力及写作教学［J］．课程·教材·教法，2011（9）：56-60．

［70］吴立岗．当前中小学作文教学改革须关注的三大问题［J］．课程·教材·教法，2014（7）：55-59．

［71］王荣生．从文体角度看中小学作文教学——从《国文百八课》说起［J］．上海教育科研，2008（3）：61-62．

［72］张伟明．从高考作文命题改革看中学作文教学思想转变［J］．中学语文教学，2009（9）：7-10．

［73］李节．作文教学的症结——孙绍振教授访谈［J］．语文建设，2011（11）：4-13．

［74］李丽华．百年高中作文教学价值取向的演变、问题与出路［J］．河北师范大学学报（教育科学版），2012（8）：74-77．

［75］韩宝江．高中语文微写作教学探究［J］．语文教学通讯，2015（6）：

23-26.

［76］顾之川．中学写作教学的基本任务［J］．中学语文教学参考（教师版），2008（8）：4-5．

［77］郑桂华．写作教学：过程指导［J］．中学语文教与学（初中），2008（11）：29-36．

［78］郑桂华．从两个维度改进作文训练过程的指导［J］．中学语文教学，2009（3）：31-34．

［79］李海林，叶黎明．写作教学的内在规定性［J］．语文教学通讯，2011（9）：10-12．

［80］戴晓娥．信息技术环境下写作教学的改革与创新［J］．语文建设，2012（6）：46-48．

［81］魏小娜．中小学作文教学的四种类型［J］．语文建设，2013（1）：25-28．

［82］屠锦红．我国写作教学改革的突围之路［J］．教学月刊：中学版（教学参考），2013（10）：3-7．

［83］胡根林．量规评价在作文教学中的应用［J］．中学语文：教学大参考（上旬），2013（12）：23-25．

［84］邓彤．如何让学生描写得具体［J］．中学语文教学，2014（2）：31-35．

［85］顾之川，顾振彪，郑宇．中小学写作教材改革设想［J］．语文建设，2014（7）：15-19．

［86］郑桂华．让人物的个性在语言描写中鲜明起来［J］．中学语文教学，2014（8）：27-32．

［87］郭家海．我国当前中小学写作教学"评价问题"及其改进［J］．教育测量与评价（理论版），2014（11）：31-34，62．

［88］蔡敏，张小亭．美国"6+1特质"写作评价标准及启示［J］．教育测量与评价（理论版），2014（7）：31-36．

［89］敖峰，唐春红．三十年来我国语文写作教学研究的回顾与反思［J］．当代教育论坛，2015（5）：99-108．

［90］方仁工．作文教学断想［J］．中学语文教学参考，2000（4）：2-4．

［91］王荣生．我国的语文课为什么几乎没有写作教学？［J］．语文教学通讯，2007（12）：4-7.

［92］范金豹．中外作文教学目标取向的比较［J］．中学语文教学，2005（2）：47-49.

［93］徐振维．是训练，还是唤醒？——给我一片绿（两课时）［J］．中学语文教学，2015（2）：31-37.

［94］黄伟．阅读教学中语文知识提取、激活与内化［J］．中学语文教学，2018（4）：8-12.

［95］史洁，张志刚．语文教育新境域中的大开拓——曹明海教授的语文教育理论描述［J］．焦作大学学报，2018（2）：117-119，130.

图书在版编目（ＣＩＰ）数据

语文教育四十年变革与典范人物 / 陈军等著. —南
宁：广西教育出版社，2021.1
（中国语文教育研究丛书 / 顾之川主编）
ISBN 978-7-5435-8846-2

Ⅰ.①语… Ⅱ.①陈… Ⅲ.①语文教学—教学研究
Ⅳ.①H19

中国版本图书馆 CIP 数据核字 (2020) 第 222357 号

策　　划	黄力平	装帧设计	刘相文	
组稿编辑	黄力平	责任校对	谢桂清	刘汉明
责任编辑	潘　安	责任技编	蒋　媛	
特约编辑	林春燕	封面题字	李　雁	

出 版 人：石立民
出版发行：广西教育出版社
地　　址：广西南宁市鲤湾路 8 号　　邮政编码：530022
电　　话：0771-5865797
本社网址：http://www.gxeph.com
电子信箱：gxeph@vip.163.com
印　　刷：广西壮族自治区地质印刷厂
开　　本：787 mm×1092 mm　1/16
印　　张：21.75
字　　数：315 千字
版　　次：2021 年 1 月第 1 版
印　　次：2021 年 1 月第 1 次印刷
书　　号：ISBN 978-7-5435-8846-2
定　　价：52.00 元

如发现印装质量问题，影响阅读，请与出版社联系调换。